本书获国家社科基金项目资助，项目名称《参与式发展视域中外援与民族自治地方自主发展研究》（批准号：13BMZ001）

参与式发展

外援与民族地区自主发展

郭献进　梁立新　彭兵　著

中国社会科学出版社

图书在版编目(CIP)数据

参与式发展：外援与民族地区自主发展 / 郭献进，梁立新，彭兵著．—北京：中国社会科学出版社，2017.8（2018.5重印）

ISBN 978－7－5203－0894－6

Ⅰ.①参…　Ⅱ.①郭…②梁…③彭…　Ⅲ.①民族地区经济－区域经济发展－研究－中国　Ⅳ.①F127.8

中国版本图书馆CIP数据核字(2017)第210440号

出 版 人　赵剑英
责任编辑　宫京蕾
责任校对　石春梅
责任印制　李寡寡

出　　版　中国社会科学出版社
社　　址　北京鼓楼西大街甲158号
邮　　编　100720
网　　址　http://www.csspw.cn
发 行 部　010－84083685
门 市 部　010－84029450
经　　销　新华书店及其他书店

印刷装订　北京君升印刷有限公司
版　　次　2017年8月第1版
印　　次　2018年5月第2次印刷

开　　本　710×1000　1/16
印　　张　17.5
插　　页　2
字　　数　256千字
定　　价　75.00元

凡购买中国社会科学出版社图书，如有质量问题请与本社营销中心联系调换
电话：010－84083683

目　录

第一章

绪论：为什么要提倡参与式发展

当今世界不断爆发的民族矛盾和冲突，往往是国家在处理民族差异、发展差距等问题上失败的结果。本质上，民族认同问题是社会构建的，并具有显著的社会、政治和群体意义①。民族文化之间的比较会凸显本民族文化的差异和认同②。理论上讲，民族认同在个体心理认同中不占主要地位，对资源分配也不会产生结构性影响，更不会成为政治动员的便捷工具③。这种观点似乎与当今世界各地出现民族冲突的事实不符，因为民族认同在有些国家和地区不但成为政治动员的工具，多数还导致了暴力结局。因此有人提出，民族多元主义和民族政治问题并非要一概反对，而是要正确面对和有效管理④。需要清醒认识到的是，民族认同这种心理、文化因素之所以成为暴力冲突的动员工具，最根本的原因还在于不同民族间经济、社会发展差距。

目前，中国共有 55 个少数民族，人口 1 亿多，占全国总人口的 8.4%。其中，有 50 个民族分布在经济发展落后的西部地区，居住人口占少数民族人口总数的 75%。由于种种原因，民族地区经济社会

---

① C. L. Wijeyesinghe and B. W. Jackson (eds.), *New Perspectives on Racial Identity Development: Integrating Emerging Frameworks* (2nd *edition*), New York: New York University Press, 2012.

② P. Kurien, *A Place at the Multicultural Table: The Development of an American Hinduism*, New Brunswick: Rutgers University Press, 2007.

③ A. Wimmer, *Ethnic Boundary Making: Institutions, Power, Networks*, Oxford: Oxford University Press, 2013.

④ M. J. Esman,, *Ethnic Politics*, Ithaca: Cornell University Press, 1994.

发展水平长期处于落后状态。新中国成立时，大多数民族地区的工业、教育和医疗等方面的发展相当落后，道路、通信等基础设施建设滞后。1949年以来，中国民族地区的发展问题受到国家高度重视。经过长期努力，民族地区发展的整体面貌有了根本改观，促进了全国范围的民族团结。改革开放以来，广大民族地区也不同程度实现了经济增长，当地居民生活水平普遍提高。然而，随着区域发展差距的扩大，民族问题与贫困问题和边境国际问题缠绕，成为棘手问题[①]。作为一个多民族国家，中国的民族问题清末以来就与社会稳定、边疆安全等因素纠结在一起，因而变得更加复杂和难以处理[②]。民族地区发展如果得不到应有重视，外部势力的渗透和鼓动，往往会危及边疆稳定和国家安全。

第一节　市场化进程中民族地区的相对落伍

新中国成立后，特别是改革开放以来，民族地区的各族人民，在国家和发达地区的大力帮助和支援下，不断增强自我发展能力。经过60多年的努力，如今中国民族地区经济和社会事业迅速发展，人民生活环境明显改善。一是经济快速增长。2013年，全国民族地区经济总量由1952年的57.9亿元增加到64772.1亿元，按可比价格计算，增长了258.5倍。二是人民收入水平显著提高。城镇居民人均可支配收入由1978年的307元增加到22699元，绝对收入增长了22392元；农牧民人均纯收入由1978年的138元增加到6579元，绝对收入增长了6441元。三是人民生活水平明显提高。据国家统计局监测，2012年民族地区全面建成小康社会总体实现程度已达到70.84%。

世界范围内，民族地区经济发展都具有重要的政治意义。从消极

① 茶洪旺：《发展中的贫困问题研究——基于云南少数民族地区案例分析》，《云南民族大学学报》（哲学社会科学版）2012年第1期。

② 李盛刚：《中国西部民族地区农村发展：基于自我发展能力研究》，民族出版社2010年版。

后果看，如果民族地区发展长期处于相对滞后状态，就有可能带来严重的政治影响。单从发展角度说，民族地区发展就是经济后发地区的发展问题。但对于民族地区而言，不重视其经济发展，不免会促使民族认同成为政治动员的工具，最终破坏民族团结和社会稳定。世界各地出现的种族冲突和民族矛盾的极端案例，可以说是这方面的深刻教训。如果不能在发展上缩小民族地区与其他地区之间的差距，就无法在根本上实现各民族之间在政治上的平等。从这个层面上讲，民族地区发展又不仅是经济问题，而且是严肃的政治问题。从积极后果看，国家对民族地区发展的重视和援助，不但能够解决经济发展不平衡问题，而且能够促进民族团结和共同进步。长期和整体上的民族和谐，也为经济发展创造了良好的政治和社会环境。

暂且搁置民族地区发展的自然和历史原因不谈，民族地区发展相对滞后因为市场化的快速推进更加突出。从自身的职能出发，国家应防止市场化对包括民族地区在内的欠发达地区的过度侵蚀，承担起保护社会的责任。在中国，中央政府其实从一开始就认识到民族地区发展的迫切性和重要性，并从制度、政策方面落实对民族地区的援助，充当了负责任的角色。跳出民族地区这个范畴来看，国家理应对所有发展相对落后地区负有支持和保护的责任。正是出于这个考虑，国家西部大开发这样的一些发展战略，就是要将民族地区的发展统筹进更大的区域振兴中考虑。这种处理方式反映出国家看待民族地区发展问题的方式转变，即从民族地区本身的发展需求出发，而不是从发展滞后所带来的政治后果出发考虑。实际上，这种处理方式没有削弱民族地区发展的重要性，而是从区域整体统筹、协调发展的角度解决民族地区发展相对滞后问题。然而，民族地区发展的复杂性不容忽视。对于民族地区而言，经济增长明显具有解决少数民族人口就业、提高居民收入等功能，但也会引发新的民族矛盾。造成此类问题的根本原因还在于发展差距。虽然民族地区的发展具有不同于其他地区的复杂性，但是任何人都不能以此否认发展的重要性，因为发展才是解决许多民族问题的根本途径。在推动民族地区发展的进程中，国家需及时发现问题、化解矛盾。

仅就经济而言，中国的民族地区发展可以归结为区域发展差距问题。民族地区发展所面临的问题，本质上是相对滞后而不是绝对落后问题。新中国成立以来，由于党和国家对民族地区发展一直非常重视，各项支持和援助对广大民族地区经济发展和当地群众生活改善起了巨大的促进作用。然而，外部支持和援助终究无法从根本上解决民族地区内生发展动力不足的问题。所幸的是，民族地区一般都拥有特色文化资源，如果善加利用，可以推动这些地区可持续发展，但需防止民族文化过度商业化。当然也要考虑，依托特色民族文化的可持续发展是不是就足以解决民族地区经济社会发展相对滞后的问题。目前来看，这种可持续发展可以成长为具有内生动力的自主发展模式，且有助于有些民族地区摆脱贫困。然而，广大民族地区要想实现经济振兴和发展赶超，仅仅依赖特色文化旅游业还是远远不够的。特别是在市场力量的深入推进中，由于民族地区在资金、技术、人才等市场经济发展所需关键要素上不占优势，难以实现经济赶超。而且目前经济发展方式和结构调整所带来的资源、能源和环境压力，民族地区发展也面临品质提升和数量增长的双重任务，因此，广大民族地区发展路径的探索仍是摆在面前的关键难题。

改革开放以来，大规模的城市化和工业化推动了中国城乡经济快速发展。由于许多民族地区都是重要资源和原材料产地，为东部沿海地区经济快速增长提供了大量的战略资源。同时，大批少数民族人口到沿海地区就业、创业，也为东部提供了巨大经济动力和支持。30多年来，广大民族地区也普遍实现了经济增长、结构优化、效益改善。随着市场经济的深入推进，经济相对活跃的沿海地区凭借发展优势吸纳了更多资本、技术和高素质的劳动力。民族地区在这些方面并不占优势，因此与沿海一些市场先发地区相比，差距进一步拉大。目前，差距的最突出表现是区域发展不平衡。这种不平衡既有民族地区与其他非民族地区之间的发展不平衡，也有不同民族地区之间的发展不平衡。有研究描述了民族地区与其他非民族地区以及民族地区之间经济发展的差距①。虽然民族地区之间经济发展差距问题不能忽视，但民族地区发展整体水平相对滞后的问题更需引起重视。

仅就发展而言，目前民族地区经济发展相对落后，可以说是所有欠发达地区碰到的普遍问题。总体来说，民族地区仍沿袭传统经济发展方式。当前，民族地区依托丰富自然资源和宏观政策，开始步入“跨越式发展”阶段。虽然一些民族地区具有良好的自然资源禀赋，但短期内无法给经济发展提供足够动力。民族地区都存在基础设施落后和产业结构不合理等问题，当地资源优势就很难转化为发展优势②。在现实经济发展中，有些民族地区沦为名副其实的落后区域，且要面对所谓“富饶的贫困”这样的发展困境③。由于国家对于环境问题的重视，各地在处理发展问题上必须面对日益紧迫而又艰巨的节能减排和环境保护任务。客观上看，广大民族地区的经济、社会发展水平仍居相对较低水平，原有的资源依赖型发展模式需及时转型④。虽然民族地区往往拥有开发利用清洁能源和可再生能源的天然优势和潜力，但是开发、利用新能源需要大量资金和技术投入。广大民族地区并不具备这些优势，因此转变发展模式的任务长期而艰难。对于包括民族地区在内的广大经济欠发达地区，既要经济提速，追赶经济发达地区的经济总量，又要遵循经济规律，科学谋划发展，实现经济增长质的转变。在质和量的双重任务下，民族地区发展并非易事。

造成民族地区与其他非民族地区发展差距除了现实原因，当然还有自然和历史原因。从地理位置看，许多民族地区都地处内陆腹地或边疆地区，当地发展的自然环境恶劣，基础条件相应落后。有研究指

---

① 张庆安：《中国民族地区经济发展与差距问题研究》，中国经济出版社2013年版。

② 吴明永、曾咏辉：《马克思主义视域下西南少数民族地区社会发展研究》，中国社会科学出版社2013年版。

③ 布和朝鲁：《西部民族地区自然资源禀赋与经济可持续发展》，民族出版社2011年版。

④ 王旭辉、包智明：《脱嵌型资源开发与民族地区的跨越式发展困境——基于四个关系性难题的探讨》，《云南民族大学学报》（哲学社会科学版）2013年第5期。

出，区位条件不佳、地缘环境特殊、投资不便等都会造成民族地区经济发展的相对滞后①。甚至有研究发现，西部民族地区的有些贫困人口生存发展条件非常落后，生活状况堪忧②。当前，西部边疆有些民族地区内部发展不平衡较为突出，甚至表现成为社会常态。严重情况下，不平衡在社会领域延伸，最终造成结构上的错位③。当然，论及民族地区当前发展困境的时候，不能忽略民族地区相对落后的历史原因。在漫长的历史进程中，民族地区的社会生产发展总体处于相对落后状态，且这种情况在中国延续了几千年。改革开放以来的快速经济发展，基本上消灭了广大民族地区的绝对贫困问题，但客观上看，这些地区经济发展相对滞后并非一朝一夕的问题。由于中国整体上仍是发展中国家，区域发展不平衡问题还会存在一个时期，因此也难以在短期内完全消除差距。

第二节 国家的责任担当与积极援助

如果少数民族群众的生产和生活水平长期处于相对滞后状态，会使民族问题复杂化甚至激化，严重时会造成社会、政治秩序混乱。民族地区发展比起其他欠发达地区发展更加紧迫。区域发展差距，特别是民族地区与其他非民族地区之间的发展差距，往往成为酿成新的民族矛盾和激发原有民族问题的诱因。在整个国家快速发展过程中，民族地区发展才是当地政治稳定、社会和谐的前提。无论出于历史还是现实原因，国家都应积极干预民族地区相对落后问题。

其实，中国一直重视民族地区与其他地区之间的发展差距。有人

① 庞笑笑、王荣成、王文刚：《中国东北沿边少数民族地区发展的障碍因素分析——以延边朝鲜族自治州为例》，《世界地理研究》2010 年第 3 期。

② 任志军、范建荣：《生态移民战略与西部民族地区协调发展研究》，《社会科学家》2014 年第 1 期。

③ 吕昭河：《发展失衡、预警与超越预警——边疆民族地区发展失衡的思考》，《西南民族大学学报》（人文社会科学版）2011 年第 4 期。

认为，国家在解决民族问题中的作用是决定性的，民族地区经济发展过程体现了明显的国家意志①。新中国成立时，国家就从政治上高度重视民族地区发展问题，并在对国家性质的表述中坦率地包含“多民族国家”这个要素。一直以来，国家都秉持，只有帮助民族地区加快发展，才能真正维护民族团结和社会稳定；开展对民族地区经济社会发展的援助既是社会主义的本质要求，也是整体上迈向小康社会的关键②。

要加快民族地区发展，国家首先要提供制度设计上的保障。基于民族地区经济社会发展滞后的现实困境，为了实现各民族“共同繁荣发展”的愿景，党和国家根据民族地区独特的历史传统、思想观念、地域环境等特征，实施了一系列援助发展的政策、措施。中央历代领导集体都非常关心和重视民族地区发展，并在不同历史阶段制定了一系列基本政策③。其中，最基本的制度安排是民族区域自治制度。这个制度设计是将民族自治同区域自治结合起来，重点解决一些少数民族人口集聚地区的民族问题。在官方的表述中，民族区域自治制度既是国家帮助少数民族和民族地区发展经济、文化的制度安排，也是少数民族群众在当地建立民族自治机关并享有自治权的保障④。有人指出，只有发展才能为解决民族问题提供物质基础，因此经济自治权才是民族自治中最核心部分⑤。只有从战略上重视民族地区发展，才能逐步在少数民族群众中消除各类贫困现象，为最终实现民族平等和共

---

① 陈文烈：《西部民族地区发展中的政府意志与社会变迁悖论》，《青海民族研究》2011 年第 4 期。

② 雷振扬：《帮助民族地区加快经济社会发展政策述论》，《民族研究》2010 年第 4 期。

③ 陈国裕、刘江海：《论党对我国少数民族地区发展问题的探索与实践》，《中共党史研究》2006 年第 6 期。

④ 杨莉：《民族区域自治地方经济发展研究》，经济科学出版社 2009 年版。

⑤ 李莉：《中国—东盟合作背景下的西南民族自治地方经济发展自主权研究》，经济管理出版社 2012 年版。

同富裕创造条件[①]。民族区域自治制度是最基本的制度安排，在具体工作中处理民族地区发展时，国家还通过召开专题工作会议的方式。例如，为了推动新疆、西藏等边疆地区发展，维护边疆民族地区的政治与社会稳定，国家通过“新疆工作会议”和“西藏工作会议”的特殊工作机制，解决这些民族地区的发展和稳定问题[②]。从多年的实施效果看，这种机制已经成为民族区域自治制度的有益补充。

其次，国家还制定和实施了一系列特殊的经济政策。国家在制定国民经济和社会发展计划时，就从战略上重视民族地区发展问题。特别是针对民族地区发展相对落后的现状，国家采取了民族经济政策。国家在认识到民族地区与沿海发达地区经济发展差距拉大时，提出“西部大开发”等发展战略，力求从整体上解决西部地区经济、社会发展相对滞后的问题。从2000年开始，中国全面实施西部大开发战略，将5个自治区、27个自治州和83个自治县（旗）纳入优惠政策范围，并将另外3个自治州也纳入优惠政策的范围。西部大开发战略实施以来，国家的资金投入和政策支持使得西部的民族地区获得支持，并取得较大发展。

再次，国家加大对民族地区财政支持的力度。鉴于民族地区财政收支的困难，国家实施特殊照顾的财政管理制度，通过中央财政补贴、定额补贴、政策性转移支付等倾斜的优惠措施，增加民族地区财政收入。国家适度提高了这些地区基础设施建设和资源开发的投资比重，增加了政策性银行贷款的比重，并给予有些地区减免资金配套等政策。国家通过一般性财政转移支付、专项财政转移支付、民族优惠政策财政转移支付以及国家确定的其他方式，增加对民族地区的资金投入，促进民族地区经济发展和社会进步，逐步缩小与发达地区的差距。为了满足民族地区特别项目建设的需要，改善基础设施和基本生

① 葛忠兴：《少数民族和民族地区经济发展的现状与思路》，《西南民族大学学报》（人文社科版）2006年第1期。

② 王茂侠：《边疆民族地区发展和稳定的特殊工作机制——以五次中央西藏工作座谈会为中心》，《民族研究》2012年第6期。

产条件，政府设立了多项民族地区专项扶持资金。另外，为了提高工农业生产能力，国家提供生产性信贷资金，实行减息贴息，降低资金使用成本，实施信贷优惠政策。

与此同时，国家提高了民族地区基础设施建设水平。20 世纪 50 年代，就在新疆、西藏、内蒙古、宁夏等地安排了铁路、水电站、石油勘探等重点项目。改革开放以后，还在有些地区修建了机场，提高了民族地区基础设施建设水平。国家还通过投资建设“西气东输”、“西电东送”、青藏铁路等一批重大工程，帮助民族地区进一步把资源优势转化为经济优势。

而且国家加大了对民族地区的扶贫力度。中国政府自 20 世纪 80 年代中期大规模地开展有组织有计划的扶贫工作以来，少数民族和民族地区始终是国家重点扶持对象。1986 年首次确定的 331 个国家重点扶持贫困县中，民族地区有 141 个，占总数的 42.6%。1992 年，国家设立“少数民族发展资金”，主要用于解决民族地区发展和少数民族生产生活中的特殊困难。1994 年国家开始实施《八七扶贫攻坚计划》，在确定的 592 个国家重点扶持贫困县中民族地区有 257 个，占总数的 43.4%。从 2001 年开始实施的《中国农村扶贫开发纲要》，再次把民族地区确定为重点扶持对象，在新确定的 592 个国家扶贫开发重点县中，民族地区（不含西藏）增加为 267 个，占重点县总数的 45.1%。再然后国家还重视民族地区教育、卫生等社会事业发展。国家实施的“贫困地区义务教育工程”，主要也是面向西部民族地区。同时，国家举办民族高等学校和民族班、民族预科，招收少数民族学生。高等学校和中等专业学校招收新生的时候，对少数民族考生适当放宽录取标准和条件，对人口特少的少数民族考生给予特殊照顾。国家加大对民族地区卫生事业的投入力度，提高民族地区人民群众的医疗保障水平。中国实施了“村村通”广播电视工程，对中部地区国家扶贫开发重点县和西部地区给予专项补助，大大改善了民族地区广播电视事业发展的状况。

最后，国家组织发达地区与民族地区开展对口支援。从 20 世纪

70年代末开始，中国政府开始组织东部沿海发达地区和西部地区的对口支援，帮助民族地区发展经济和社会事业。1996年进一步明确对口帮扶，确定北京帮扶内蒙古、山东帮扶新疆、福建帮扶宁夏、广东帮扶广西，全国支援西藏。1994—2001年，15个对口支援省和中央各部委无偿援建716个项目，除中央政府投资外的资金投入31.6亿元人民币。第十个五年计划期间，全国各地支援西藏建设项目71个，无偿投入资金10.62亿元人民币。

然而，不能不看到的是，广大民族地区经济发展程度总体较低的局面尚未得到根本扭转。尽管上述发展战略并不是专门针对民族地区的，但国家在客观上将广大民族地区纳入缩小三大差别的战略中考量，并在实质上推动了地处西部许多民族地区的经济增长。由于国家加大对这些地区的资金、技术、人才方面支持，因此避免了市场化深入推进可能造成的过度侵害。然而，在种种因素的影响下，有些国家支持政策在贯彻实施过程中出现了偏差，因此达不到预期目的①，一些优惠政策在有些民族地区竟然出现与其意图相反的社会效果②。究其根本，自然环境恶劣、国家支持不足、人才资源匮乏等因素，制约一些民族地区的经济社会发展③。

更难以想象的是，原有的区域发展差距在民族地区还会成为其进一步发展的障碍。有研究发现，民族地区要提高就业弹性和就业增长率，关键是要加快经济增长，并处理好传统的劳动密集型产业同新兴的知识、技术、资本密集型产业之间的关系④。随着西部大开发战略

---

① 李小平：《国家民族经济政策的波尾效应对边疆多民族地区发展影响研究》，《贵州大学学报》（社会科学版）2012年第2期。

② 任新民：《“政策催化”：民族地区实现跨越式发展中一个被忽视的问题》，《云南民族大学学报》（哲学社会科学版）2011年第5期。

③ 奂平清：《西部民族地区经济社会发展的制约因素》，《甘肃社会科学》2007年第6期。

④ 郑长德：《转型期民族地区产业结构动态优化与就业能力同步提升研究》，经济科学出版社2013年版。

的实施，投资和项目建设大幅度拉动就业，吸引了许多少数民族劳动力就业。然而，这些就业机会也吸引了许多汉族劳动力从东部和中部地区到西部投资或就业，导致汉族企业和当地少数民族企业之间、外省汉族农民工和本区少数民族农民工之间的竞争。如果政府引导和协调不到位，可能会引发民族隔阂和矛盾①。由此可见，民族地区发展具有不同于其他欠发达地区发展的复杂性，因此需要国家的积极干预和管理。

长期以来，国家坚持给予广大民族地区大量经济援助。虽然全国经济形势经历诸多变化，中央与地方财政体制历经调整，国家都不曾削弱对民族地区的资助②。作为直接的经济援助，财政支持成为有些民族地区刺激农业发展并帮助当地群众脱贫的重要措施③。特别是对于新疆和西藏等边疆民族地区，国家干脆动员实施了对口支援，鼓励经济先发地区对这些地区开展援助④。

毫不夸张地说，国家在解决民族地区发展相对落后的问题上，承担了应有责任。国家在制度设计、政策出台和资源分配上对民族地区的支持，为其加快发展提供了各种保障和保护。然而，在此过程中，也不同程度地出现相关政策、措施之间的协调度不强，有些干预效果不理想的现象。关键是，长期的外部援助无法从根本上改变民族地区缺乏资金、技术、人才优势的现状，这些地区的自主发展能力仍疲弱。

---

① 马戎：《中国少数民族地区社会发展与族际交往》，社会科学文献出版社 2012 年版。

② 李萍：《支持少数民族地区发展 促进基本公共服务均等化》，《中国财政》2009 年第 22 期。

③ 叶慧、吴开松：《西部少数民族贫困地区财政支农效率及结构优化研究》，科学出版社 2011 年版。

④ S. Zhang and D. McGhee, *Social Policies and Ethnic Conflict in China: Lessons from Xinjiang*, Basingstoke: Palgrave Macmillan, 2014.

第三节 民族地区援助依赖的现实困境

中央的援助政策取得很大成就，加快了民族地区的发展速度。但半个多世纪以来，这样的支援主要以“输血”模式为主，民族地区自我发展的能力仍明显欠缺，也就是自我造血能力不足。据国家统计局对全国31个省（自治区、直辖市）7.4万农村居民家庭的抽样调查，按新的国家扶贫标准（2011年国家实行新的扶贫标准为2010年不变价的农民人均纯收入2300元，这个标准比2009年1196元的标准提高了92%），根据农村居民生活消费价格指数推算，2010年不变价的农民人均纯收入2300元相当于2011年的2536元、2012年的2625元、2013年的2736元。2013年，民族八省区农村贫困人口为2562万人，比上年减少559万人，减贫率为17.9%，全国同期减贫率为16.7%，民族八省区减贫速度快于全国。民族八省区农村贫困人口占乡村人口的比重（贫困发生率）为17.1%，占全国农村贫困人口的31.1%。从贫困发生率看，八省区高于全国8.6个百分点；从八省区农村贫困人口和乡村人口分别占全国比重看，八省区农村贫困人口占全国的比重（31.1%）是其乡村人口占全国比重（15.4%）的2倍多。民族八省区贫困面较大，广西、贵州、云南三省区有农村贫困人口2040万人，占八省区农村贫困人口的比重为79.6%，占全国农村贫困人口的1/4，西南民族地区的扶贫开发任务仍颇为繁重。

无疑外部力量主导的传统外部援助，短时间内的确推动了区域经济增长和经济实力增强，改善了区域内民众的生活状况，这也是重要的和必需的。但随着时间的推移，这种外援发展模式的局限性也逐渐显露。最为突出的是，外部援助竟出现了“双向依赖”问题。一方面是民族地区对中央的“援助依赖”，有些援助是将内地社会经济发展模式全盘移植，造成援建项目大多缺乏自我积累、自我管理和自我发展能力，仍需不断追加投资等项目援助来维持。另一方面，中央亦陷入“策略依赖”，即“项目援建→民众生活改善→中央财政或对口支援地出钱维持援建项目→继续援建项目”的“被依赖”[①] 问题（靳薇 2010）。简言之，这种以输血模式为主的援助使部分民族地区在发展过程中长期造血能力不足，自我发展能力欠缺，这种发展和援助模式难以使民族地区尽快赶上全国发展水平，反而造成民族地区之间对援助的依赖和攀比。

不难看出，在外援发展模式中，国家自上而下的行政力量是主要的动力源泉，这不仅表现为援助的着力点在于国家主导的财政转移支付，也表现为援助资金的分配、使用与管理，国家拥有绝对的权力，在一定程度上地方政府的自主权被忽视或边缘化，导致地方政府机构对有关地方发展的决策、规划等的介入不足。地方政府缺位的直接后果是，地方政府社会治理能力发展迟缓，援助项目由于“水土不服”而带动能力不足，公共服务供给与需求结构性失衡，总体援助绩效不佳。不仅如此，这种依赖外部行政力量推动的援助策略，政府主导了援助的全过程，作为受援对象的民族地区民众同样被排斥在政策制定、资金分配、管理与监督以及援建项目的选择之外，民众的能动性和经济社会权利被忽略，缺乏自主参与的平台与机会。显而易见，这势必挤压民族地区自主行为空间，区域内民众参与经济和发展的能力难以提升，最终民族地区无法形成可持续发展的良性局面，甚或陷入长期依赖外部要素投入的困境。再且以经济发展为导向是外援发展模式最为典型的特征之一，虽然它一定程度上活跃了民族地区市场，带动了区域内经济的发展，但是这种以经济成长为主要目标的发展策略忽略了区域内的生态环境、生活品质和传统文化价值，因而难以实现区域协调可持续发展。概言之，行政推动下的外援发展模式可能是民族地区一定时期内快速改变贫穷落后面貌的“强心剂”，但长期看来，它无益于从根本上“治愈”民族地区阻碍发展的内部“痼疾”。

既然看到了问题，就说明单纯外援并不是解决少数民族地方发展

① 靳薇：《西藏援助与发展》，西藏人民出版社 2011 年版，第 164 页。

的出路，因此需要注意少数民族地方自主发展问题。需要注意的是，这并不是说外援不重要。从以上的分析可见，外援对于广大民族地区的发展发挥了巨大和积极的作用。但从外援的总体指向而言，最终是要提升民族地区的自主发展能力。因此需要考虑如何改变援助方式，以提高外援的效果和效益。

第四节　中国参与式援助技术的初步应用

中国在开展援助过程中也同样碰到了如何提高援助效率等技术问题。其实，中国早就发现了单纯给钱、给物的援助解决不了问题，因此就试图从“输血式”的援助转向“造血式”的援助。然而，多年来，参与式的一些技术要件在实践中的应用都因为各种原因没有发挥应有的效用。随着参与式发展的实践在英语世界中有了一定的经验积累，并在理论上有所提炼，这种援助技术就有了可推广的一些关键要素。鉴于有些发达国家的援助机构对中国有些偏远地区乡村贫困问题的关注，这种援助技术就再次以新的面貌进入中国。之后，参与式发展技术在一些典型案例中取得成效，例如“世界宣明会”在云南省的扶贫项目①、大凉山彝族聚居区实施参与式扶贫项目②、中国与加拿大合作的“西藏基本生活改善项目”③、德国米苏尔基金会资助在中国西南山地开展的“促进以社区为主导的可持续发展项目”④等。这些项目有时是因为资金来自国外，相应实施了参与式发展干预技术；有时干脆是国内的专家、学者将这种发展干预技术应用于解决中

① 陈思堂：《参与式发展与扶贫：云南永胜县的实践》，商务印书馆 2012 年版。

② 杨小柳：《参与式行动：来自凉山彝族地区的发展研究》，民族出版社 2008 年版。

③ 刘永功主编：《参与式扶贫规划与项目管理》，中国农业大学出版社 2007 年版。

④ 何俊、周志美、杨晏平主编：《参与式农村社区综合发展：云南少数民族社区的实践经验》，中国农业出版社 2011 年版。

国乡村贫困问题[①]。无论如何，国内主要是借助这种发展干预技术来调动援助对象参与的积极性，推动少数民族和其他地区扶贫工作[②]。其实，在有些国际援助以及国外社区发展中，参与式发展本来就普遍应用于解决贫困等问题。

参与式发展一直以来都是发展实践领域的核心技术，它主要通过创造机会让普通民众参与发展实践，实现对他们的赋权，最终提高其自我发展能力。国际发展领域面临的一个主要挑战就是如何确定适合当地的发展目标和结果。近些年，改善目标群体的生活质量成为许多发展机构的主要目标，但是如何最好地界定和实施这个目标尚没有共识。有人通过对中国一个乡村城镇的研究发现，在乡村经济发展差异较大的地区，不同的职业群体对生活质量的理解完全不同，因此当地群众的广泛参与对地方发展异常重要[③]。虽然在精英主导的政治环境中普通民众参与的可行路径需要研究和探讨，但参与式发展对于提高地方所有权起了至关重要的作用[④]。作为对参与式发展的批判性技术进步，参与式乡村评估（Participatory Rural Appraisal）创造机会将发展从后殖民国家的政治和政治制度中分离出来，这种后殖民地政治理想有助于构建一个新秩序[⑤]。在发展实践中，一些棘手的问题往往会通过当地的参与获得解决的契机。例如在加纳的库玛西周边的城乡结合部，大量外来人口涌入，造成许多耕地转化为宅基地，加上资源的

---

① 叶敬忠、刘金龙、林志斌：《参与·组织·发展：参与式林业的理论、研究与实践》，中国林业出版社2001年版。

② 荣尊堂：《参与式发展：一个建设社会主义新农村的典型》，人民出版社2006年版。

③ Bryan Tilt, "Local Preceptions of 'Quality of Life' in Rural China: Implications for Anthropology and Participatory Development", *Journal of Anthropological Research*, Vol. 67, No. 1, 2011, 27-46.

④ Kyamusugulwa, Patrick Milabyo, "Participatory Development and Reconstruction: a literature review", *Third World Quarterly*, Vol. 34, No. 7, 2013, 1265-1278.

⑤ Korf, Benedikt, "The Geography of Participation", *Third World Quarterly*, Vol. 31, No. 5, 2010, 709-720.

过度开采所带来的水质量下降，都成为当地发展的难题。地方政府认识到，只有鼓励当地的参与，才能实现地方层面环境管理的可持续①。因此，对当地的了解有助于改善社区的发展面貌，实现具有广泛包容性的发展。有人通过对美国宾夕法尼亚州的锡林斯格罗夫、森伯里、丹维尔三个乡村社区的研究发现，公共参与有助于创造地方为基础的发展经验②。

许多人认为参与式发展就一定会提高对边缘化群体的赋权，其实它也有很多缺点③。对参与式理论连贯性和它沦为惯常化实践的批评很大程度上是因为参与式概念内在的歧义造成的，主要是目的与手段的歧义造成的。参与必须是手段，因为任何发展项目必须创造一些成果，因此参与被视为实现这些结果的手段。然而，它也必须被当作目的，这样赋权才能被当作一个必然的成果。仅仅强调作为手段的参与，当然会牺牲作为目的的参与。因此对参与对象的赋权，让其具有自我发展能力才是参与式发展的关键④。

当然，参与式发展也不是包治百病的干预技术。如果不注重制度和文化因素的作用，也可能导致发展干预的失败。例如在巴基斯坦的俾路支省，虽然政府积极赋予当地妇女经济、社会发展权利，希望推动纳西拉巴德地区的减贫工作，但由于制度和文化的原因，导致受益

---

① Simon, David, Duncan F. M. McGregor, Kwasi Nsiah - Gyabaah and Donald A. Thompson, "Poverty EliminIation, North - South Research Collaboration, and the Politics of Participatory Development", *Development in Practice*, Vol. 13, No. 1, 2003, 40 - 56.

② Caru Bowns, "Facilitating the Production of Place - Based Knowledge for Participatory Community Development in Rural Pennsylvania", *Children, Youth and Environments*, Vol. 21, No. 1, 2011, 275 - 292.

③ Narayanan, Pradeep, "Empowerment through Participation: How Effective Is This Approach?", *Economic and Political Weekly*, Vol. 38, No. 25, 2003, 2484 - 2486.

④ Parfitt, Trevor, "The Ambiguity of Participation: A Qualified Defence of Participatory Development", *Third World Quarterly*, Vol. 25, No. 3, 2004, 537 - 556.

人在参与经济活动和收入增长方面处于矛盾的境地[①]。同时，政府在参与式发展中的作用不容忽视。在拉丁美洲，地方参与发展项目已经成为许多措施的标准话语，政府主动参与地方基础设施扩建、资本动员和减贫。出人意料的是，国家机构对参与话语的使用却没能激发地方参与发展的热情。有人通过对墨西哥的瓦图尔科的调查发现，由于国家的干预不当，当地的旅游发展项目并没有让当地社区受益很多[②]。其他研究也表明，政府的参与反倒使一些参与式发展项目受到干扰，无法达到预期效果[③]。作为转型期的发展中大国，中国在发展过程中所面临的发展不平衡问题不容忽视，在援助技术层面需要积极学习并借鉴国际上处理类似问题的先进经验，但也需要注意不同政治、经济和社会背景下同样技术问题可能带来的各种风险。

从对民族地区传统外援模式的检视看，我们发现地方政府和民众在援助过程中参与不足是其局限性的主要根源，正如熊彼特所言，经济的真正发展“只是经济生活中并非从外部强加于它的，而是从内部自行发生的变化”[④]。因此，要实现民族地区可持续全面发展，需要转变思路，充分激活地方行动者的能力，以“参与式援助的协同模式”取代“外部力量主导的外援发展模式”，坚持内生性发展和外源性发展双轮驱动，把外部推力转换成内生发展动力，始终强调民族地区的发展不能完全依赖外部力量的牵引，经济增长也不能是外部援助的唯一目的，基于赋权的地方自主发展能力提升才是实现良性发展的关键。

---

① Khan, Abdul Rashid, Zainab Bibi, "Women's Socio – Economic Empowerment Through Participatory Approach: A Critical Assessment", *Pakistan Economic and Social Review*, Vol. 49, No. 1, 2011, 133 – 148.

② Gullette, Gregory S., "Transnational Participatory Development: Economic And Cultural Flows In Oaxaca, Mexico", *Urban Anthropology and Studies of Cultural Systems and World Economic Development*, Vol. 38, No. 2/3/4, 2009, 235 – 267.

③ Ward, Paul, "Participatory Development in Jamaica: Does It Work In Practice?", *Social and Economic Studies*, Vol. 59, No. 4, 2010, 167 – 196.

④ ［美］熊彼特：《经济发展理论》，商务印书馆1990年版，第70页。

位于浙江省西南部山区的景宁畲族自治县是我国唯一的畲族自治县，自1984年设立自治县以来，一直得到国家和省、市各级党委政府民族政策的大力扶持，全县经济社会有了长足的发展。但是，由于历史和自然等原因，景宁的发展基础还十分薄弱，发展水平还比较低，全县的经济社会发展与周边县市特别是发达地区的差距仍进一步拉大，突出表现为产业结构仍不合理、农民收入增长缓慢、基础设施建设相对落后。浙江省委、省政府注重对该民族自治县经济、政治、文化、社会特征的分析，围绕全省总体战略，从提升当地自主发展能力和可持续发展能力出发，从与群众利益关系最直接、最关心、最迫切的热点问题入手，力图改善少数民族群众的生产生活条件，增强发展后劲和致富能力。2008年5月浙江省委制定《关于扶持景宁畲族自治县加快发展的若干意见》，提出了加强基础设施建设、加大财政支持力度等援助举措，同时明确援助的具体目标，即“到2012年，使景宁经济综合实力进入全国120个民族自治县前10位，接近全省基本实现全面小康社会的目标，并成为全国畲族文化发展基地”①。

十多年来，浙江省委、省政府转变了对本省民族地区的援助方式，尝试推行参与式援助，加上受援地政府和居民的共同努力，其所辖景宁畲族自治县已跻身全国县域经济竞争力提升速度最快的百县（市）行列。据最新县域经济基本竞争力排名，景宁在全国120个民族自治县中排名从2005年的第28位上升到2013年的第9位，实现了富民与强县的同步发展。景宁畲族自治县充分利用这一历史性机遇，创造性地发挥政策的导向作用，走出了一条自主发展与外援协同推进的具有畲乡特色的发展道路，创造了该县发展史上县域经济增长最快、城乡社会改善最大、民众获得实惠最多的时期。发展过程中政府之间、政府与少数民族群众之间、少数民族群众与汉族群众之间实

① 中共浙江省委、浙江省人民政府：《关于扶持景宁畲族自治县加快发展的若干意见》，2008年5月16日，丽水市政府网（http：//www.lishui.gov.cn），访问时间：2015年6月30日。

现良性互动，共同发展与繁荣，从而实现当地经济社会的发展跨越。这个民族地区的发展道路有意无意地展现出参与式发展的诸多特征，并有待总结和提炼，对在全国层面解决民族地区援助依赖，提升自我积累和自主发展能力具有现实的借鉴和指导意义。

第二章

文献回顾和理论讨论

民族地区的发展问题一直受到学界的关注，相关研究较多。民族地区发展过程中的外部援助问题也是研究者关注的焦点之一。这两个议题相辅相成，经常作为同一个问题的不同侧面反映了此类问题的理论与现实重要性。尽管许多国家对待国内涉及民族问题的方式不同，或者说问题的界定以及政策形式都有很大差异，但其经济结构失衡造成的贫困和援助问题的研究对中国解决民族地区的发展与援助问题还是有很大的借鉴意义。通过对相关研究的综述自然可以发现，参与式发展这种发展干预技术对于增进干预效益方面有很大帮助。

第一节　民族地区发展与外部援助研究

发展问题是世界性的共同议题，实现经济社会的全面可持续发展是全世界的一致期待，也是我国全面建成小康社会、实现共同富裕的基础和前提。对于我国民族地区而言，发展具有更加重大和深远的经济意义与政治意义，因为贫困区域和贫困人口大量集中在民族地区，并在一定程度上成为我国区域协调发展和民族团结的重要制约因素。基此，党和政府高度重视民族地区的发展，实施了一系列发展援助政策，与此相呼应，民族地区发展援助的问题也成为学界研究的主题，并提出了诸多有实际价值的对策建议，为我国民族工作提供了重要的参考依据。综观近些年来学界所取得的研究成果，民族地区发展援助问题的研究主要在以下几个方面展开。

一　民族地区相对落伍的成因

全面客观地分析民族地区发展滞后的成因，是探寻发展援助有效途径的基础，同时也是制定援助目标的基本依据。发展滞后，作为民族地区长期而普遍存在的现象，是诸多因素交互作用下的必然结果，既受民族地区自然环境条件的制约，也受历史深层次根源的影响，既有文化因素的原因，也有政治因素的作用。对此，学者们开展了大量的调查研究和理论思考，并从不同的角度阐述了各自的理解与看法。

关于民族地区发展滞后的成因研究，学者们主要从以下研究视角予以探讨：（1）自然资源因素。“主体发展的可能性与可靠性首先取决于其能否获取发展所不可或缺的资源。”① 郑长德、李宗植等学者一致认为，地处边缘地带、恶劣的自然环境、贫瘠的资源条件是我国民族地区的典型特征，这使民族地区陷入发展、贫困与环境的恶性循环②。沈娅莉在分析民族地区贫困循环的原因时也指出，生态贫困导致民族地区农民只能依赖农业生产获得收入，而频发的自然灾害使农民只好通过砍伐森林等破坏生态的手段摆脱经济贫困，这必然加剧当地的生态贫困，结果造成贫困循环。③（2）主体素质因素。经济活动主体的素质对经济发展具有至关重要的意义，就此意义而言，民族地区发展滞后和少数民族的整体素质也必然存在一定的关联。肖立新指出，科学技术文化素质低下、因循守旧而缺乏市场竞争精神、“多子多福”生育观念导致受教育机会减少等反映少数民族素质不高的状况成为影响援助发展的关键因素④。朱乾宇、姚上海等学者也有类似

① 邓成明：《民族地区贫困成因分析及脱贫对策选择》，《民族论坛》1997 年第 2 期。

② 郑长德：《论民族地区的贫困与反贫困》，《西南民族学院学报》1997 年第 3 期；李宗植：《民族地区贫困的地缘经济思考》，《中央民族大学学报》2002 年第 6 期。

③ 沈娅莉：《少数民族地区贫困循环的成因及对策研究》，《云南财经大学学报》2012 年第 4 期。

④ 肖立新：《民族贫困地区扶贫开发与人文素质的提高》，《西南民族学院学报》2002 年第 10 期。

的看法，他们也同样认为社会历史心理因素、人文素质因素等导致民族地区人口素质总体偏低，不利于劳动生产率的提高，因此要使民族地区跳出“贫困陷阱”，关键在于加强对人力资本的投入。这也许正是政府和学界强调加大民族地区科技援助、教育援助、人才援助的原因所在①。(3) 政治因素。如果说前两大发展滞后的成因是民族地区内部因素，那么政治因素则是更加宏观的结构性原因。邓成明就曾指出，民族地区发展滞后在一定程度上应归因于政治机制的缺陷和政治运作的偏差，并从国家区域经济发展战略的不平衡性、城乡二元结构及产业政策、民族区域自治制度运作的偏差等方面作了深入的分析②。(4) 系统性综合因素。通过对中国贫困研究的回顾，沈红认为，“把贫困归咎于自然生态条件、资金、技术，或者人口素质的观点都不具有完全的说服力，因为从贫困经济运行的不同侧面固然可以寻求出不同原因，但是各个单独侧面原因都无法完整地概括贫困的综合成因”③。在研究实践中，不少学者也开始注意到贫困是多种因素系统运行的结果，例如康晓光就指出，所有发展滞后的地区都一样，其“发展是复合系统的组成、结构、功能演化的过程，是复合系统与其环境相互作用协同进化的过程”④，在这个过程中，自然的、经济的、政治的因素交互作用构成一个关系网络，进而决定着区域的发展状况。沈红依据文献资料的分析，指出少数民族贫困是“自然资本折旧”、经济兴衰以及人口资源格局等诸多因素重新配置的结果，因此发展援助应与内生的民族因素相协调⑤。

---

① 朱乾宇、姚上海：《民族地区反贫困战略中人力资本投资的经济学分析》，《黑龙江民族丛刊》2005 年第 1 期。

② 邓成明：《民族地区贫困成因分析及脱贫对策选择》，《民族论坛》1997 年第 2 期。

③ 沈红：《中国贫困研究的社会学评述》，《社会学研究》2000 年第 2 期。

④ 康晓光：《中国贫困与反贫困理论》，广西人民出版社 1995 年版。

⑤ 沈红：《中国历史上少数民族人口的边缘化》，《西北民族学院学报》1995 年第 2 期。

二　外部援助的类型

国家的援助和行政力量的强力推动是民族地区发展进步的核心动力，但灵活有效的援助模式才是发展的关键。新中国成立以来，在全国贫困地区反贫困策略的探索与贫困治理实践推进的背景下，民族地区发展援助的模式随着形势的发展变化和发展重点的转移，也在不断创新和完善，总体呈现出从“输血式”援助模式向“造血式”援助模式转变。为了提高援助的效应，学者们围绕着发展援助模式进行了理论思考和实践探索，产生了具有一定理论意义和指导价值的研究成果。

如果从时间节点来看，改革开放前对民族地区的扶持基本属于救济式的发展援助模式，而改革开放之后则转向开发式发展援助模式，从严格意义上来讲，大规模实施的民族地区援助是在这个时期才开启，因此可以认为，“30 年来的大规模扶贫开发史也是民族地区扶贫开发史”[①]。正是如此，学者们有关发展援助模式的研究大多集中在改革开放后的“开发式”主题下进行探讨。主要包括：（1）目标瞄准发展援助模式研究。郭佩霞认为，“瞄而不准”是我国民族地区发展援助的固有弊病，因此要提高民族地区援助的效应，需要加强援助的精准度，援助方案的设计应尽可能考虑援助地贫困发生程度、援助对象特性、援助人口特殊性需求等内容[②]。刘流通过实证调查发现，目标瞄准是民族地区发展援助的一种有效模式，但仍然存在瞄准精度不高、时序错位的弊端，认为瞄准主体的多元化、村庄瞄准与农户瞄准结合的瞄准机制等是提高民族地区瞄准精度和效率的措施[③]。（2）参与式发展援助模式研究。在对传统发展模式反思的基础上，自 20 世纪 80 年代以来，参与式援助理念和实践逐渐主流化，旨在通

① 朱玉福：《改革开放 30 年来我国民族地区扶贫开发的成就、措施及经验》，《广西民族研究》2008 年第 4 期。

② 郭佩霞：《民族地区反贫困目标瞄准机制的建构》，《农村经济》2008 年第 3 期。

③ 刘流：《民族地区农村扶贫瞄准问题研究》，《贵州民族研究》2010 年第 4 期。

过赋权于受援对象以提升民族地区的自主发展能力。来仪通过对参与式模式在四川民族地区的实施情况进行调查，指出“参与式”有利于快速收集信息资料和资源状况与优势、掌握受援对象愿望以及发展途径，最后真正实现项目预期效果①。同时，也有不少学者对参与式发展援助模式提出质疑，章立明在对少数民族社区项目个案研究的基础上，揭示了“参与式”的多重迷思：定义狭窄化、赋权肤浅化以及性别盲点化②。杨小柳依据他在民族地区开展贫困研究的经验，指出以赋权为重点的参与式模式仅注重形式上的权力倒置，却较少关注援助发展的成效，因此难以从根本上解决久扶不脱贫的困境③。(3) 移民搬迁发展援助模式。由于移民开发不仅可以缓解贫困、改善生产生活条件以及拓宽致富和发展的空间，又能抑制生态破坏、保护民族地区生态环境，因而移民开发成为我国农村扶贫的一种重要形式，也是民族地区发展援助的主要模式，也正是如此它在多种场合下又被称为“生态移民工程”。李皓通过对生态保护与民族地区经济发展两者关系的梳理，指出生态移民乃是实现民族地区经济社会发展与生态和谐共生的可行选择，并探讨了民族地区生态保护、产业发展以及城镇建设协同推进的现实途径④。罗强强回顾了宁夏移民开发的历史，总结得出政府主导、资金保障、因地制宜等是搬迁移民的有益经验⑤。闫丽娟、张俊明则对生态移民异地搬迁后的少数民族心理适应问题提出担忧，认为少数民族移民在安置地会因居住环境的改变、生产生活方式的转型以及文化冲击会带来心理问题，进而会影响到国家

① 来仪：《“参与式”农村扶贫模式在四川民族地区的实施及非经济性因素分析》，《西南民族大学学报》2004 年第 10 期。

② 章立明：《参与式发展的迷思——云南省三个少数民族社区项目的个案研究》，《贵州民族研究》2006 年第 6 期。

③ 杨小柳：《参与式扶贫的中国实践和学术反思——基于西南少数民族贫困地区的调查》，《思想战线》2010 年第 3 期。

④ 李皓：《论生态移民与民族地区现代化》，《黑龙江民族丛刊》2005 年第 1 期。

⑤ 罗强强：《宁夏民族地区的扶贫开发——移民扶贫的方法和经验分析》，《西南民族大学学报》2009 年第 9 期。

移民政策的效率，对此他们提出了一些针对性的建议，如政府需要加强政策支持、提供移民心理健康服务、提高民族宗教工作能力等①。

三　对口支援的成形、制度与转型

自1979年对口支援被正式确立以来，就一直是我国援助民族地区发展的一项重要制度。“对口支援，是在中央政府主导下，在地方政府配合下，一个地区（相对发达地区）对另一个地区（欠发达地区）的支援和帮助，支援方以财政转移、人才交流、企业投资、理念输入等方式，促进受援方的发展。”② 30多年来，对口援助的手段和方法日趋成熟，规模不断的扩大，内容日渐的丰富，体制机制逐步完善，对促进区域协调发展、合作交流以及维护民族团结等发挥了重要的作用。诚然，这离不开党和国家的高度重视，同时也得助于学界的探索和思考。

综览学者们关于“对口援助”主题的研究成果，主要集中在以下几方面予以论述：（1）关于对口援助的形式与问题研究。如何有效组织管理、采取何种形式实施对口援助是密切关系到援助绩效的重大问题。莫代山在对一个以土家族为主的民族地区调查的基础上，总结了对口援助的5种形式，即：基础设施建设帮扶、农产品开发帮扶、科教文卫项目帮扶、人才智力交流帮扶以及企业联姻帮扶等③。靳薇通过对西藏进行人类学田野调查和社会学调查，深入细致地分析了财政援助、项目援助、人才援助等与西藏经济发展之间的关系，并在探讨各种援助形式利弊的基础上，指出西藏未来的重点应加强人力资本

---

①　闫丽娟、张俊明：《少数民族生态移民异地搬迁后的心理适应问题研究——以宁夏中宁县太阳梁移民新村为例》，《中南民族大学学报》2013年第5期。

②　俞晓晶：《从对口支援到长效合作：基于两阶段博弈的分析》，《经济体制改革》2010年第5期。

③　莫代山：《发达地区对口支援欠发达民族地区政策实施绩效及对策研究》，《西南民族大学学报》2010年第11期。

的援助①。马戎则特别调查分析新疆的项目对口支援，并总结出项目援助存在的问题，如项目脱离当地实际、论证程序不合理、项目运作机制“计划经济”色彩浓厚等②。(2) 关于对口援助法律制度建设研究。加强对口援助的法律制度建设，是实现对口援助实践规范有序、持续推进的有效保障。杨道波立足于当时对口援助法律制度建设的现状，提出了加强法律制度体系协调性建设、完善法律制度实施机制以及建立跟踪协调制度等建议③。熊文钊、田艳等学者从对口援疆政策的分析入手，从立法、实施制度建设和利益补偿等特别制度层面论述了对口援疆法治化、制度化的路径④。王永才在其博士学位论文中系统地分析了对口支援民族地区的立法问题，重点讨论对口支援法治化的必要性与必然性、法制的运行基础以及对口支援法律制度的完善等⑤。朱光磊、张传彬、郑春勇把对口支援看作一种府际关系现象，认为要提升府际关系的治理绩效，需要对对口支援从法律层面进行制度设计，明确中央与地方的责任，规范地方政府之间的互动行为⑥。(3) 关于对口援助模式转型的研究。如何实现对口援助向长期对口合作转变是深入开展援建工作的现实选择，也是实现民族地区自主发展能力和合作共赢的有效举措，由此成为受援方与援建方面临的共同课题。俞晓晶认为产业转移是长效合作的主要形式，基此，受援和援

---

① 靳薇：《西藏援助与发展》，西藏人民出版社 2011 年版。

② 马戎：《新疆对口支援项目实施情况的调查分析》，《中央民族大学学报》2014 年第 1 期。

③ 杨道波：《地区间对口支援和协作的法律制度问题与完善》，《理论探索》2005 年第 6 期。

④ 熊文钊、田艳：《对口援疆政策的法治化研究》，《新疆师范大学学报》2010 年第 3 期。

⑤ 王永才：《对口支援民族地区法治化研究》，博士学位论文，中央民族大学，2013 年。

⑥ 朱光磊、张传彬：《系统性完善与培育府际伙伴关系——关于“对口支援”制度的初步研究》，《江苏行政学院学报》2011 年第 2 期；郑春勇：《论对口支援任务型府际关系网络及其治理》，《经济社会体制比较》2014 年第 2 期。

建双方应充分发挥各自的资源优势，加大产业对接与合作，构建优势互补、合作共赢的良好局面①。季菲菲等人也有类似的看法，指出对口援助是一种跨区域经济合作关系，发展的方向应是充分利用资源优势建立产业平台，变“对口支援”为“战略型伙伴”②。周晓丽、马晓东等人认为随着支援的深入，传统的单向无偿援助难以为继，“对口支援应从单向无偿援助走向多元互利的对口合作”。至于如何合作才能取得对口援助的成效，他们借鉴协作治理模式，认为对口援助应实现政治动员向制度激励转向、单向决策向协商对接机制转变、构建支援双方互信合作的格局以及实现协作发展中的多元参与③。

四 外部援助的效应

民族地区发展援助效应的检视是运用一定的量化指标、评价方法对援助政策与实践所产生的效果、反映和影响的客观分析与综合性评价，也是总结经验和发现问题的一种手段和方法。这有助于制定出更加科学合理的援助政策、选择切实有效的援助模式，从而有助于提高发展援助的水平，更理性地给予民族地区最大的援助并全面实现发展援助的目标。

为了全面客观地展现援助发展经济社会效应，学者们主要沿着以下三个层面予以探讨和分析：（1）效益评价体系和方法研究。如何建构一套科学的效益评价体系，运用一种科学评价方法，不仅有助于提高援助政策效应评估的精准度，而且能为援助资金的投向与具体援助模式的选择指明方向。刘朝明、张衔等学者在反思项目经济分析、发展项目社会评价等扶贫效益常规分析方法的局限性基础上，尝试从

---

① 俞晓晶：《从对口支援到长效合作：基于两阶段博弈的分析》，《经济体制改革》2010年第5期。

② 季菲菲等：《府际关系视角下的跨区域经济合作——以江苏对口支援新疆伊犁哈萨克自治州州直地区为例》，《干旱区地理》2012年第3期。

③ 周晓丽、马晓东：《协作治理模式：从“对口支援”到“协作发展”》，《南京社会科学》2012年第9期。

扶贫总产出效益、经济增长与结构变动、贫困动态和扶贫资金效率等方面对扶贫绩效做系统分析，并以四川省三个贫困人口最集中的民族地区为样本予以检验，证明这一新的效益评价工具既可用于扶贫的理论分析，也能适应于脱贫验收和效益衡定[①]。郭佩霞对现行的民族地区援助效益评价体系进行审视，发现实践中效益评估体系存在过度重视经济效益指标而社会效益评估指标缺失的不足，认为民族地区援助效益评估体系的构建应从当地的地理和人文特性出发，遵循地域性、民族性、动态性、全面性等原则。基于这种考虑，建立了包括经济发展、社会进步、政治稳定、环境保护与文化传承等指标的民族地区援助效益评估体系[②]。(2) 民族地区发展援助的成就研究。呈现援助成就，总结援助经验是揭示援助规律的手段，也是判断援助政策的依据。随着我国援助工作的开展，民族地区发展援助取得巨大成就，切实有效地改变了民族地区的经济社会面貌。朱玉福借助于西部民族地区的统计数据，总结了改革开放以来发展援助的经济社会效益，指出30多年来尤其是“八七”扶贫攻坚以来，民族地区发展援助工作取得的成就举世无双，贫困状况大范围缓解、基础设施明显改善、经济发展实力显著增强、思想观念与精神面貌深刻变化[③]。莫代山运用个案研究的方法，考察了发达地区对口支援民族地区的实施绩效，指出在多种帮扶措施下，民族地区的城镇发展新格局基本形成、特色产业发展空间扩大、社会事业发展水平提升、干部队伍素质提高、民族文化活力强劲等[④]。王宝珍、龚新蜀以新疆南疆三地州为样本，运用综

① 刘朝明、张衔：《扶贫攻坚与效益衡定分析方法——以四川省阿坝、甘孜、凉山自治州为样本点》，《经济研究》1999年第7期。

② 郭佩霞：《民族地区扶贫效益评价体系的构建》，《西南民族大学学报》2009年第9期。

③ 朱玉福：《改革开放30年来我国民族地区扶贫开发的成就、措施及经验》，《广西民族研究》2008年第4期。

④ 莫代山：《发达地区对口支援欠发达民族地区政策实施绩效及对策研究》，《西南民族大学学报》2010年第11期。

合评价分析法对发展援助的成就进行了系统考察，研究结果表明：援助绩效逐年提高，尤其是社会发展水平增幅最快，群众生产生活水平改善明显且经济发展能力增长较快[①]。(3) 民族地区发展援助的局限研究。反思援助策略和援助模式的局限性，探讨发展援助的负效应对于有效组织和实施发展援助政策、改善发展援助方法有着重要的现实意义。靳薇认为援助的最主要局限性是"援助不当"导致的少数民族制度性"援助依赖"问题，即援助的不断介入削弱了受援地区的内部系统和责任关系，不利于受援地自主发展能力的提升，主要表现在：财政援助依赖、投资主要依靠国家、人力资本存量不足[②]。王建民以少数民族文化与扶贫开发的关系为切入点，阐述了发展援助的缺陷，指出异地安置、整村移民等扶贫开发方式容易引发回迁原住地、越扶越贫、越来越依赖救助等与政策制定者的初衷相背离的问题，其根本原因是少数民族在发展援助过程中缺乏主体性地位以及少数民族文化没有得到应有的重视[③]。

五　相关研究述评

民族地区发展问题是近些年来学界研究的热点。围绕民族地区发展援助的主题，研究者们进行了广泛和深入的探讨，呈现出了一些有价值的研究成果，为党和国家的民族工作提供了重要的参考依据。但是现有的研究还存在一些局限：大多数研究属于一般性研究，仍停留在较浅的层面，基本都集中在发展援助模式、问题及对策等方面，对发展援助中一些较深层的议题，如受援区域内权力关系格局、外部援助与地方资源系统的协同、国家控制系统与地方行动者系统的互动关系等较少涉及；对外部援助绩效分析时，较多拘泥在经济发展、基础

---

① 王宝珍、龚新蜀：《边疆少数民族地区扶贫开发绩效评价——以新疆南疆三地州连片特困地区为例》，《广东农业科学》2013 年第 24 期。

② 靳薇：《西藏援助与发展》，西藏人民出版社 2011 年版。

③ 王建民：《扶贫开发与少数民族文化——以少数民族主体性讨论为核心》，《民族研究》2012 年第 3 期。

设施建设等物质层面，缺少对地方自主发展能力、文化变迁等的考察；研究中对某一区域的宏观研究较多，鲜见对微观单元如民族村庄的深度实证研究，更未见不同区域中不同援助方式的对比研究。

我们认为，以赋能为核心的参与式发展援助、跨越区域内外屏障的混合发展模式研究是未来民族地区发展援助研究中探讨的两个重点。一方面，事实证明，传统输血式援助发展模式难以解决民族地区可持续发展的问题，自我造血能力不足、援助依赖成为其突出矛盾。受国际社会发展援助经验启示，已形成一种共识：发动和鼓励受援地民众参与本地区发展是发展援助转型的方向。它可以克服区域内人口和基层组织参与经济社会发展能力不足、发展收益分配不公以及社会排斥等弊端。目前，参与式发展援助需要深入研究的主要有：受援地民众参与区域发展的方式与途径、区域内发展主体间的互动机制与权力格局、参与式发展援助与民族地区自主能力提升的关系等问题。另一方面，在民族地区的发展实践中，任何一个地方都不可避免地与地方外进行连接，发展乃是地方内外要素、上下层级要素相互联结、相互作用，协同推进的动态过程。此种发展范式即混合发展模式，它超越内生与外生发展模式的主张，认为民族地区的发展是一个持续的发展过程，在这一过程中多个发展系统通过资源流动和信息交换形成一个互动网络，是解决民族地区发展障碍、增强发展能力的战略选择。目前，混合发展模式需要深入研究的主要有：国家控制系统、国家资源系统、地方行动者系统和地方资源系统的功能定位，以及发展系统间的联结机制和动力机制等问题。

第二节　世界减贫经验与教训

民族地区的发展与援助终究还是发展相对落后引发的问题。在国外，针对发展相对滞后地区的减贫的研究有很多，且应用性较强。尽管这些讨论并不是针对像中国民族地区发展这种特定问题而起的，但其问题内核和相关措施对中国解决民族地区发展相对滞后这样的问题也是有一般借鉴意义的。

一 贫困的结构性矛盾

一直以来，贫困都是发展中国家发展道路上需要克服的一个严重问题。有人通过对玻利维亚、波兰、俄罗斯、印度、中国和非洲等地调查发现，财富在过去二百多年里流向了发达国家，最贫穷国家的发展陷入恶性循环①。然而，令人意外的是，贫困问题的实质如今发生了变化。穷人不再是最贫穷的国家所特有，发达国家也面临严重的贫困问题②。作为世界最大经济体，美国是最富裕的国家之一，但它却比其他生活水平相近的国家拥有更多贫困人口。目前，经济衰退和日益扩大的收入差距，使贫困问题更加突出③。也有研究发现，发达国家的收入差距比大萧条以来任何时候都更突出。高收入人群财产达到数以亿计，社会底层的人们和蓝领工人的生活日益恶化，失业和贫困的数字居高不下④。在美国，虽然政府和社会都相当重视减贫问题，由于工业化和城市化的推进，乡村地区能够提供的就业机会减少，低工资和贫困的代际传递已成为乡村的普遍性问题，900 万的贫困农民仍处于被忽视的境地⑤。

无论是发达国家还是发展中国家，贫困问题多数是由结构性因素造成。在美国，贫困总是与非裔美国人、阿巴拉契亚山区农民、印第

① J. Sachs, *The End of Poverty: Economic Possibilities for Our Time.* London: Penguin Books, 2006.

② A. Sumner and R. Mallett, *The Future of Foreign Aid: Development Cooperation and the New Geography of Global Poverty.* Basingstoke: Palgrave Pivot, 2012.

③ J. Iceland, *Poverty in America: A Handbook* (3rd edition). Oakland: University of California Press, 2013.

④ P. Edelman, *So Rich, So Poor: Why It's So Hard to End Poverty in America.* New York: New Press, 2013.

⑤ C. M. Duncan, *Rural Poverty in America.* New York: Praeger, 1992.

安人和外国移民这样特定的种族或族裔背景有关[①]。究其本质，贫困作为一种社会现象，更主要的是政治不平等造成的。然而，也有人提出公民对社会福利“依赖”问题的担忧[②]。这把人们的注意力吸引到社会福利带来的消极后果上，因此得到许多主张减少社会福利人士的欢迎。这样，人们就越来越少关注结构性不平等问题。在2008年经济危机之后，政府财政支出的困难使有些人对社会福利供给机制的诟病增多，穷人越发被视为不值得同情的群体。当然，关于这个问题有两种完全不同的观点，一是将贫穷的终极原因归结为个人的失败，并将穷人描述为懒惰的，或者说他们有文化、精神方面的缺陷；二是认为贫穷是地方性问题，是市场和政府失灵造成的资源分配问题[③]。有人通过对非洲、东亚、拉美和南亚地区15个国家的调查发现，当深刻的社会不平等阻碍个人获得经济发展机会时，个人的工作积极性往往不足以帮助穷人摆脱贫困[④]。其实问题的根本在于，某些社会群体被排斥在公平参与发展机会和决策之外[⑤]。因此，为了根除贫困，应当倡导建设一个更加公正、包容、自由的社会。

二 国际与国内援助的无奈

国际组织一直是减贫的重要力量。世界千年发展目标（MDG）是将每天收入低于1.25美元的人口减少一半，但这个目标远未实现，

---

① J. Iceland, *Poverty in America: A Handbook.* Oakland: University of California Press, 2012.

② A. O’Connor, *Poverty Knowledge: Social Science, Social Policy, and the Poor in Twentieth-Century U. S. History.* Princeton: Princeton University Press, 2002.

③ M. B. Katz, *The Undeserving Poor: America's Enduring Confrontation with Poverty* (2nd *edition*). Oxford: Oxford University Press, 2013.

④ D. Narayan and L. P. S. Kapoor, *Moving Out of Poverty: Success from the Bottom Up.* Washington, D. C.: World Bank Publications, 2009.

⑤ R. Sobhan, *Challenging the Injustice of Poverty: Agendas for Inclusive Development in South Asia.* Thousand Oaks: SAGE, 2010.

世界仍面临绝对贫困问题①。世界范围的援助大体有三种类型，一是向儿童救助会、乐施会、CARE、联合国儿童基金会、红十字会等慈善机构的捐赠，二是世界银行的巨额贷款，三是一国政府向另一国政府的转移支付、减免债务。国际援助主要是帮助受到洪水、饥荒、地震、干旱等自然灾害影响的人们，或者是直接资助发展中国家，让他们能摆脱贫困并实现发展。然而，由于官僚机构效率低下、错误的政策、大量管理人员的工资、政治腐败，以及维持执行机构开销庞大，巨额的援助经费并没有直接花在援助上②。在世界范围内，减贫已成为发展政策的中心目标，但人们却发现最贫穷的人很少从减贫项目中受益。例如，小额信贷计划帮助许多穷人改善了生活，但这种援助却无法改变偏远乡村的临时工、少数民族、老人、妇女和移民的绝对贫困问题③。联合国组织花了数十亿美元的经费，世界范围内的贫困和不平等事实上却在增加④。当然，也有些国际组织推动的减贫项目取得了成功。例如，世界银行推动的扶贫支持信贷（PRSCs），目的主要是支持全面增长、改善社会条件以及减少贫困。到 2009 年 9 月，世界银行已批准 99 个总额约为 750 亿美元的扶贫支持信贷。评估发现，扶贫支持信贷已有效地缓解了有些地区的绝对贫困问题，它在加强公共部门管理和向穷人提供基本公共服务等方面都取得了成功⑤。

对于政府之间的援助问题，出资国的巨额财政支出，不一定就会获得理想结果。英国政府在削减公共开支时期，不仅努力维持对外援助预

---

① OECD, *Development Co - operation Report* 2013: *Ending Poverty* (*Development Co - Operation Report*: *Efforts and Policies of the Members of the Development Assistance Committee.* Paris: Organization for Economic Cooperation and Development, 2014.

② G. Hancock, *The Lords of Poverty*: *The Power*, *Prestige*, *and Corruption of the International Aid Business.* Washington, D. C.: Atlantic Monthly Press, 1994.

③ D. Hulme, *What Works For The Poorest?*: *Poverty Reduction Programmes for the World's Ultra - Poor.* Bourton - on - Dunsmore: Practical Action, 2010.

④ K. Gibson, *Too Much Aid Not Enough Help.* Dublin: Columba Press, 2011.

⑤ World Bank, *Poverty Reduction Support Credits*: *An Evaluation of World Bank Support.* Washington, D. C.: World Bank Publications, 2010.

算，还不断地增加投入，目的在于实现对外援助预算达到GDP总额0.7%的目标。60年来，英国政府已经支出了高额的官方发展援助。然而，这种发展援助并未促进受援国当地经济增长，反倒会破坏了良好的政府，实际上是对暴君和军阀的补贴。虽然有支持这项计划的政府官员声称，这种援助有助于赢得受援国的善意，减少外交冲突和大规模移民，但他们很少能够拿出确凿的证据。因此，有人主张，对外援助应以现实而非信仰为基础，捐赠时要量力而行①。事实证明，发展援助在受援国的效果确实有很大差别。自20世纪80年代初，几乎所有非洲国家都获得了大量援助，但作为改革成功者的加纳和乌干达实现了经济快速增长和贫困减少，而埃塞俄比亚和科特迪瓦的援助效果仍有待观察②。

各国政府对本国的减贫也起了很大作用。从20世纪60年代起，美国约翰逊总统发起“向贫困宣战”的倡议。如今，美国贫困儿童的数量稳步上升，社会底层的生活日益衰落，带来严重的城市社区治理问题。鉴于这种情况，美国政府对减贫斗争逐渐失去耐心，传统上已经成为无家可归者避风港的城市，也在逮捕和驱逐露宿街头的穷人。更有甚者，“向贫困宣战”在洛杉矶的非裔和墨裔美国人社区中还引发了种族冲突。人们常说，联邦政府不能或不应该去解决贫困和不平等问题，因为官僚机构的努力是无效的③。“向贫困宣战”也被描绘为大政府错误决策的最显著标志。保守党嘲笑民主党称，“向贫困宣战”导致了腐败和“减贫掮客”的出现。几十年来，社会事业的花费有了很大提高，但贫困只是稍有下降④。20世纪60年代的自

① J. Foreman, *Aiding and Abetting: Foreign Aid Failures and the 0.7% Deception*. London: Civitas, 2012.

② D. Dollar, S. Devarajan and T. Holmgren (eds.), *Aid and Reform in Africa*. Washington, D. C.: World Bank Publications, 2001.

③ B. I. Page, J. R. Simmons and J. R. Simmons, *What Government Can Do: Dealing With Poverty and Inequality*. Chicago: University of Chicago Press, 2002.

④ S. H. Danziger, and D. Weinberg (eds.), *Fighting Poverty: What Works and What Doesn't*. Cambridge: Harvard University Press, 1987.

由主义者希望通过促进机会平等援助穷人，后来这种追求自由的目标让位于权利。非裔、墨裔美国人的民权运动和妇女的女权运动改变了减贫斗争的目标、计划和文化认同。组织者开始用政治头脑开展减贫活动，积极鼓动社区行动[①]。

三　政府、社区与非政府组织的角色分化

无论在哪个国家，政府对于绝对贫困负有难以推卸的责任。从世界范围看，各国都面临贫困问题的挑战。目前，各国对贫困的应对远远不够，而且在道义上也站不住脚[②]。无论是出于政治还是道德责任，政府都应给予这些穷人最基本的生活保障。美国经济增长带来国民收入的增长，这本应该有助于减少贫困率，但结果却是经济不平等的增长。其实，这个时期社会福利的增长才能解释贫困的老年人口为什么大幅下降，公共政策才是明显改善美国经济福利的根本[③]。

支持当地经济发展成为解决贫困问题的重要途径。有人指出，发达国家和非营利国际组织提供援助来解决贫困问题的传统方式已经不适应新时期的减贫工作，企业参与减贫才能更有效应对贫困问题的挑战[④]。从发展中国家的减贫情况可以看出，中国和印度这样的国家主要依靠发展当地的工商业使越来越多的穷人摆脱贫困。而非洲大部分地区和其他一些贫困地区，正是因为工商业的落后，导致援助的效果并不明显。因此有人主张，援助当地的商业部门，帮助当地企业成

---

① R. Bauman, *Race and the War on Poverty*: *From Watts to East L. A.*. Norman: University of Oklahoma Press, 2008.

② P. Singer, *The Life You Can Save*: *How to Do Your Part to End World Poverty*. New York: Random House Trade Paperbacks, 2010.

③ A. J. Auerbach, D. E. Card and J. M. Quigley (eds.), *Public Policy and the Income Distribution*. New York: Russell Sage Foundation, 2006.

④ P. H. Werhane, S. P. Kelley, L. P. Hartman and D. J. Moberg, *Alleviating Poverty through Profitable Partnerships*: *Globalization*, *Markets*, *and Economic Well – Being*. London and New York: Routledge, 2009.

长，才能真正实现内生发展。这是最有把握的减贫方法①。为了实现减贫目标，政府的宏观经济政策必须在地方层面更有针对性②。

无论如何，政府要保障公民的基本生活。有人主张，对于那些每天生活费少于99美分的穷人，世界各国政府都应提供最起码的生活保障③。1994年，美国政府推出的MTO项目，就是帮助有些家庭从贫困和犯罪率高的内城区公共住房，搬到贫困和犯罪率相对较低的街区，以消除贫民窟作为社会问题策源地的问题④。此外，政府还启动了有条件的现金转移（CCT）计划，旨在通过福利计划资助符合条件的人，以减少不平等和贫穷代际传递的恶性循环。具体措施包括：招收儿童进入公立学校，定期体检，接受免费疫苗接种等。相当多的证据表明，这项计划是通过收入再分配的政策，帮助穷人改善生活。如果再辅之以工作福利、就业计划、社会养老金等，就会有更好的干预效果⑤。有时候，联邦政府不惜投入大量资金，解决贫困问题。例如，美国的临时救助贫困家庭综合拨款计划（TANF）是联邦给各州拨款，用于向贫困家庭的儿童提供社会福利。联邦政府即使面临赤字，仍坚持将这项计划，主要为了实现以下四个目标：提供援助给有儿童的贫困家庭，让他们可以住在自己家或亲戚家；减少贫困家庭通过工作、婚姻获得政府福利的依赖；减少失婚怀孕；推动维持双亲家庭⑥。

---

① R. G. Hubbard and W. Duggan, *The Aid Trap: Hard Truths About Ending Poverty.* New York: Columbia University Press, 2009.

② P. Steele, N. Fernando and M. Weddikkara, *Poverty Reduction that Works: Experience of Scaling Up Development Success.* London and New York: Routledge, 2008.

③ A. Banerjee and E. Duflo, *Poor Economics: A Radical Rethinking of the Way to Fight Global Poverty.* New York: Public Affairs, 2012.

④ X. d. S. Briggs, S. J. Popkin and J. Goering, *Moving to Opportunity: The Story of an American Experiment to Fight Ghetto Poverty.* Oxford: Oxford University Press, 2010.

⑤ A. Fiszbein and N. R. Schady, *Conditional Cash Transfers: Reducing Present and Future Poverty.* Washington, D. C.: World Bank Publications, 2009.

⑥ G. Falk, *The Temporary Assistance for Needy Families (TANF) Block Grant.* Hauppauge: Nova Science Publishers, 2008.

新自由主义意识形态的流行使社区等组织开始承担更多的减贫责任。新自由主义往往专注于结构调整、私有化和削减公共服务，目前发展的重点是要超越这些意识形态，通过减贫实现善治。有人通过对越南、乌干达、巴基斯坦和新西兰的调查发现，政府应该向穷人提供基本公共服务，鼓励多方的伙伴关系，并借助制度建设来增加对穷人的赋权①。有人批评国际发展组织在减贫行动中肆无忌惮地滥用权力和傲慢地失忆的负面形象，因此主张把通过向受援对象的赋权，建立持久的伙伴关系②。二战后，美国普遍接受了社区承担减贫主要责任的理念。政府努力动员社区成员积极行动，展开自助服务，以解决贫困等问题③。从援助效果看，往往因为政府整齐划一的援助缺陷，导致人们更多考虑公民、家庭和社区在减贫方面的作用④。在减贫的实践中，政府、捐助者、慈善机构和企业都无法仅靠自己的力量就能解决贫困问题，因此有人倡导各个部门之间的联盟和伙伴关系是社区减贫措施成败的关键⑤。也有人指出，穷人、普通公民和机构建立的伙伴关系，能够克服社会排斥问题，从根本上改变穷人所生活的不太人道的环境⑥。联合国发展计划署（UNDP）和美洲基金会合作在拉丁美洲和加勒比地区六个国家开展减贫计划合作，依靠公共机构、非政

① D. Craig and D. Porter, *Development Beyond Neoliberalism? Governance, Poverty Reduction and Political Economy*. London and New York: Routledge, 2006.

② R. Eyben, *Relationships for Aid*. London and New York: Routledge, 2006.

③ A. Goldstein, *Poverty in Common: The Politics of Community Action During the American Century*. Durham: Duke University Press, 2012.

④ G. MacDougal, *Make a Difference: A Spectacular Breakthrough in the Fight Against Poverty*. New York: St. Martin' s Griffin, 2005.

⑤ L. C. A. Hosono, H. Kharas and J. Linn eds., *Getting to Scale: How to Bring Development Solutions to Millions of Poor People*. Washington, D. C.: Brookings Institution Press, 2013.

⑥ R J. M. osenfeld and B. Tardieu, *Artisans of Democracy: How Ordinary People, Families in Extreme Poverty, and Social Institutions Become Allies to Overcome Social Exclusion*. Lanham: University Press of America, 2000.

府组织、私营部门和其他民间组织间的合作伙伴实现减贫目标[①]。为了提高国际援助的效果，2002 年 3 月，美国总统布什宣布成立千年挑战账户（MCA）以应对反恐、艾滋病蔓延等造成的国际范围的贫困挑战。由于受援国的充分参与，这些计划就改变了美国单方援助的形象，促进了更广泛的国际援助合作[②]。

外援的格局正在发生变化，社会领域的各种新型力量成为减贫的直接实施者。从“新兴”经济体到众多私人基金会和慈善家，这些新的力量在不断壮大。在实现千年发展目标（MDGs）中，政府和全球领导者都强调非政府组织的重要角色[③]。然而，也有人一针见血地指出，一些非政府组织本身的使命就是减贫，但拉丁美洲的大多数非政府组织都没有把事情做好，反倒使贫困问题变得更糟[④]。事实上，专家的建议很多时候只解决当前问题，无法解决造成这些问题的系统性政治因素。很多时候，减贫成为一个技术问题，需要专家方案才能解决，但由此可能出现的专家与统治者之间的合谋可能造成对穷人的侵害[⑤]。此外，20 世纪 80 年代以来，一批非政府组织和民间组织致力于振兴撒哈拉以南的非洲次大陆，并成为捐助者和联合国的宠儿。结果发现，这个时期的非洲乡村却陷入更深的贫困，大量的非政府组

---

① A. Fiszbein and P. Lowden, *Working Together for a Change: Government, Business, and Civic Partnerships for Poverty Reduction in Latin America and the Caribbean.* Washington, D. C.: World Bank Publications, 1999.

② L. Brainard, C. L. Graham, N. Purvis, S. Radelet and G. E. Smith, *The Other War: Global Poverty and the Millennium Challenge Account.* Washington, D. C.: Brookings Institution Press and the Center for Global Development, 2003.

③ J. Brinkerhoff, S. C. Smith and H. Teegen, *NGOs and the Millennium Development Goals: Citizen Action to Reduce Poverty.* Basingstoke: Palgrave Macmillan, 2007.

④ R. Eversole (ed.), *Here to Help: NGOs Combating Poverty in Latin America.* New York: M E Sharpe Inc, 2003.

⑤ W. Easterly, *The Tyranny of Experts: Economists, Dictators, and the Forgotten Rights of the Poor.* New York: Basic Books, 2014.

织的努力似乎并没有取得任何有意义的进展[①]。

四　世界减贫的反思与启示

减贫是世界范围的难题，从国际组织到本国政府都非常重视这个问题。然而，多年的实践表明，国外无论是发达国家还是发展中国家的减贫工作成效并没有达到预想的目标。从国外的减贫工作实践看，至少有以下几个方面的启示：

首先，发展中国家和发达国家贫困问题的本质不同。一是发展中国家的绝对贫困问题更加突出，发达国家更多的是相对贫困问题。二是发展中国家的贫困人口数量巨大，发达国家贫困人口所占比重较小。三是发展中国家仅靠自身力量往往难以应对国内的贫困问题，发达国家有财力解决贫困问题，但贫困问题显然不是仅靠经济手段就能够彻底解决。由此可见，即使世界范围内都面临贫困问题，但贫困问题的范围、性质和解决方式都应该有所不同。值得注意的是，无论是在发展中国家还是发达国家，虽然贫困问题不是简单的经济问题，但解决贫困问题的切入点都是经济问题，要先满足贫困人口的基本生活需求。

其次，造成发展中国家和发达国家贫困的结构性因素有不同之处。对于发达国家来说，主要是本国政府不愿从根本上认识国内经济社会结构不平等的事实，仅仅强调技术上创新，很难从实质上解决贫困问题。即使竞争性的政治选举给予了穷人争取自身利益的制度保障，但他们很难在政治利益分配中发出声音也是不争的现实。因此，发达国家穷人生活境况就陷入恶性循环。对于发展中国家来说，国际政治经济秩序不平等造成贫困比例较高的历史和现实原因不可忽视。经济发展水平相对落后，使发展中国家经常在解决贫困问题时心有余而力不足。这种情况下，他们往往需要依赖国际组织的外部援助。虽

① H. Holmén, *Snakes in Paradise: NGOs and the Aid Industry in Africa*. Boulder: Kumarian Press, 2009.

然许多国际组织宣称自己在跨国减贫工作中的非政府身份，但都夹杂着对发展中国家政治干预的意图，有些甚至就是变成发达国家推行其政治制度的机器。发展中国家的减贫工作因此就变得更加复杂，有时本国政府也难以控制。因此，建立公平合理的世界政治经济新秩序成为影响发展中国家减贫工作的重要因素。当然，发展中国家的政府对待贫困问题的态度也是减贫效果的决定性因素，正确认识人民群众改善生活的诉求并给予有效的援助是实现减贫目标的关键。

再次，减贫效果不佳不应成为国家逃避责任的借口。市场力量的深入推进，必然造成经济利益分配的极化现象。在防止市场力量对社会领域的过度侵蚀中，国家在保护社会中拥有不可替代的优势。至少来说，国家具有保证公民基本生活保障的政治责任。多年的实践可以看出，无论是国际援助还是国内援助，往往并没有达到理想的目标。但从以上分析可以看出，这不是因为国际和国内援助不起作用，更多是因为国际和国内援助还远远不足以解决世界范围内的贫困问题。当然，得到国际援助对于缓解国内的贫困问题有积极作用，但客观上看，政府无论如何都应对处于绝对贫困和相对贫困的公民提供必要的援助。通过支持穷人发展经济，向穷人提供基本公共服务，帮助他们摆脱生活困境。在此过程中，政府要自觉抵制新自由主义公共政策倾向，防止成为市场力量的帮凶，造成对社会领域的二次伤害。

复次，要充分发挥社会领域在减贫工作中的独特优势。对于国家而言，社会领域可以帮助他们从效率低下的直接公共服务供给中解脱出来。在实际的减贫工作中，社区和社会组织具有独特的优势。一是他们能够更准确地确定穷人的需求，二是他们能够提供专业化的援助，三是他们能够有效利用援助资源，提高援助效率，四是他们能够通过服务供给，改善社会治理形式。当国家认识到社区和社会组织在这些方面的优势时，往往会给予积极支持。当然也要看到，由于社区和社会组织对政府所掌握巨大资源的依赖，有些缺少一定的独立性。

最后，注重培养援助对象的自主发展能力。从援助的目标来说，国际和国内援助的指向都是提高援助对象自力更生的能力。如果援助对象自身的发展能力得不到提高，再多的外部援助也难以解决世界范围内人口数量如此巨大的贫困问题。由于穷人在政治体系中往往处于弱势地位，政府、社区和社会组织创造机会让穷人在各个层面表达自身的利益诉求，有助于提高贫困人口的自主发展能力。能够为自身发展争取到合理资源的公民也是社会善治的重要基础。

第三节　理论视角：参与式发展

在援助的技术层面上，参与式发展较多地强调了援助对象对援助目标设定、过程管理以及效果评价的参与。这改变了之前以援助方为核心的发展干预，但在将重心转向援助对象的同时，也暴露出这种发展援助技术的一些弱点。

一　批判的发展干预技术

多年来，世界经济的增长却始终伴随着不平等和不公平问题，即使是经济发达国家也面临不同程度的贫困问题。经过各方不断努力，情况似乎有所好转，但普遍有效的解决办法却难以企及[①]。就援助而言，有人呼吁增加投入以实现长期以来各国政府解决贫困和社会福利缺少等问题的承诺；也有人认为应该削减投入，由市场力量决定弱势群体的命运[②]。起初，参与式发展是国际组织或有些政府实施减贫干预的一种方法，这种方法分别在哥伦比亚、印度、澳大利亚、委内瑞拉、美国、英国、西班牙、泰国、新喀里多尼亚等多个国家都有广泛应用，并且涉及像儿童照顾、教育、社区发展、土地改革、农业等领域[③]。到目前为止，发展得以有效提高的有五个领域：提供基本服务、

① Robert Chambers, *Ideas for Development*, London and New York: Routledge, 2005.

② Ben Ramalingam, *Aid on the Edge of Chaos: Rethinking International Cooperation in a Complex World*, Oxford: Oxford University Press, 2013.

③ Robin McTaggart, *Participatory Action Research: International Contexts and Consequences*, Albany: State University of New York Press, 1997.

改善地方治理、改善全国治理、获得法律援助、支持穷人发展经济①。参与式发展产生于现代发展进程的批判分析中，它追求的是更加平等和公平的发展。

作为一种批判的发展干预技术，参与式发展针对的是之前减贫和其他发展干预措施缺少关注援助对象的问题，因此转而注重多方参与。它提倡从援助对象角度考虑问题，在提供专业化援助干预的过程中倡导"以人为本"的原则，力图打破一些社会环境的约束②。之后，随着学者和专业人士对发展援助问题的直接介入，参与式发展范畴还衍生出一种被称为"参与行动研究"的新技术手段。起初，参与式行动研究是学者开展社区研究、专业人士开展社区发展干预的一种新型研究方法。后来，这种研究方法逐步演变为集学术研究与发展干预为一体的技术，并吸引越来越多的学者和专业人士投身其中。通常情况下，学者和专业人士通过合作研究、教育活动和行动计划，与社区居民共同推动社会变迁③。需要指出的是，学者和专业人士在社区层面参与到援助干预的行动中，意外地暴露出对援助方开展援助专业化水平的不信任。因此有人指出，参与式行动研究在意识形态上具有激进的特质，因此成为社区干预一个划时代的标志④。然而，由于造成发展不均衡的各种因素本身就具有相当的复杂性，即使是学者和专业人士也感到在实践中科学地推动社会变迁确实有难度。

二　发展干预手段创新

在对贫困问题的干预技术层面，各方都积极探索新手段、新方

① Deepa Narayan (ed.), *Empowerment and Poverty Reduction: A Sourcebook*, Washington, D. C.: World Bank Publications, 2002.

② Jacques M. Chevalier and Daniel J. Buckles, *Participatory Action Research: Theory and Methods for Engaged Inquiry*, London and New York: Routledge, 2013.

③ Sara Kindon, Rachel Pain and Mike Kesby (eds.), *Participatory Action Research Approaches and Methods: Connecting People, Participation and Place*, London and New York: Routledge, 2008.

④ Alice McIntyre, *Participatory Action Research*, Thousand Oaks: SAGE, 2007.

法。但总体而言，参与式发展的干预主要还是通过让受援对象自身参与干预过程，并在各类项目中提高自我发展能力。社会领域的积极介入也使发展干预项目越来越有专业化的倾向，并为科学合理提供发展干预提供了技术保障。

（一）参与

参与式发展往往是在贫困、落后和犯罪率高的社区实施，在实施过程中会突出发展机会这样的主题。参与式发展的倡导者普遍认为，援助对象有能力领导社区层面的社会变迁。要想激发他们的积极性，就要提高他们的公共参与，这样才能改善社区援助的决策。因此，参与式发展计划应该打破传统的规范和策略，发展计划应该比之前更加包容和民主①。世界银行在对发展中国家的援助中，发现参与式的发展干预有助于穷人参与到贫困的界定、分析中，并在学者和专业人士的帮助下，参与制定减贫措施，对干预项目和政策效果进行评估，提高了发展干预的效率和效果②。在农业领域，随着人口增长和人们生活水平的改善，世界范围内食品需求明显增长，但由于耕地和水资源供应人均水平的下降，粮食生产与需求之间的矛盾仍很明显。一般来说，农民受教育水平总体不高，因此在农业生产中，许多农民对有些农药、种子、农业技术的负面影响重视不够，因此会危及食品安全。这个问题如果得不到解决，最终会对农业生产和农民利益造成损害。农民作为弱势群体，自然需要外部援助。有人主张，通过参与的形式，让农民深入了解食品安全知识，能够促进农业生产的发展③。此外，有些生活在边缘化社区的青少年所受正式教育不足，由于学校和法律有时对他们惩罚过度，加上贫困、家庭破裂、枪支、暴力和毒品

① Susan E. Keefe (ed.), *Participatory Development in Appalachia: Cultural Identity, Community, and Sustainability*, Knoxville: University of Tennessee Press, 2009.

② Caroline M. Robb, *Can the Poor Influence Policy?: Participatory Poverty Assessments in the Developing World* (2nd edition), Washington, D. C.: World Bank Publications, 2002.

③ Norman Uphoff, *Agroecological Innovations: Increasing Food Production with Participatory Development*, London and New York: Routledge, 2001.

问题等因素的影响，他们享受社会福利的能力受到损害。于是，有些学者和专业人士积极探索建立与这些边缘化社区平等的伙伴关系，让青少年充分参与到医疗等社会福利供给中，以此改善当地居民的社会福利状况①。特别是涉及环境改善、邻里住房计划、城市设计以及经济发展这些复杂事务，援助对象往往对援助方站在自己立场上所开展的一些援助项目持怀疑态度，有时甚至对一些援助计划表示不满。有些社区居民甚至认为这些援助计划无非是援助方各种力量博弈的结果。因此，有人主张对规划这样的事情应该解除管制，让社区居民充分参与其中②。事实证明，参与式发展在改善援助对象生活条件的过程中，既把其当作援助和支持的对象，又强调其对援助内容与形式的参与，将其视为参与的主体③。由于援助对象的充分参与，改变了之前被动受援的地位，因此在援助活动中被赋予了参与援助计划制定、过程管理以及效果评价的权利，进而在很大程度上改善了援助效果。

（二）提能

在世界范围内，发展干预经常会强调向援助对象赋权，因此国际组织和很多政府在干预过程中会注重提高援助对象的自身发展能力。参与式发展往往包含这样的假设：提高援助对象自身的能力，才是解决发展问题的根本出路。为了提高穷人的参与能力，拉美一些国家对生活在贫困中的文盲开展了觉悟启蒙运动。穷人通过这种方式获得了发展能力，并提高了自力更生的能力④。在援助项目实施过程中，由于社区居民的参与，学者和专业人士就能与这些利益直接相关者共同

① Barbara A. Israel，Eugenia Eng，Amy J. Schulz and Edith A. Parker（eds.），*Methods for Community - Based Participatory Research for Health*（2nd edition），Hoboken：Jossey - Bass，2012.

② Sekhar Das Purnendu，*Decentralized Planning and Participatory Rural Development*，New Delhi：Concept Publishing，2006.

③ Ponna Wignaraja and Akmal Hussain，*Participatory Development*：*Learning from South Asia*，Oxford：Oxford University Press，1992.

④ Shirley A. White，*Participatory Communication*，Thousand Oaks：SAGE，1994.

研究发展相关的指标，并一起提出对策。社区居民在此过程中，提升了自身的发展能力，获得赋权，从而能够采取有效的行动来实现发展愿望①。很多时候，援助方都鼓励社区居民积极参与协商援助计划的制订和实施，这既能够提高干预的有效性，也有助于提升社区居民自我发展的能力②。参与式发展还被用于缓解援助方与援助对象之间的矛盾以及社区内部矛盾的协调上。有些发展中国家，农业在乡村社区仍然是主导产业，农民围绕农业生产也会产生一些矛盾和冲突。例如在斯里兰卡，灌溉系统的管理就是个棘手的问题。援助方帮助当地农民借助农民组织协调彼此的利益，结果不但解决了实际矛盾也提升了当地农民自我管理资源的能力③。也有人将社区发展中的一些问题归结为发展干预的理论与实践不吻合，因此鼓励学者和专业人士积极参与社区干预，因为他们认为这种参与式干预活动有助于提高援助对象自我发展能力④。这些学者和专业人士能够为援助项目提供方向、方法和路径的指导，并且通过对社区居民的赋权，提高居民社会政治意识，从而推动社区内的体制变迁⑤。不难看出，参与式发展不同于之前发展干预的地方在于，它从单纯提供资源的外生式援助试图转向提升援助对象自身发展能力的内生式发展。

（三）专业化

处于弱势的社区和社区居民往往因为受到自身参与能力的限制，

---

① Guy Bessette（ed.），*People，Land and Water：Participatory Development Communication for Natural Resource Management*，London and New York：Routledge，2006.

② John F. Forester，*The Deliberative Practitioner：Encouraging Participatory Planning Processes*，Cambridge：The MIT Press，1999.

③ Norman Thomas Uphoff，*Learning from Gal Oya：Possibilities for Participatory Development and Post – Newtonian Social Science*，Ithaca：Cornell University Press，1992.

④ Anisur Rahman，*People' s Self – Development：Perspectives on Participatory Action Research*，London：Zed Books，1993.

⑤ Leonard A. Jason，Christopher B. Keys，Yolanda Suarez – Balcazar，Renee R. Taylor and Margaret I. Davis（eds.），*Participatory Community Research：Theories and Methods in Action*，Washington，D. C.：American Psychological Association，2004.

不知道如何争取社区发展项目。更有甚者，即使有了社区发展项目，也不知如何有效改善社区生活状况。这种情况下，学者和专业人士就能够从专业的角度帮助他们制定符合自身需求的社区发展目标和计划①。社区层面的援助过程中，农民和妇女都是参与式发展关注的主要对象。由于长期受到政策体系歧视，农民和妇女的权益往往无法得到保障②。为了更准确地确定援助对象的需求，学者和专业人士甚至深入到社区居民的生活实践中，通过他们讲述日常生活故事，了解援助对象的实际情况③。在充分了解社区条件的基础上，这些学者和专业人士能够帮助社区居民克服在援助过程中的弱势地位。参与式发展则通过学者或专业人士的介入，激发了农民和妇女参与减贫的强烈意识④。如果将干预的精力更多地放在解决具体问题、推动经济增长、依赖当地力量解决当地问题的话，许多问题可能会得到更好解决⑤。参与式发展也有助于协调地方层面各种互相矛盾的动力机制和社会机制，提升了援助效果⑥。由于这种干预方法能够帮助援助对象准确定位自己的目标，并能激发援助方的灵感，因此成为个人与社会变迁的催化剂⑦。不可否认的是，学者和专业人士也会因为各种原因在帮助社区的过程中夹带个人利益。因此，有人主张应就如何发现社区问

① Louise Fortmann (ed), *Participatory Research in Conservation and Rural Livelihoods: Doing Science Together*, Hoboken: Wiley - Blackwell, 2008.

② Irene Guijt and Meera Kaul Shah (eds.), *The Myth of Community: Gender Issues in Participatory Development*, Bourton - on - Dunsmore: Practical Action, 1998.

③ Margaret Ledwith and Jane Springett, *Participatory Practice: Community - Based Action for Transformative Change*, Bristol: Policy Press, 2009.

④ Nina Lilja, John Dixon and Deborah Eade (eds), *Participatory Research and Gender Analysis: New Approaches*, London and New York: Routledge, 2010.

⑤ Matt Andrews, *The Limits of Institutional Reform in Development: Changing Rules for Realistic Solutions*, Cambridge: Cambridge University Press, 2013.

⑥ Patrick Barron, Rachael Diprose and Michael Woolcock, *Contesting Development: Participatory Projects and Local Conflict Dynamics in Indonesia*, New Haven: Yale University Press, 2011.

⑦ Julie McCarthy, *Enacting Participatory Development: Theatre - based Techniques*, London and New York: Routledge, 2004.

题、遵循什么操作程序等方面做出详细规定，并鼓励学者和专业人士将“参与”、“实践”和“研究”结合起来，在追求创新的同时更加注重援助的专业化问题[①]。

三　客观看待参与式发展

尽管参与式发展有诸多优势，在发展干预中也取得了技术创新的地位。然而，也不能不看到，技术层面的创新发展仍然是从本质上改变造成贫困的结构性力量。从宏观层面看，造成贫困的主导原因还是资源分配不公。而这个问题的久拖不决，很大程度上也是结构性力量的配置没有改变造成的。

（一）资源掌握者是主导

参与在技术层面上已经在发展中国家的援助项目和发达国家的社区干预中广泛应用。随着政府、社会组织甚至市场力量对贫困问题的关注，如何界定贫困就凸显为核心问题，因为它决定了各种资源的投放。掌管减贫问题的组织或个人因为控制着资源，因此就成为解决问题的关键[②]。掌权者如何认识贫困，如何界定贫困，决定其如何对待贫困。从这里可以看出，贫困问题的解决最终是由掌握资源的人决定，因为他们才有权决定资源的分配。由于参与式发展更多地注重援助对象的参与及其能力建设，迫使掌握资源的援助方把涉及社区发展的一些援助项目下放到社区。由于计划和规划的下放，援助对象逐渐有权决定发展议程，即资源分配的优先性问题。特别是乡村发展需要从乡村实际出发，符合地方需求，这样也使政府援助和发展措施更加有效。然而，有些援助对象认为，所谓的参与实际上是口惠而实不至，也有人认为参与式发展受到一些机构的操纵，而这些机构又在支援或发展城乡社区的幌子下追求自身发展。参与式发展的提倡者将发

---

① Stephen Kemmis, Robin McTaggart and Rhonda Nixon, *The Action Research Planner: Doing Critical Participatory Action Research*, New York: Springer, 2013.

② Ananya Roy, *Poverty Capital: Microfinance and the Making of Development*, London and New York: Routledge, 2010.

展问题主要归结于制度框架内像国家、公民社会或捐赠机构等掌握资源者的“专政”[①]。也有学者把参与式发展放在与政府对应的角度来考察，这说明政府仍然是影响参与式发展实施的重要因素。以津巴布韦为例，政府从1980年就在慈善领域实施参与式发展方法。结果发现，地方政府系统是整个公共机构的核心，因此对参与式发展有重要影响，而且政府部门的变革才是有效发展的根本[②]。通常情况下，各类发展计划往往由社区之外的政府、社会组织设计和控制，因此援助对象的实质性参与并没有所说那么多。

（二）结构性矛盾是主因

世界银行这样的国际组织积极推动在边缘化社区中实施参与式发展，因为这种发展干预形式有助于推进向这些弱势社区赋权，进而实现减贫的目标。正是为此，参与式发展在许多发展中国家受到广泛欢迎。由于学者和专业人士的参与，提高了政府和国际组织减贫和干预发展的专业化水平，同时也提高了社区居民解决问题的水平。有研究证明，参与式发展既推动了社区发展，也增加了社区居民的文化认同，并在政治上推动了民主化的进程[③]。参与式发展提倡援助方与受援者之间的伙伴关系，并在实施过程中试图贯彻以人为本的原则，并鼓励广大受援者积极参与，因此有助于援助对象表达自己的政治诉求。但通过对肯尼亚政府所实施的基础教育计划的考察，有人发现参与式发展的政策、实践与理论之间也有差距[④]。由于大家在参与式发展问题上的争论比较激烈，因此有人主张批判地看待参与式发展的理

---

① Samuel Hickeyand Giles Mohan（eds.），*Participation - - From Tyranny to Transformation?：Exploring New Approaches to Participation in Development*，London：Zed Books，2005.

② John Mw Makumbe，*Participatory Development：Case of Zimbabwe*，Harare：University of Zimbabwe Publications，1997.

③ Jan Servaes，Tom Jacobson and Shirley A White（eds.），*Participatory Communication for Social Change*，Thousand Oaks：SAGE，1996.

④ Josephine Syokau Mwanzia and Robert Craig Strathdee，*Participatory Development in Kenya*，Farnham：Ashgate，2010.

论与实践，并认为应该将参与式发展放在宏观政治框架下认识[①]。像移民问题、环境问题、妇女问题往往都是宏观结构性歧视造成的，这些问题也在很大程度上反映了政治、经济、社会的变迁过程的不均衡[②]。援助对象的发展和福利问题的解决，还需要改变这种社会问题所面对的政治挑战和结构上的权力不平衡[③]。由于参与式发展实际上受到了社区内部和外部多种权力支配，有效的发展干预需要社区和制度内的权力变化或转换[④]。

四　应用与局限

作为一种新的发展干预技术，参与式发展包含一些关键要素。在价值观理念上，它追求的是社会平等和公平；在技术层面上，它解决的是援助对象对援助活动参与不足可能造成的权力地位低下和援助效率不高问题；在社会层面上，它力图解决贫困等社会问题；在政治层面上，它试图通过援助有效改善社会治理格局。这种发展干预技术是对之前援助方式激进、批判的反思，然而其本身也包含一些难以克服的局限，因此在学习借鉴的过程中也需要谨慎对待。

首先，既然开展援助，就要了解造成发展不均衡的根本原因。世界范围内，资本主义的发展是造成国家之间发展不平衡的关键。发达国家内部发展不平衡多数是因为资本主义广泛渗透造成的资源分配不均衡，这在很大程度上需要国家的积极干预，并向弱势群体和社区提供有效的经济支持和公共服务供给。发展中国家贫困问题的形成既有

---

① Robert Potter, Rob Potter, Tony Binns, David W. Smith, Jennifer A Elliott and Jennifer A. Elliott, *Geographies of Development: An Introduction to Development Studies* (3rd edition), London and New York: Routledge, 2008.

② Nalini Visvanathan, Lynn Duggan, Nan Wiegersma and Laurie Nisonoff (eds.), *The Women, Gender and Development Reader* (2nd edition), London: Zed Books, 2011.

③ Julio Cammarota and Michelle Fine (eds.), *Revolutionizing Education: Youth Participatory Action Research in Motion*, London and New York: Routledge, 2008.

④ Nici Nelson, and Susan Wright, *Power and Participatory Development: Theory and Practice*, Bourton - on - Dunsmore: Practical Action, 1995.

历史因素，也有现实原因。也就是说，发展中国家的贫困有些是因为国家在世界经济发展中整体上长期处于落后水平。像中国这样的国家，在进行市场化改革后，贫困问题有很大改善，但市场化所倡导的效率和竞争也使发展不平衡成为突出问题。从这里可以看出，处于不同历史时期和国际、国内环境中的发展不均衡问题形成的原因也有所不同，正是因为宏观结构性因素的不同，也造成了解决类似问题所采取的路径可能有所不同。但对参与式发展的批判也暴露出这种干预方法的弱点，即如果不改变不平等的政治、经济和社会结构，难以从根本上改变援助对象的生活状况。

其次，援助对象的参与及自身发展能力的提升都很重要，但不是解决发展不均衡问题的关键。参与式发展产生于对传统发展干预方法的批判，因此更加注重援助对象的参与，希望以此改善援助对象在援助活动的权力结构中地位不高的问题，并借此提高发展干预的有效性。在实施援助过程中，参与式发展往往将援助对象既当做客体又视为主体。因为这种援助方法的前提是，只有援助对象的全面参与才能真正确定他们的需求。由于参与式发展把援助对象视为援助的中心，因此在道德立场上占有很大优势，并容易被广泛接受。问题是，无论发达国家还是发展中国家，发展不均衡是不是因为援助对象缺少参与造成的？如果是，这种援助方法可以说是对症下药；如果不是，它的实施效果就会受到影响。由于参与式发展的价值基础是追求平等和公平，因此，解决社会不平等和不公平的方法当然不能仅仅依赖对传统援助方法的批评。从之前的研究可以看出，参与式发展的援助对象主要是农民、妇女和青少年这样的弱势群体，他们在当前的经济社会结构中始终处于弱势地位。如果这种地位不改变，也难以通过单纯的援助从根本上改善他们的生活状况。如果要真正解决发展不公平和不平等问题，发达国家在自己内部也需要充分发挥国家对市场过度入侵社会造成利益分化的干预作用；发展中国家在追求经济增长解决发展程度落后的历史问题的同时，应重视让全体国民共享发展成果。简言之，无论发达国家还是发展中国家，解决发展不均衡问题的关键还在于国家增加对弱势社区和弱势人群的支持和投入，为援助对象摆脱贫困、失业和犯罪等问题的困扰创造更加公平合理的宏观环境。

再次，援助手段的创新能提高援助质量，但难以从根本上改善援助对象的生活状况。对于支持参与式发展的人们来说，仅仅给予援助对象经济支持和公共服务供给还不够，因为这种输血式的援助方式仍然是治标不治本。如果通过赋权，提升援助对象的自我发展能力，就能够从根本上实现援助的造血功能，从而推动社区层面的内生式发展。一般情况下，弱势群体的政治参与能力都不高，因此在政治体系中对资源分配的支配能力也较低。借助教育、培训等手段，提高援助对象的参与和发展能力，有助于其真正脱贫。同时，在学者和专业人士的帮助下，弱势群体能够在资源分配中发出自己的声音，就能够推动资源再分配向这些群体的倾斜，也从宏观上推动了社会公平和平等。然而，需要看到的是，学者和专业人士的参与也难以避免受到自身价值观、学科视野、个人及组织利益的左右。就目前参与式发展实施的情况来看，援助对象参与什么受到一定限制，这种有限的参与难以从根本上解决他们的弱势地位。而且如果学者和专业人士充当弱势群体的代言人，是不是就能改变援助对象的政治参与和发展能力不足的问题？此外，当援助对象的问题无法得到很好解决时，实际上并没有体现出援助对象所期待的赋权，他们也会失去对这种援助技术手段的兴趣和信心，因此也使这种援助方式大打折扣。

最后，发展中国家在学习借鉴参与式发展时，需要警惕其中夹带的政治价值观入侵。参与式发展提倡援助对象通过协商的方式，民主地参与发展计划制订、发展项目管理以及发展结果评价，并凸显自己的事情自己决定的理念。国际组织或发达国家在向发展中国家输出参与式发展的时候，往往会强调这种发展干预方式的目标是实现社会平等和公平。然而，如果不弄清楚发展中国家国内发展不均衡问题产生的历史原因，而一味地强调采用与发达国家同样的解决路径，可能会进一步激化社会矛盾，不利于实现社会公平和平等。更有甚者，当有些国际组织和发达国家在夹带政治价值观失败的情况下，就批评发展中国家不关注弱势群体的利益，并将此归结为体制性问题，从政治上抹黑发展中国家。因此，客观认识不同国情中发展不均衡问题，恰当学习借鉴发展干预的技术手段，就显得相当重要。

五 本研究过程描述

本研究主要关注的问题是针对民族地区发展的援助效率和效果问题，因此课题组深入调查东西部地区民族地区发展现状、问题、原因。在分析的基础上，课题组还特别关注了各地以政府为主开展的援助方式及其效果。鉴于东部地区对民族地区援助的成效，课题组选择了浙江省景宁畲族自治县作为主要的调研地，并对当地的政府部门、农民、社会组织、社区等开展了实地调查。由于浙江省丽水市对口援助新疆维吾尔自治区新和县，因此为研究提供了可以对比的案例。同时，为了观照研究问题，课题组还多次前往福建省宁德地区调研。几年来，课题组共调研了 3 个地级市及其所属县市区、19 个乡镇、32 个行政村，访谈了 17 位政府官员、业务干部和基层工作人员，深度访谈了 67 位农民和合作社负责人。最后，课题组选择了茶林村、慧明寺村、李宝村、根底岘村、大均乡旅游景区、丽景工业园等地方作为典型案例，并开展了深入的田野调查。为了立体展现景宁畲族自治县的发展援助模式，课题组还对当地和阿克苏地区及其新和县的公共文化事业和文化产业发展、民族文化传承与保护问题开展了深入的调查。需要指出的是，在开展田野调查的时候，我们在典型案例的村庄都分头开展了为期半年以上的参与式观察。

第三章

参与式发展与乡村振兴

第一节　参与式发展与景宁受援历程

景宁于1984年经国务院批准建立畲族自治县，是全国唯一的畲族自治县，是华东地区唯一的少数民族自治县，属浙江省三个国家级贫困县之一和革命老区①。自设立民族自治县以来，在国家和省、市各级党委、政府的援助下，景宁紧紧抓住改革开放和浙江省重点扶持的重大历史机遇，坚持内生发展和外源发展双轮驱动，把外部援助转化为内在发展动力。多年来，全县各族人民上下一心，借势赶超，最大限度发挥民族政策和扶贫政策的引擎作用，将发展的立足点放在自力更生上，探索出了一条富有畲乡特色的内生发展道路。景宁扎实推进政治、经济、文化、社会建设和生态文明建设，发展速度不断加快，取得了令人瞩目的成绩，成为区域发展史上综合实力跃升最快、城乡面貌变化最大、群众得到实惠最多的时期，在推动科学发展、促进社会和谐、增进民族团结上跃升至全国民族自治县前列。

一　景宁的发展阶段

根据发展与援助的阶段性特征，景宁的发展可以划分为实施优惠

---

①　景宁畲族自治县（以下简称“景宁”）位于浙闽两省结合部，毗邻两省三地八县市，县域面积1950平方公里，辖5镇16乡1管理区254个行政村，设7个重点民族乡镇和43个少数民族村。2011年12月，全县人口17.2万，其中畲族人口1.88万，占10.9%。

政策改善发展基础、创新援助方式提升发展能力、全方位特殊扶持下的自主发展三个阶段。

（一）实施优惠政策改善发展基础阶段（1984—1993年）

景宁在1984年单独建县初期，就被列为国家和省重点扶持的贫困县，当时生产生活条件极其艰苦，发展基础十分薄弱。

生产条件恶劣，经济相对落后。1984年全县国内生产总值5193万元，其中农业产值占73.23%，人均生产总值318元，三次产业比重60：14：26；财政收入254万元，财政收入来源少，地方财政难于平衡；人均收入244元，人均职工年工资803元，农民人均收入148元。全县16.38万人口有12.93万人处于贫困线以下，贫困人口占总人口的78.75%，是1986年国家划定的第一批258个国家级贫困县之一，属于国家重点扶持的民族自治县。

基础设施差，交通闭塞。自治县成立时，县政府驻地建成区面积仅0.69平方公里，人口不足1万。建筑物基本上是泥房子，唯一一幢三层楼的供销社大楼是全县最高和最好的建筑。全城水泥道路不到300米。景宁较为封闭，全县通往外界的公路仅两条：云和经景宁至福建寿宁县的云寿线以及瑞安至景宁东坑镇的瑞东线。其中，瑞东线的部分地段和桥梁是部队援建的。全县三分之一乡镇未通公路，已通公路的总里程只有312公里。已通的公路是等级很低的沙石路，路陡弯急，安全系数低。电力只有一条35千伏线路并入华东电网，小水电装机容量6845千瓦，年发电2711万千瓦时。农村缺电严重，20%多的农户没有用上电。

资源短缺，通信落后。景宁是“九山半水半分田”的山区，大山占了县域国土的90%，人均耕地不到5分。以传统农业为主，生产力水平低下，难以自给自足。邮电通信落后，仅有磁式交换机容量1270门，电话用户481户，计费公用电话2部，邮电业务总收入50多万元。民族地区发展困难固然有交通不便、信息不灵、引资不畅的因素，但制约畲乡发展最根本的问题还在于小农思想作祟，观念的落后，自信的缺乏。一些干部习惯于因循守旧、墨守成规的思维定式，热衷于“讨点小钱过小日子”，习惯于“躺在民族政策上睡大觉”。

社会事业薄弱，群众生活水平低。景宁以乡村办学为主，学校分散，全县有各类学校574所，师资力量薄弱。医疗条件十分简陋，乡镇卫生院大多是危旧房，设施差。文化设施比较落后，全县只有两个镇能收看一套电视节目，电视覆盖率仅13%，农村广播入户率只有37%，人们的精神生活单一。城乡居民收入很低，农村居民大多处在贫困线以下。城乡居民个人储蓄存款仅741万元，消费水平偏低。居民住房基本上是土木结构房子，人们更多的是考虑解决温饱问题。

面对诸多发展难题，景宁畲汉人民的共同目标和愿望是，加快经济发展，改善基础设施，改变贫穷落后面貌。这个阶段，景宁在民族自治政策和国家省扶贫政策帮扶的双重外力驱动下，自力更生，艰苦创业，社会经济发展取得了较大进步，畲乡面貌发生可喜变化。1993年，全县国内生产总值2.79亿元，人均国内生产总值1599元，财政收入1159万元，职工工资人均收入3271元，农民人均纯收入462元①。全县国内生产总值、农民人均收入、财政收入比1984年分别增长了6倍、3倍和4倍，其中工业总产值比1984年增长近20倍，农业总产值翻了两番。贫困线以下人口下降到总人口的8.43%，绝大部分人过上了温饱的生活。城镇建设、交通运输、邮电通讯、商业贸易、水利电力、科技教育、文化卫生、广播电视、体育等社会事业蓬勃发展。畲汉群众在共同开发山区和经济社会交往中结成了深厚友谊，两族通婚比较普遍，民族关系融洽和谐。

（二）创新援助方式提升发展能力阶段（1994—2007年）

景宁农民在党的领导下，认真贯彻落实改革开放政策，以经济建设为中心，发扬革命老区和畲族人民勤劳质朴的优良传统，经济社会得到了长足的发展和进步，畲乡面貌发生了巨大变化。但由于历史和地理的原因，景宁依然没有脱贫，还没有摘掉国家级贫困县的帽子。

这一阶段景宁面临的主要发展问题是：农业基础不巩固，抗灾害

① 编写组编：《景宁畲族自治县概况》，民族出版社2007年版。

能力差，一遇旱涝灾害，粮食产量就不稳定；工业生产产值虽有增长，但销售效益差，企业亏损大；经济增长不快，与周边县市的差距在扩大，县财政入不敷出；人均收入远低于全省水平，贫困户仍占10%，边远山区还有少数食不果腹和住茅棚的畲汉群众，那时一遇到洪涝和台风，经常发生泥石流等地质灾害，冲毁村庄、田地和民房，给群众生命财产造成重大损失。

虽然这个时期各级政府的专项资金和政策援助不断增加，但实施的是“输血式”扶贫，畲乡自身的造血能力并没有增强，存在自我发展能力不足，财政是“输血型财政”，年年赤字，在很大程度上要依赖上级政府的支持来维持运转，出现了“援助依赖”问题，单方面援助的“外源式”发展路径陷入了困境。因此，稳定农业、发展工业、优化三产，加强基础设施建设、改善发展环境；增强农民收入、提高民生保障水平，统筹兼顾处理自我发展与借力发展、城市建设与农村发展的关系，做大财政“蛋糕”，增强“造血型财政”，确保收支平衡等，成为这一阶段摆在景宁面前迫切需要解决的主要问题。

这一阶段发展与援助的特征有两个方面很突出：一方面浙江省委、省政府改变援助策略，积极推进景宁异地开发，实施“造血式”扶贫；另一方面是景宁自我发展意识增强，“我要发展”自主发展意识强烈，积极争取省财政体制性安排上对景宁实行倾斜的一揽子扶持政策，统筹推进县域发展，奠定了良好的发展基础。

在历届党委政府的持续努力下，景宁经济社会和民生发生了根本性的变化。统计至2007年，全县实现生产总值18.3亿元，其中一产实现增加值3.28亿元，同比下降1.5%，二产和三产分别实现增加值6.77亿元、8.21亿元，分别同比增长17.7%、12.8%，三次产业结构比例调整为18：37：45；完成全社会固定资产投资11.8亿元，增长41.4%；实现财政总收入2.42亿元，地方财政收入1.41亿元，同口径比分别增长15.3%、15.4%；实现全社会消费品零售总额8.2亿元，增长14.8%；城镇居民人均可支配收入13320元，农村居民人均纯收入4055元，分别增长12.9%和11.7%[①]。其中，1997年实现基本脱贫。2004年，景宁县级财政就实现了收支平衡，且全部还清了各级政府的欠债，景宁财政步入了良性发展的轨道。

（三）全方位扶持下的自主发展萌发阶段（2008年至今）

由于历史和自然等原因，景宁的发展基础还十分薄弱，发展水平还比较低，全县的经济社会发展与周边县市特别是发达地区的差距还在拉大。经济发展方式转变的任务繁重且迫在眉睫，产业结构仍不理想，产业层次不高；工业经济规模偏小，产品竞争力较弱；农业抗风险能力弱，农民收入增长缓慢；城市化发展滞后，产业、要素、人口集聚程度不高，基础设施建设相对落后。加快推进景宁经济社会发展，对于浙江省全面建设惠及全省人民的小康社会具有重要意义。

习近平同志指出，景宁地处浙江省西部山区，是目前我国唯一的畲族自治县，也是华东地区唯一的少数民族自治县。境内自然资源丰富，生态环境良好，人文景观独特，发展前景十分广阔而美好[②]。2008年5月16日，中共浙江省委、浙江省人民政府颁发〔2008〕53号文件《关于扶持景宁畲族自治县加快发展的若干意见》（以下简称浙委〔2008〕53号文件），自此以来，浙江省委、省政府转变了对本省唯一民族地区——景宁的援助方式，尝试推行参与式援助，使援助方式与当地县情相适应，与当地自主发展相协调，与本省发展大环境相承接，已收到比较显著的成效，对实现浙江全省区域协调发展有着重要意义。景宁则坚持内生性发展和外源性发展双轮驱动，各级政府把外部推力转换成了发展动力。

从2008年至2014年，全县生产总值从21.20亿元增加到41.5亿元，年均增长10.9%；人均生产总值从18298元增加到39081元，年均增长12.14%；财政总收入从2.80亿元增加到9.78亿元，年均

---

① 钟昌明：《2008年景宁政府工作报告》，2010年8月13日，中国畲乡·景宁，（http：//www.jingning.gov.cn）。

② 习近平：《干在实处，走在前列——推进浙江新发展的思考与实践》，中共中央党校出版社2006年版，第518页。

增长20.9%；地方财政收入从1.62亿元增加到4.79亿元，年均增长18.52%；城镇居民人均可支配收入从14932元增加到26152元，农村居民人均纯收入从4810元增加到12432元，年均增长分别达到10.73%和14.39%；2008年以来累计完成固定资产投资79.78亿元。县域经济基本竞争力在全国120个民族自治县（旗）中排名从第28位上升到2013年的第9位。城乡居民收入综合水平位列全国120个民族自治县（旗）第7位，其中城镇居民人均可支配收入为第2位，农民人均纯收入为第9位，实现了富民与强县的同步推进①。

二　援助轨迹与内生发展

由于景宁畲族自治县地方发展愿望强烈，积极争取上级支持，把民族地区的自我发展放入更大区域社会协调发展中，激发了内生发展动力，最终跻身全国县域经济竞争力提升速度最快的百县（市）行列。

（一）发展愿望：内生动力充足

成立自治县伊始，百业待兴，景宁畲族自治县县委、县政府就着手编制县城建设总体规划和详细规划，规划面积11.2平方公里，人口3万人。率先在丽水市实行有偿出让国有土地，以加快推进城镇建设，县城面积扩大了三分之一。1984—1992年累计投资8506.50万元，建成面积1.38平方公里，其中建筑面积35.31万平方米，为镇区旧房面积的969.43%②。修建了32米宽的主街道，这在当时县城城镇建设中也不多见。

之后，县委、县政府带领广大畲族和汉族群众加强基础设施建设，改善生产生活条件。修建民族中学、人民医院门诊楼、邮电大楼、商业大楼、石印山商场、林业大楼，建设电视差转台，开办电视

① 中共景宁县委、景宁县人民政府：《加快迈向“全国民族自治县前列”》，2011年8月17日，中国经济网（http://www.ce.cn）。

② 编写组编：《景宁畲族自治县概况》，民族出版社2007年版。

新闻节目，建立有线广播和电话通讯，新建自来水厂等等一批基础设施。1985 年，景宁被列入全国 100 个农村电气化试点县，开始开发小水电，并于1989 年通过国家合格验收。“七五”期间，水电装机容量达 1.16 万千瓦，单机容量 75 千瓦以上的电站，全部并入县电网供电。建成 35 千伏变电所 5 座，总容量 20050 千伏安，线路总长 140 公里；10 千伏线路 1437 公里；0.4 千伏线路 588 公里。通电 283 个村，受益 4.21 万户，通电户数达 99%。发电量从 1984 年的 2711.16 万千瓦时增加到 8326.41 万千瓦时。中央与地方合建的上标一级电站 1990 年投产，装机 1.6 万千瓦①。1992 年境内公路通车里程 444.16 公里，91.7% 的乡镇通车，33.7% 的行政村通机耕路，并形成北通云和县、丽水市，南达文成县、泰顺县及福建寿宁县，西抵庆元县，东至青田县、温州市的交通网络。邮电通讯也有长足进步，乡镇通话面、行政村通邮面均达 100%。继 1991 年城镇 2000 门自动电话开通后，1993 年开通程控电话。

地方政府注重引导干部群众解放思想，转变观念。县委、县政府多次在全县大会上动员号召，要求全县各级领导干部带头解放思想，转变观念，树立信心，敢闯敢干，大胆到商品经济的大潮中去拼搏。为此，县政府提出了“四个一”的工作要求，即树立一个信心：解放思想；围绕一个中心：以经济建设为中心；履行一个职责：服务人民；实现一个目标：团结一致，早日脱贫。县政府还把全县有一技之长、有经商头脑、敢跑江湖走码头的能人集中起来，召开“能工巧匠”会议，鼓励他们充分利用自己的聪明才智，冲破传统思想的束缚，放开手脚去闯荡拼搏。同时，县政府还制定了激励政策，开展评选“畲乡建设十大标兵”活动，以调动能工巧匠的创业积极性。在 20 世纪 90 年代初，就有很多景宁群众离开家乡到外面创业。正因为有了那时的发动，到了 20 世纪 90 年代末和 21 世纪初，才有景宁农民创造小水电、小超市、小宾馆“三小经济”的

---

① 编委会编：《景宁畲族自治县志》，浙江人民出版社 1995 年版，第 3—4 页。

一个个奇迹。景宁农民参与市场建设，创立“三小经济”的模式，在当时走在全国贫困县的前列，成为贫困山区脱贫致富的一个典型。

地方政府带领广大群众开发当地资源，着力培育县域经济增长源。农民要脱贫，农村要富裕，必须做好山的文章，不能守着金山银山过穷日子。为此，县政府从支持农业综合开发着手，成立县农业开发总公司和小额贷款担保公司。由县农业开发总公司对有开发价值的低山缓坡进行统一规划，逐步实现高山远山用材林，近山矮山花果山的目标。采取合作、租赁、能人领办等多种形式，在有效保护生态环境的前提下，开发低山缓坡，发展种植业。当时在全县掀起了开发农业的热潮，凡是适宜开发的山地都种上了水果、茶叶等经济作物，形成了万亩水果、茶叶基地。1992 年末，惠明茶成为国内十大名茶之一，年产量 8.5 吨，茶叶总产量达 285 吨；累计造林 156.20 万亩，封山育林 313.34 万亩，水干果 2517 吨，茯苓 3000 吨，笋干 112 吨，板栗 82 吨[①]。景宁的开发型农业受到省委、省政府的赞誉，被称为“景宁模式”。1993 年，县政府投资 400 万元建成山珍大市场。市场占地 12 亩，建成近万平方米共 300 间店面，食用菌等农副产品年销售额 168 吨，成为当时丽水市规模最大的农副产品市场。山珍市场的投入使用，为景宁农民香菇、木耳等食用菌销售打开了销路，为农民增收发挥了积极作用。山珍大市场推出的香菇、黑木耳在国家、省级农博会上屡获金奖。

开展民族自治立法，保持良好的民族关系。以法立县、依法治县，以法律形式来保障自治县的根本利益和民族关系，是这一发展阶段各届党委政府的共同目标。1989 年 4 月 15 日，县第二届人民代表大会第四次会议审议通过《浙江省景宁自治条例》，同年 7 月 1 日，浙江省七届人民代表大会常务委员会第十次会议批准生效。该自治条例分总则，自治机关和人民法院、检察院，经济建设，教育和文化建

① 编委会编：《景宁畲族自治县志》，浙江人民出版社 1995 年版，第 3 页。

设，干部和职工队伍建设，财政管理，民族关系，附则共8章63条。该条例于1995年4月29日，经省人民代表大会常务委员会第十八次会议批准，进行了第一次修改。

（二）资金援助："输血"与"造血"并重

据景宁畲族自治县财政局提供的数据显示，1984年建县以来，上级政府的资金投入共计95.15亿元，其中省财政补助超过86亿元。30年来，省拨款补助呈逐年增加的趋势，尤其是2009年起增加特别明显，2009—2013年5年来，上级政府的资金投入共计60.25亿元，显然，浙委〔2008〕53号文件发挥了关键作用，5年来上级政府的资金投入超过前25年上级政府资金投入总和的13%，其中省定额补助9.102亿元，省各项拨款补助46.8111亿元，省、地其他补助4.3367亿元，分别占总数的76.9%、63.17%和49.33%（见表3-1）。2009—2013年5年来，景宁财政总收入分别是2.81亿元、3.8亿元、8.05亿元、9.5亿元和9.55亿元，景宁财政收入从2011年起有了飞跃式的提升。2013年，丽水市9县、市（区）财政收入差距梯级层次分明：第一梯队是青田和缙云，财政总收入分别超20亿元和15亿元；第二梯队是景宁、遂昌、龙泉。景宁表现尤其突出，得益于近年来"丽景民族工业园"建设，财政收入增长迅速，2013年财政总收入和地方财政收入分别达到9.55亿元和4.78亿元，分别是2009年的3.4倍和2.8倍，对丽水市财政收入的贡献率分别提高3.4个百分点和1.9个百分点①。5年来财政总收入达到33.71亿元，上级政府的资金投入收入占地方财政收入的178.02%，上级政府的资金投入对带动和推进景宁发展、促进区域平衡发展和实现省域全面小康发挥了积极而又重大的作用。

---

① 市财政局课题组：《欠发达地区财源培植问题的研究及建议》，《丽水参阅》，2014年7月。

表3-1　1984—2013年上级政府资金投入景宁情况（单位：千元）

年份	省定额补助	省各项拨款补助	省、地其他补助	调入其他资金	备注
1984年	2300	1197	2216	0	
1985年	3953	3663	2467	12	
1986年	4348	7781	0	426	
1987年	4783	6824	1291	31	
1988年	4643	7821	1590	0	
1989年	5107	11 841	833	0	
1990年	5618	12 227	1463	296	
1991年	6180	12 920	2288	152	
1992年	9540	11 360	2240	330	
1993年	10500	9220	6030	110	
1994年	11550	13 480	9050	60	
1995年	0	14 850	27770	30	
1996年	0	20 220	38140	30	
1997年	0	26 610	41460	10	
1998年	0	25 510	54860	0	
1999年	0	32 180	58870	3290	
2000年	0	39 950	67080	1870	
2001年	3490	135170	640	3080	定额为固定结算项目
2002年	3490	174910	200	5590	
2003年	26540	171860	1050	0	
2004年	25490	217740	7250	0	
2005年	43750	261080	4430	0	
2006年	59070	350630	5900	0	
2007年	9160	500890	59 000	0	其他补助为其他财力性转移支付项目
2008年	33890	659530	49 250	0	
2009年	41690	791640	81020	3000	
2010年	111740	802 520	96460	60	
2011年	339380	795420	53080	0	

续表

年份	省定额补助	省各项拨款补助	省、地其他补助	调入其他资金	备注
2012 年	282020	1025630	51920	0	
2013 年	135370	1265900	151190	23100	
合计	1183602	7410574	879088	41477	

资料来源：景宁畲族自治县财政局。

1984—1992 年，县财政预算内支出累计 19893. 1 万元，年均 2210. 34 万元。其中：经济建设类 3185. 4 万元，占 16. 01%；文教科卫类 6321. 1 万元，占 31. 78%；抚恤社救类 876 万元，占 4. 4%；部门事业费 777. 8 万元，占 3. 91%；城市维护费 471. 2 万元，占 2. 37%；行政管理费 4371. 7 万元，占 21. 98%；其他支出 3889. 9 万元，占 19. 55%[①]。从支出的比例结构看，景宁成立自治县 10 年，鉴于设县初期，公共教育薄弱、公共卫生条件差和各级行政机关建立办公用房及添置办公设备的急切需要，在有限的财政资金中，超过 50% 的财政资金主要用于教育卫生社会事业和行政管理，比较客观地反映了当时的社会现实。1999 年以来，景宁民族部门收到的投入总计 5202 万元，包括中央、省少数民族发展资金 3102 万元、省少数民族教育资金 1850 万元和 2010 年开始设立的省少数民族文化发展资金 250 万元（见表 3－2）总量较少，这些十分有限的资金主要用在民族村寨新农村、民族学校建设和畲族文化的保护上。

为了进一步加大扶持力度，省财政体制安排上对景宁实行倾斜性政策。首先免除其地方收入增收上交省级税收返还收入部分，其收入除按“分税制”要求上交中央部分外，全部由地方留用，2006 年两项合计共免除上交省财政 2716 万元。同时，不断加大对景宁县的财政转移力度，将其列入“两保两挂”县，充分调动其增收节支的积极性，在财政收入快速增长的基础上，省财政补助也大幅提高。在安

① 编委会编：《景宁畲族自治县志》，浙江人民出版社 1995 年版，第 285 页。

排调整收入分配政策、农村税费改革、农业税停征等专项转移支付补助时，均给予景宁县最高档次补助，确保各项改革措施在景宁县的顺利实施。在采用因素法设计确定一般性转移支付补助方案时，考虑到景宁县属民族自治县的特殊性，在权重上对景宁县总人口按加倍计算给予照顾。2005 年景宁县地方财政收入为 12224 万元，比 2002 年增长 63.6%，财政支出为 41917 万元，比 2002 年增长 59.9%；2005 年省补助 27842 万元，比 2002 年增长 56.1%，省补助占县财政支出比重达到 66.4%。景宁县 2006 年人均财政支出 2675 元，列欠发达县（市）第 2 位，列全部县（市）第 8 位，超过大多数发达县（市）。这有效保证了景宁县党政机关运转正常，教师、公务员等财政供养人员工资能够按时足额发放。

事实证明，在民族地区的经济发展中，单纯依靠市场机制是不全面的。西方国家对欠发达地区进行政府援助的成功经验表明，政府的政策倾斜是缩小地区差距的一个关键因素，通过政策倾斜来实施对欠发达地区的前期开发是一条普遍规律。政策出效益，政策促发展。对民族地区的开发发展这样一个系统工程，地方政府要出台倾斜的政策和优惠政策予以扶持。只有充分发挥政府在开发前期的主导作用，上上下下不懈努力，民族地区发展才有可能获得突破性的发展，浙江省出台扶持专项政策对景宁畲族自治县 5 年来的扶持充分证明了这一点。

中央和省财政在安排其他扶贫专项资金时对民族地区也给予重点倾斜，在民族地区的基础设施和农业综合开发基地建设等项目也予以重点支持，有力地促进了民族地区生产和生活条件的改善。各级财政部门按照“科教兴省”战略和建立公共财政的要求，积极筹措资金，调整支出结构，完善财政体制，加大了对民族地区教育的投入力度，较好地保证了民族地区农村中小学校的正常运转；省财政在安排中小学布局调整、“四项工程”等教育专项资金时，对民族地区予以倾斜，加大对民族地区的支持力度，市县财政也积极筹措资金，通过各级财政部门不断加大投入力度，民族地区农村中小学办学条件得到明显改善，学校布局结构趋向合理，农村教育水平逐步提高。在此基础上，省财政自2005年起设立省民族教育专项资金，每年预算安排500万元，专项用于省内民族自治县教育事业的发展。

表3-2　　1999—2013年景宁获上级民族部门资金投入情况

（单位：万元）

年份	中央、省少数民族发展资金	省少数民族教育资金	省少数民族文化发展资金（2010年开始设立）
1999年	50	0	—
2000年	80	0	—
2001年	108	0	—
2002年	112	0	—
2003年	107	0	—
2004年	118	0	—
2005年	118	0	—
2006年	152	0	—
2007年	147	0	—
2008年	150	230	—
2009年	270	340	—
2010年	370	330	50
2011年	400	300	50
2012年	430	300	100
2013年	490	350	50
总计	3102	1850	250

资料来源：景宁畲族自治县民族宗教事务局。

但是，也存在一些不足和问题，应进一步加大扶持力度。需要在以下几个方面提供政策支持：一是切实加大基础设施的投资力度。改善民族地区的基础条件，加强铁路、高等级公路、通讯以及河道治理和公益性项目建设，为大项目和优势产业开发创造良好条件。二是实施投资补贴政策。国家可按人均GDP和农民年人均收入来确定，即把低于当地（该省）平均水平的民族地区列为扶贫重点。这样可鼓励东部沿海省区加大扶持力度，超过全国平均扶持力度，让有一定基础的东部民族地区更快更好地发展起来，先富起来，提前实现现代化，提前建成和谐社会，以引领和带动其他民族地区科学发展。三是采取灵活多样的政府援助方式。加大财政转移支付和投资补贴力度，尤其是要建立生态补偿机制，加大对民族地区的生态补偿。制定税收优惠政策，充分发挥财政政策的扶持效应。四是建立专门基金，为民族地区发展提供稳定可靠的资金支持。五是赋予民族地区对外开发的自主权，扩大招商引资和招才引智的规模，以大开放引进大项目，以大项目带动大发展。六是建立民族地区生活补贴制度。西部地区有艰苦边远地区津贴制度，以鼓励和吸引人才在西部地区工作。这对37个非西部地区的民族自治县来说也是同样重要、迫切的。建议西部地区补贴经费由中央负担，而其余民族地区的补贴经费可由当地（该省）负担。七是实行财政奖励制度。对东部民族地区的国家财政鼓励支付可以中央出政策、经费出小头，地方出大力、出大头。这样，既可保证中央有限经费集中使用，又发挥了东部有条件省区的积极性。对超过国家规定的扶持经费，可按全额之半或全年抵缴国库；对有创新扶持措施的省区，表彰、奖励重点领导；对率先实现现代化的自治县，对所在省区实行表彰、奖励。

（三）项目培育：创造发展条件

景宁与国内发达地区的差距越来越大，与相近或原来落在浙江省后边的地区差距越来越小，其中一个重要的原因，就是浙江省投资增速低、增幅小。景宁从1984年成立自治县到2000年第九个五年规划末，总投资仅为15.22亿元，整个第十个五年规划期间投资总额是24.98亿元，而且呈现年年下滑的趋势，而同属丽水市辖区、周边的缙云县2005年一年的投资就达24亿元，青田县为50多亿元[①]。面对这一严峻形势，景宁主要采取了以下几项措施：第一，争取支持，借

① 武昌：《畲乡六载系深情》，载丽水市政协文史资料委员会编《畲族文史》，中国文史出版社2012年版，第52页。

力发展。在加大内生动力，推进县域经济克难前行的同时，千方百计、坚持不懈争取上级的重视和支持。2006 年 9 月 10 日，时任中共浙江省委书记的习近平同志作出批示："在全面建设小康进程中，景宁作为全省唯一的少数民族自治县如何跟上时代的步伐，应重点研究并采取进一步的举措，予以支持……"并提出，要专门为景宁出台一个扶持政策。省委、省政府主要领导对景宁发展的高度重视，为畲乡新一轮的发展跨越注入了无穷动力，也为后来省委"53 号文件"的出台埋下了伏笔。第二，招商引资和招才引智。保持一种"等不起"的责任感、"低不得"的目标感、"欠不起"的使命感、"坐不住"的紧迫感，抢抓机遇，力抓项目，全面加快城市各项基础设施"补课"步伐。着力克服狭隘封闭的思想观念，运用科学的规划体系，积极引进人才、资金、技术等生产力要素向城市建设集聚，激发发展活力。积极开展选商引资。2001 年成立城市建设发展有限公司和土地收储中心，实现城市项目投资的持续发展，花大力气抓好选商引资工作。在完善规划的基础上，大胆创新选商方式，积极引进各类投资主体参与城市建设，通过借助外力实现快速发展。特别是在面对重点项目建设资金短缺，阻碍工程顺利推进的实际困难上，景宁多渠道、多形式筹集资金，在向上级有关部门积极争取的同时还加大招商引资力度，吸引更多资金投入重点项目建设。在此基础上，千方百计节约建设资金，监督、检查各项重点建设项目专用资金的使用情况，确保工程顺利加快推进。第三，简化行政审批，优化投资环境。全面开展县级机构改革，大力推行政务公开，建立政府办事服务中心，简化审批手续，提高政府办事透明度和办事效率。2007 年景宁县共安排外舍防护工程、污水处理厂、220 千伏输变电工程、畲族文化中心等 16 个重点建设项目，年度总投资 7.08 亿元。在"走进矛盾、破解难题"专项行动中，景宁县委、县政府继续突出重点项目建设在各项工作中的中心位置，强化项目督查、调研，就项目推进过程中有关政策处理、土地报批、资金平衡、项目进度、前期深化等方面提出 40 多个难点问题，逐一进行破解和集中整治。县委、县政府督查室和效能办、重点办还将逐项梳理出来的具体责任分解落实到相关职能部门限时办结，使一批影响面大、带动性强、急需尽快建设的重大项目“一路绿灯”。全县发展和改革系统积极开展“项目年”活动，主动走进项目、服务项目，对新项目实行即报即办，已经形成比较完善的大项目推进机制。第四，加强项目计划和责任落实，开展进度督察和年度考核。推行民主评议制度。年终让业主单位全体人员对部门、项目责任领导、配合单位主要负责人进行民主评议，并将评议结果抄告相关考核机构，督促系统各层面负责人拿出更多精力研究项目、解决实际问题，齐心协力抓项目。完善项目督查制度，建立项目进度跟踪台账制度，对涉及难点问题的项目限时督办并全程跟踪。出台项目工作考核办法，细化督查考核工作方式方法，激励先进、鞭策后进。

2001 年至 2007 年，景宁投资年均增长速度为 15.9%，比全省平均增长速度 13.05% 高出 2.85 个百分点。2006 年开始，景宁固定资产投资增速，以同比增长超过 40% 的速度加快，成效显著。景宁 2001 年至 2007 年全社会固定资产投资完成额如图 3－1 所示。

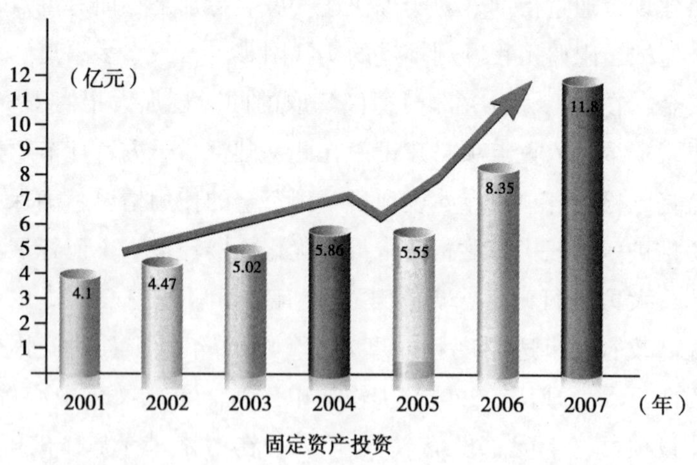

图 3－1　2001—2007 年景宁全社会固定资产投资情况

这一阶段投资最大的项目当属外舍防护工程。外舍防护工程建设因滩坑水电站而起。滩坑水电站是浙江省委、省政府提出五大百亿工程中

“百亿帮扶致富建设工程”的一项重要工程，是丽水市继金温铁路工程以后一项最大的扶贫和脱贫工程。该项目的上马建设，对于合理开发利用水资源、保护生态、改善丽水市投资环境、发展旅游、增加税源等多项事业发挥了巨大作用。景宁外舍防护工程，是由滩坑水电站建设而派生出来的一项水利防护和土地保护工程。滩坑水电站蓄水后，水库水位将达到正常蓄水位160米高，届时，景宁县外舍乡地面高度低于160米的约1.5平方公里土地将被淹没。也许这1.5平方公里的土地对于平原地区来说有些无关紧要，但对于景宁这个“地无三尺平”的地方来说，实在是太重要了。实施外舍防护工程将为县城增加3平方公里的建设用地，相当于“再造一个景宁县城”。景宁县委、县政府牢牢把握滩坑电站建设契机，于2006年3月正式启动实施外舍防护工程。外舍防护工程总投资4.8亿元，一期投资2.5亿元。县委、县政府采取“以地换堤”筹措资金方案，即将鹤溪城北的138亩土地的拍卖所得用于建设外舍防护工程的防护堤建设。截至2008年底，工程累计完成投资近3亿元，工程质量合格率100%。外舍防护工程是“生态造地”、和谐征地的全新模式。外舍防护工程采取的“库口夺地”方式，是一种不以生态破坏为代价的“造地”方式。同时，外舍防护工程的实施，为景宁的国民经济和社会发展提供宝贵的土地资源和发展空间，促进产业的提升发展和人口的集聚，其潜在的社会效益更是不可估量。

景宁畲族自治县发展和改革局2008—2013年景宁县基本建设项目计划表汇总数据显示，全县2008—2013年总投资达1184336万元，从投资比例看，中央、省补助占少数，仅用14.43%的投入，就能撬动地方60多亿的投入。基此，景宁县逐年消化历年累积的872万元财政赤字，到2004年全部消化完毕，县财政走上了无赤字的新里程，从财力上确保政府投资项目的正常管理和运行，不存在投资依赖和政策依赖问题，项目运行呈良性状态[①]。2014年全县地区生产总值41.5

① 王向阳：《民族自治县财政体制与转移支付研究——来自浙江省丽水市景宁县的调查》，《财会研究》2007年第7期。

亿元，全社会固定资产投资 39.7 亿元；财政总收入 9.78 亿元，其中地方财政收入 4.79 亿元；农村居民人均纯收入 12432 元，城镇居民人均可支配收入 26152 元。

（四）人才补给：外援与内培

始终坚持党管人才原则，紧贴县域经济发展实际，做实、做细、做精人才选拔、人才培养、人才引进、人才服务等关键环节，全力培育畲乡人才队伍。

坚持人才工作“两手抓”，既抓引进，又抓人才培养。景宁畲族自治县研究制定《关于加强人才队伍学历提升工作的意见》、《加强高技能人才队伍建设的实施办法（试行）》、《专业技术人才知识更新工程（2014—2020 年）实施方案》等。据统计，2014 年，该县共引进研究生 11 人和“211”重点大学毕业生及紧缺人才 2 人，全年完成 175 名高技能人才培训工作，1 家单位入选丽水市技能大师工作室。组织开展第三届拔尖人才、科技新秀选拔评选工作，评选出拔尖人才 15 名、科技新秀 19 名。在全县各行各业建立“助力畲乡·人才工作室”，全县 18 个单位共柔性引进 120 余名省以上相关领域高层次专家，落实 24 个合作项目。

景宁拥有 50 多名市县级拔尖人才、科技新秀、市首席专家顾问、省“151”工程、省特级教师等各类高层次专业技术人才。着眼于人才队伍梯次配备，加强中青年人才培养，发挥老科技专家、拔尖人才、科技新秀等各类高层次人才“传、帮、带”作用，建立中青年人才帮带制度，推进后备人才队伍建设。如，规定市县拔尖人才、科技新秀每年须联系 1—2 名具有发展潜力的优秀年轻人才，年底以联系对象取得的科研成果作为对拔尖人才、科技新秀的重要考核依据之一；建立了省特级教师带领工作室及市县名教师工作室，通过名师论坛、名师讲座、名师带徒等活动，推动优秀青年教师成长。

以“百名农村三强型人才”培养计划和“十百千”农村实用人才培养工程为重点，景宁大力实施 1 名农村实用人才带动一方增收的“领雁工程”。采取分步实施，逐年推进的方式，以开展菜单式培训、保姆式培训、带动式培训、会诊式培训等形式，积极培养“带头致富能力强、带动发展影响力强、带领低收入农户发展能力强”的农村三强型人才100名；通过评选表彰、滚动培训、积极认证等形式培养十大优势产业带头人、百个专业示范户和千名农村经营（营销）管理人才、技术推广人才、种养能手、能工巧匠。经过几年的培育，农村实用人才在新农村建设中“领雁”效应得到明显发挥，已形成大漈茭白、澄照茶叶、梧桐药材、景南花卉等农特产品集群分布图，190多家农民专业合作社直接带动万名农民增收。

优化“留”才服务。引进人才、培育人才是关键，留住人才是根本。为解除引进人才的后顾之忧，让他们能安居乐业，景宁县全力优化服务“留”才，出台《景宁县加强高层次人才队伍建设的实施意见》，就加强高层次人才队伍建设出台了6个配套政策，切实从解决高层次人才的实际困难出发，为高层次人才“量身定制”了一套较为完善的服务保障体系。包括人才住房、岗位津贴、项目资助等，为高层次人才营造安心生活、专心发展、潜心提升的适宜环境。

激励人才发挥作用。针对高层次人才引进难及优秀人才回流难的实际，景宁县在做好育才工作的基础上，坚持以用为本，充分发挥现有人才作用，服务经济社会发展。依托现有党政人才资源，景宁统筹干部专业专长、破难能力及年龄结构，分批分期开展服务重点项目、重点工程和重点工作。根据中青年干部工作经验丰富、业务能力强的特点，以创省级“卫生县城”、“文明县城”、后进村整治、移民搬迁、丽景工业园区建设等“硬骨头”为重点，发挥专长，全力破难攻坚；针对退二线老干部人脉资源广、基层工作经验丰富的优势，选派身体健康、年富力强的老干部进驻非公企业，指导非公企业开展党建工作，并架起政企沟通之桥，帮助企业解决实际困难。目前，共有200余名党政人才正在服务重点项目、重点工程和重点工作一线，破解难题1300多件。该县建立人才评优机制、开展高层次人才业绩考核工作，落实兑现政府津贴、人才奖励等相关优惠待遇，树立了良好的政策激励导向。2014年以来，先后评出各类优秀人才60余人次、发放奖金近120万元，247人享受158万元政府津贴，提供人才住房40套。为了人才政策红利的最大化，该县还出台了《"畲乡人才成长基金"实施办法（试行）》，2014年共有30多名人才享受这一政策。①

吸引"景商"回乡投资兴业。景宁在外创业人员有近5万人，形成了具有景宁特色的"小超市"、"小宾馆"、"小水电""三小"产业。在实施创业人才"回归工程"中，设立异地"创业发展办公室"，及时掌握在外创业人才工作、生活情况，组织开展创业创新能力提升培训，引导优秀创业人才回乡发展。在异地商会与"创业发展办公室"的推动下，一批外出创业人才积极回乡参与教育、农业、工业等方面的投资。如北京景宁商会陈明投资1100万元兴建县蓝天幼儿园，并协议投资1.15亿元开发县老年公寓；义乌景宁商会张先龙等人投资800万元参与山茶油基地开发等。据不完全统计，该县每年都有2000万元以上的资金回流参与项目建设，并保持20%—30%的增长率。②

表3-3　　景宁成立自治县以来上级部门下派人才情况

年份	下派挂职	151人才对口帮扶	科技类	教育类	医疗类	水利类	农业类
1997年	0	0	0	0	7	0	0
1998年	0	0	0	0	4	0	0
1999年	0	0	0	0	5	0	0
2000年	0	0	0	0	5	0	0
2001年	0	0	0	0	4	0	0
2002年	0	0	0	0	6	0	0
2003年	0	0	5	0	6	0	0

① 徐丽雅：《我县"引、育、留、用"抓好人才工作》，2014年12月10日，中国景宁新闻网（http：//jnnews. zjol. com. cn/jnnews/system/2014/12/10/018792980. shtml）。

② 雷昌洪：《景宁深入实施"四项工程"充分发挥现有人才作用》，2010年8月5日，浙江在线（http：//zjnews. zjol. com. cn/05zjnews/system/2010/08/05/016823879. shtml）。

续表

年份	下派挂职	151人才对口帮扶	科技类	教育类	医疗类	水利类	农业类
2004年	0	0	5	0	5	0	0
2005年	0	0	5	0	7	0	0
2006年	0	0	12	0	11	0	0
2007年	0	0	12	10	16	0	0
2008年	0	0	12	0	10	0	0
2009年	0	0	12	0	6	0	1
2010年	0	12	12	10	7	0	0
2011年	0	0	25	0	7	0	0
2012年	5	0	25	0	11	0	0
2013年	3	5	25	13	52	4	0
总计	8	17	150	33	169	4	1

说明：人才援助工作从1997年开始，之前没有安排。

资料来源：由下派人才单位统计数据整理而成。

表3－4　景宁成立自治县以来上挂锻炼人员情况

年份	民族部门	科技部门单位	教育部门单位	医疗部门单位	水利部门单位	农业部门单位	其他
2006年	0	0	10	0	0	0	0
2007年	0	0	12	0	0	0	0
2008年	0	0	0	0	0	0	0
2009年	0	0	0	0	0	0	0
2010年	0	0	0	0	0	0	0
2011年	0	0	0	0	0	0	0
2012年	0	0	0	1	0	0	7
2013年	3	0	0	0	1	0	4
总计	3	0	22	1	1	0	11

说明：上挂锻炼人员从2006年开始，之前没有安排。

资料来源：由派出挂职人员单位统计数据整理而成。

（五）对口支援：借力与蓄力并抓

建县早期，景宁畲族自治县就得到省内兄弟县市的大力支持。在省计经委牵头下，景宁与宁波市鄞县结成友好县。鄞县派出干部，带资金，帮助景宁发展乡镇企业[①]。支持以竹木为原料，发展加工业。鼓励国有、集体、乡镇企业、私营个体一起上，“七五”期间实现24个技改项目，年增产值千万元以上。形成电力、采矿、冶金、森工、造纸、机械制造、药用胶囊、竹木制品和食品加工等生产门类。

正式的对口支援从2003年开始，统计至2013年，11年来，得到对口帮扶省委部门、援助结对帮扶单位投入资金2896.5万元。这些资金虽不多，但都直接以项目、人才和设备的形式注入受援的景宁单位，针对性、实效性明显。见表3－5。

表3－5　景宁成立自治县以来对口支援资金情况　（单位：万元）

单位年份	科技	教育	卫生	水利	组织
2003年	省科技厅25	宁波北仑区教育局51	浙一医院1.75	0	0
2004年	省科技厅25	0	0	0	0
2005年	省科技厅25	宁波北仑区教育局30	浙一医院20	0	0
2006年	省科技厅60	0	浙一医院30	0	0
2007年	省科技厅60	宁波鄞州区教育局120	浙一医院7	0	省委组织部15
2008年	省科技厅60	宁波北仑区教育局100	浙一医院40	0	省委组织部15
2009年	省科技厅60		浙一医院25	0	省委组织部10
2010年	省科技厅60	宁波鄞州区教育局80	浙一医院10	0	省委组织部15
2011年	省科技厅125		浙一医院20	0	省委组织部15
2012年	省科技厅125	宁波鄞州区教育局50，宁海市教育局100	浙一医院105	0	省委组织部20

① 雷明亮：《在畲乡工作的回忆》，载丽水市政协文史资料委员会《畲族文史》，中国文史出版社2012年版，第59页。

续表

单位年份	科技	教育	卫生	水利	组织
2013 年	省科技厅 125	宁波鄞州区教育局 75，宁海市教育局 50	浙一医院 112	水利厅水保项目一个，总投资近 1000	省委组织部 30
总计	750	656	370.5	1000	120

资料来源：景宁畲族自治县科技、教育、卫生、水利、组织等部门。

此外，统战部门发挥自身社会联系广泛性的特点，借助各级统战力量，充分利用社会资源，引入资金兴办学校、卫生院和改善农村基础设施等公益事业，共计 1435 万元。

一是引入港澳台侨资金。1993—2010 年，港澳台、海外人士及侨资企业为景宁教育、卫生、新农村建设等社会公益事业和群众文化捐赠 398.62 万元。主要捐资项目有：香港同胞、香港大业织造厂有限公司董事长沈炳麟先后捐资 100 万元，帮扶兴建鹤溪镇小学“庆同楼”、澄照乡小学教学楼。荷兰侨胞齐振中先后捐资 12 万元，帮扶大顺乡岭里小学和村里基础设施建设。1994 年，香港世界国际宣明会捐资 27 万元帮扶救灾。1998 年，澳门贺一城先生捐资 20 万元，帮扶建造金钟乡教学楼。2004 年，华侨华人（罗马）援助鸬鹚乡校 18 位学生助学金 18 万元。2009 年，巴西华人文化交流促进会名誉主席尹霄敏先生捐资 20 万元，建设“海联卫生室”（景南乡上渔村、东坑镇北溪村、英川镇隆川村、鸬鹚乡茶亭村）；慈心慈善事业基金会董事长、旅美华人谢政达先生捐资 25 万元，帮扶澄照乡卫生服务中心建设；法国青田同乡会捐资 20 万元，帮扶澄照乡金丘太畈路面硬化。1997—2010 年，先后引进侨台属企业 20 家，年产值最高达 600 万元。

二是引入兄弟统战部门资金。2008—2012 年，共引进资金 884.54 万元，其中，民进浙江省委、省工商联、省台盟及台州市的八县（市、区）委统战部（民宗局）分别与景宁东坑镇大张坑村等 5 个乡镇的 11 个民族村进行增收帮扶结对，共引进帮扶资金 200 余万元，涉及30个项目。2011—2012年，“光彩事业丽水行”9个帮扶项目全面完成，争取光彩资金195万元。1997—1998年，传化集团捐赠42.5万元，援建三支树光彩小学，支助贫困学生。1997年，省委统战部筹集15.5万元帮扶陈村民办中学办学。

三是引入宗教资金。1993—2012年，争取到南京基督教爱德基金和省市统战部门、各民主党派、工商联及兄弟县（市、区）统战民宗部门、宗教界帮扶资金150.8万元。主要有：1993—1997年，南京基督教爱德基金先后共捐赠128万元帮扶建设笋竹林基地和改水工程；1994—2001年，鄞县统战部、宗教界先后共捐赠12.8万元，帮扶张春中心小学、惠明寺小学改善教学条件。

2008年省委53号文件下达至今，这一阶段发展和援助的特征有两个方面很突出：一方面是浙江省委、省政府改变援助策略，创新援助民族自治县体制机制，着力驱动其内生发展促进提升自主发展能力；另一方面，景宁以“参与式援助的协同模式”取代“外部力量主导的外援发展模式”，协同政府援助自主统筹发展，坚持内生性发展和外源性发展双轮驱动，把外部推力转换成内生发展动力，提高自主发展能力，增强“造血”功能。

对照浙委〔2008〕53号文件第一部分提出的“总体要求和主要目标”，文件提出的5大方面、19项扶持任务已经基本完成，文件设立的“全国十强、基本小康、文化基地”三个目标已经基本实现。景宁紧紧抓住这个文件出台的重大历史性机遇，全县各族人民上下一心，坚持不懈，持之以恒，借势赶超，最大限度发挥政策的引擎作用，将发展的立足点放在了自力更生上，探索出了一条富有畲乡特色的科学发展道路，扎实推进政治、经济、文化、社会建设和生态文明建设，发展速度不断加快，各项事业发展达到了历史最高水平并呈良性循环的发展态势，已跻身全国县域经济竞争力提升速度最快的百县（市）行列，自我积累和自主发展能力有很大提高，社会主义民族关系得到进一步巩固和发展。总结经验，景宁在坚持自主发展的同时，有效利用外援协同驱动，促进了区域发展战略的转型。

第二节　参与式发展与乡村农业振兴

在工业化和城市化进程中，乡村农业经济的振兴一方面靠现代农业的支持，另一方面靠资源为基础的产业培育。对于景宁这样的民族地区而言，特色农特产品的生产、特有的自然和文化资源都会为乡村经济的复兴带来机遇。从现实情况来看，其实最关键的还是当地农民能否借助外部援助的机遇，提高自身的发展能力。

农村产业发展的力量来自农民，农民致富离不开市场的价值引领、金融支持、政府的政策扶持和技术指导，景宁茶林村高山茭白产业发展，惠明寺村惠明茶产业的兴盛，展示了当地农民充分利用本地资源条件，培育特色产业，提升自主发展能力，走可持续发展之路的成功范例，对其他民族地区社会主义新农村建设具有现实指导意义。

一　茭白产业引领发展的茶林

茶林村位于景宁中南部，隶属大漈乡，总面积约 8 平方公里，其中森林面积 2948 亩，水田 388 亩，辖 3 个自然村，2013 年统计数据显示，全村户籍人口 573 人，共 168 户，人均纯收入约 1 万元。自 21 世纪初，在多种主客观因素的共同作用下，茶林人从无到有，从弱到强，经历了初创阶段、规模化发展阶段以及转型升级阶段，把高山冷水茭白产业发展成为带动全村农民主要致富增收的引擎。

（一）以村支书为引领的茭白产业自发阶段

茶林属于典型的中高山盆地，海拔 1030 米，距离景宁县城 48 公里盘山公路。在偏远的地理环境、闭塞的交通状况和薄弱的村级经济条件下，一直以来，茶林村耕种的基本上是传统的农作物，属于自给自足的生产方式，农业经济作物极少。

茶林村经济社会发展的变化发生在 21 世纪初，2003 年村党支部书记林启旺一次偶然的机会得知缙云县大洋镇高山冷水茭白引种成功，通过实地考察和聘请专家指导，他以自家的水田作为试验田搞起了茭白引种，当年取得成功，亩产值达4000多元。在初步探索成功的示范下，村民积极效仿，自发将水稻种植变为茭白种植，该村所在乡的一位干部对此解释说："村民种植茭白，一年每亩六到七千元，对于他们来讲已经是很可观的收入，因为那时种水稻每亩收益800多元，而且种水稻人力成本投入大，而且刚开始种植茭白，虫害少，收成也就高，各方面优势吸引了大量的村民。"至2006年全村茭白种植面积达400多亩，由于独特的高山盆地气候、充沛的降水和低温水田，取得了茭白产量丰收和品质优良的喜人成绩，并由于其肉质脆嫩、味道香甜，初步形成了"高山冷水茭白"的种植技术和市场影响力。林书记自豪地对笔者说："由于我们村平均亩产量达1500公斤，每亩纯收入达7000元。"

茭白种植在增加村民收入的同时，也在一定程度上解决了农村剩余劳动力就业的问题。据林书记介绍："原来茶林村民主要依赖外出务工获取经济收入，而自从种植茭白以来，村民们就可以在家门口实现致富了，全村573人中只有2个有劳动能力的人不在村里了。"

（二）以专业合作社为依托的规模化发展阶段

在农户分散经营和自发种植的产业发展模式下，农户获得一定幅度增收、农村实现一定程度发展的同时，也面临着诸多亟待解决的问题。其时，村民面对的第一个问题是：在全村乃至全乡茭白种植面积和茭白产量达一定规模后，外来的茭白收购商竞相压价，而农民们自打算盘低价抢卖，一时间茭白交易市场一片乱象，这不仅损害了农民的利益，也会制约产业的进一步发展。

面对这一困境，茶林村人清醒地认识到，在市场经济环境下，依靠单干的方式发展农业生产已行不通，必须联合起来走规模化发展的道路。在此情形下，村两委出谋划策，号召全村种植大户联合全乡有一定生产规模的茭农成立茭白专业合作社，这一举措得到了乡党委和政府的大力支持，乡政府从支农专项资金和民族发展专项资金中拨付一定款项予以援助。在多方合力下，茭白专业合作社宣告成立，包括茶林村在内的全乡102户种植大户加入了合作社，并形成了万亩高山冷水茭白基地。合作社的运作实行产供销一体化生产模式，统一采购茭白苗种、化肥、农药和农机，统一茭白种植技术规范，统一进行技术培训，统一包装储藏，统一定价销售。以专业合作社为依托，茭白产业发展进入有序的发展阶段，实行统一定价策略，统一规格包装，提高了农户竞价的能力；统一规范生产，保证了茭白的品质；而统一采购，则又效降低了种植经营成本。在专业合作社的带动下，2012年以茶林村为主的整个大漈乡茭白种植面积近5000亩，亩产达7000多元，总产值达3500万元，并荣获省农业厅颁发的全省首个“高山冷水茭白之乡”，不断拓展市场，进一步提升了茭白的知名度和美誉度。①

（三）以产业链拓展为突破口的转型升级阶段

虽然茭白产业在多种力量的积极介入下，成为茶林的支柱产业和茶林人经济收入的主要渠道，但人均可种植面积有限即人地矛盾和市场竞争的压力一直桎梏着村庄经济的可持续发展。一位村民在接受访谈时无奈地表述：“这些年，种茭白确实赚了点钱，比以前手头要宽裕些，但是要想发财也是不可能的，毕竟在我们这个地方就这点田地，像我家3亩茭白田不到，收成好一年也就2万元不到。而且我们村里大部分都在家，出去打工的很少，你要租田种都很难。”

对此，在政府的大力支持下，通过各方的共同参与，茶林人以产业链拓展为突破口，利用多种举措实行产业的转型升级，有效地化解了村庄经济进一步发展的障碍。一是通过举办“茭白节”，打造茭白文化，开发茭白旅游产品。每年9月，正值茭白收割的季节，在政府的支持下，茶林村都会联合周边的茭白种植村庄举办高山冷水茭白节。这既是村民的文化艺术节日，村民载歌载舞，举行茭白种植才艺比拼和茭白品质现场比赛，极大地丰富了茭农的精神文化生活；更是一种茭白品牌推介和旅游宣传活动。加上茶林拥有4A景区雪花漈和千年古刹时思寺，还有景宁最高山——下山头这些独特的旅游资源，

① 《2013大漈乡政府工作报告》，内部资料。

每逢节庆和旅游季节，都有大量商家和游客前来旅游、参观、品尝，这不仅提高了茭白的知名度和美誉度，而且将农业和旅游业有机融合，形成村庄新的经济增长点。该乡党委书记叶长过深有体会："举办茭白节不仅吸引了很多游客，而且还有来自上海、杭州、苏州等地的媒体记者前来宣传报道。这不仅有助于打响旅游和茭白两大产业品牌，同时也让村民们对地方经济发展更有信心。"二是通过实施"茭鱼共生"项目，有效拉长产业链，加强水田资源的有效利用，实现亩产效益的提升。自 2006 年起，茶林村实施茭鱼共生田改造项目，将公路沿线的 300 多亩茭白田的田埂进行水泥浇筑硬化处理，以利于提高茭白田的贮水能力，并加强茭田的隔离性，有效避免田内茭鱼打洞逃走。针对当地高山气候特点，以及综合考虑经济价值、环境适应能力、养殖成本低等，茭农选择泥鳅作为养殖品种。这种"茭鱼共生"的生态种植模式，将当地优质农业资源与先进养殖经验相结合，真正实现了一水双收、鱼茭兼收。

茶林围绕高山冷水茭白这一主导产业，从品种改良、生产管理、市场服务、宣传营销、拉长产业链等多方面着手，有效推进了地方发展战略的转型。

二 伴随惠明茶变迁的惠明寺

惠明寺村位于县城城南郊区，因千年古刹惠明寺而得名，属雷姓单姓畲族行政村，距县城约 12 公里，海拔 630 米，区域面积为 3.5 平方公里，辖 5 个自然村，共 5 个村民小组。全村户籍人口 315 人，共 78 户，其中畲族人口 293 人，土地总面积 5048 亩，2013 年人均纯收入突破万元。境内气候属于中亚热带季风气候，一年四季分明，全年平均气温 17.5℃，年降水量 1708 毫米。惠明寺村自古以来拥有种茶、制茶和饮茶的传统，随着历史变迁和社会转型，通过多元主体的互动和多种资源的整合，惠明茶成为当今村庄经济社会发展的绿色名片和主导产业。

（一）计划经济时期缓慢发展的惠明茶

惠明茶的历史源远流长。据惠明寺村宗谱记载，自公元861年建立惠明寺起，寺院长老就在寺旁僻地种茶，并经由僧民互动被引种于畲民菜园，在当地有利的茶叶生长自然条件下，茶叶品质上升，据《景宁县续志》卷七《物产》篇记载："茶叶各区皆有，惟惠明寺及际头村出产优佳。民国四年（1915）得美利坚巴拿马万国博览会一等证书及金质褒章。"① 这也是今天"金奖惠明"品牌的历史由来。但在随后的动荡数十年间，茶叶生产未能获得发展。

一直以来，惠明茶停留在零星种植和自给自足的生产形态下，仍未成为推动村庄发展变迁的力量。直到20世纪70年代，在农村政策放宽和国家形势好转的背景下，惠明茶才真正开始复苏并引领村庄的变迁。为了复兴惠明茶，70年代初期，惠明寺村利用知青安置费以及村干部筹集到的其他资金，建立了首个村级茶场，这为茶叶生产制作提供了固定的场所，同时也为村民提供了交流和议事的空间。与此同时，集体茶园的面积也在不断的扩大，60年代仅有20多亩茶叶基地，到1976年发展到197亩。在茶园种植规模增加的情况下，如何提高茶叶产量和改进茶叶加工工艺成为当时亟待解决的问题，基此，惠明寺村开始引进外地的茶叶专家，并着手培养地方技术骨干。根据当时茶场负责人雷成庆的回忆，1972年，惠明寺村作为县里的重点茶叶基地，曾派出8位村民赴遂昌茶区学习。随着各种条件的逐渐完善，惠明茶也开始走上商业化发展的阶段，并成为惠明寺村集体经济的重要组成部分，也增进了村民的茶叶生产技能。但在当时计划经济体制下，受国家统购包销制度的束缚，惠明茶发展十分缓慢，经济效益不高，村民生产经营的积极性被严重压制，对村庄发展变迁的推动作用仍显乏力。

（二）改革开放推动下规模化发展的惠明茶

20世纪70年代末，我国经济体制的变革激活了农村生产的活力，

① 转引自吕立汉《丽水畲族古籍总目提要》，民族出版社2012年版，第42页。

畅通了市场流通的渠道，在民间精英和地方政府的共同发力下，惠明茶的生产规模进一步扩大，品牌知名度不断彰显。仅1978年，惠明寺茶场生产惠明新茶就达4000多斤，并首次以“金奖惠明”的品牌销往全国各大城市。此时，惠明茶由于其优良的品质而获得诸多社会好评和系列荣誉，在1979—1982年的四年间，连续四次获得浙江省优质名茶称号，并在其后多次荣获商业部“中国名茶”的美誉。

随着家庭联产承包责任制的推行和农村现代市场体系的形成，惠明茶以及惠明寺村进入一个新的发展阶段。从1983年开始，惠明寺村人采用承包和转让的方式改变了茶场集体统一经营的传统模式，承包户通过上交村委一定的承包费，享有茶场的经营管理权，实行自负盈亏、独立核算。在新的经营模式下，责、权、利更加明确，无疑有利于惠明茶的经营效益的提高。但是，由于受传统经营观念的影响较深，承包户难以将惠明茶做强做大，惠明茶场仍处于经营不善状况，直到后来企业介入茶场的承包，惠明茶才真正步入快速发展的轨道。1994年，景宁惠明茶开发有限公司（后更名为奇尔茶业有限公司）与惠明寺村村委会签订了合作开发协议，采取股份制合作开发的方式，即公司投入资金和技术，村民出劳力和土地，按比例分配盈利，形成“公司加基地加农户”的发展模式。合作关系建立后，公司采取企业化管理模式，通过聘请专家、加强品牌宣传、引进先进设备和生产技术，惠明茶走上了规模化发展之路。1997年，产量达1.6万余斤，产值突破200多万元。伴随着惠明茶的转型发展，其推动村庄经济社会发展的作用日益凸显，村民不仅在共享承包费时获得经济收益，而且在种茶、采茶和制茶的季节，以雇工的身份从茶场挣取工资收入。不仅如此，在惠明茶逐步深入市场的过程中，惠明寺村人也被卷入现代化和市场经济的浪潮中。

（三）区域发展战略转型下产业化发展的惠明茶

20世纪90年代，在村庄内外动力要素的联结下，随着经营模式的转换，惠明茶的产量和效益逐年增长，并在一定程度上推进着惠明寺村现代化转型。然而，其时惠明茶的经济成效仍不显著，产业化水平不高，茶叶产业的独特优势尚未凸显，并未成为村庄发展的主导因素。这一状况直到1999年地方政府发展战略的调整才获得根本的改观。

为了实现“致富奔小康”的总体目标，1999年景宁制定了“茶竹富农、茶山竹海”的经济发展战略，并把加快茶叶产业发展、大力发展效益农业当作政府工作的主要任务。同时，基于实施政府发展战略的考虑，县民宗局提出了“万户畲民万亩茶”的双万工程。随后，为将茶叶打造成县域重点产业，政府又适时推出了一系列政策措施，2001年成立惠明茶产业发展领导小组，2008年出台了《加快惠明茶产业发展试行办法》和《景宁畲族自治县加快惠明茶产业发展的补充意见》等。与此同时，政府部门实施了一揽子产业发展扶持的优惠政策，如农户茶叶种植资金补贴、企业贷款贴息政策、免费技术指导等。无疑，这些制度性支持激发了企业与村民生产的热情，培育了茶叶生产经营的技能，推进了惠明茶产业提速发展和村庄农业结构与社会结构的变迁。据统计，当前惠明寺全村茶叶种植面积2500亩，人均茶园7.9亩，茶叶收入占农民总收入80%以上。

三　村庄变迁下的村民自主发展能力

村民自主发展能力主要用村民的人均家庭经营纯收入占人均纯收入的比重以及人力资本投资两项指标进行衡量。一般来说，人均家庭经营纯收入占人均纯收入的比重增长幅度越大，说明村民自主发展能力提升越快，人力资本投资水平越高，则可持续发展能力强。

以丽水全市范围内农民为参照点，通过《丽水市统计年鉴》、《景宁统计年鉴》以及来源于大漈乡、鹤溪街道有关文献资料中的统计数据整理分析发现（见图3-2、图3-3），民族地区通过整合区域内外资源，在多个发展动力要素共同运作下，家庭经营纯收入增长较快。通过对2008—2013年数据的分析可以发现，茶林和惠明寺村民的人均家庭经营纯收入占纯收入的比重增长幅度大于全市范围内农民，而工资性收入比重则呈下降趋势，到2013年，茶林和惠明寺的家庭经营纯收入的比重分别为 56.3% 和 54.8%，高出丽水全市 12.6 个百分点和 11.1 个百分点，工资性收入比重分别低约 12.3 个百分点和 7.8 个百分点。不仅如此，这期间茶林和惠明寺家庭经营纯收入占纯收入的比重平均分别为 51.9% 和 51%，丽水全市为 45.1%，茶林和惠明寺比丽水全市分别高 6.8 个百分点和 5.9 个百分点；而茶林和惠明寺的工资性收入占纯收入的比重平均分别为 35.1% 和 38%，比丽水全市 42.2% 分别低 7.1 个百分点和 4.2 个百分点。

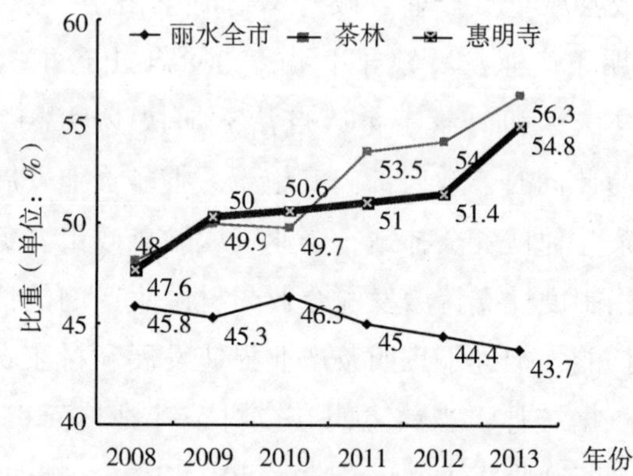

图 3－2　茶林村、惠明寺村村民家庭经营纯收入占人均纯收入比重增长

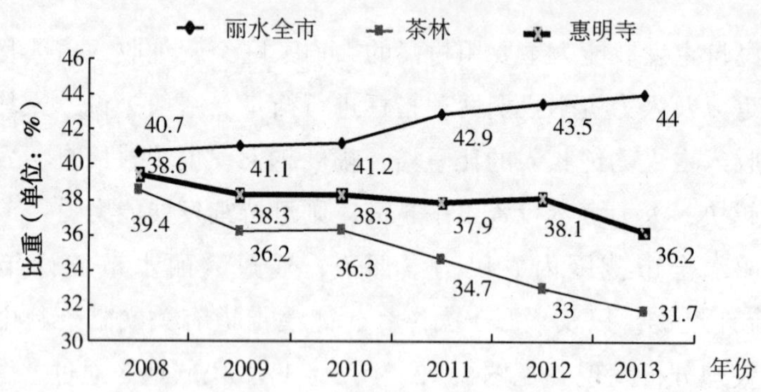

图 3－3　茶林村、惠明寺村村民工资性收入占人均纯收入的比重增长

资料来源：《丽水市统计年鉴》、《景宁统计年鉴》、大漈乡、鹤溪街道文献资料。

从人均工资性收入的构成来看，本地劳动收入占工资性收入比重越大，外出从业收入占工资性收入比重越小，反映出村庄内部解决剩余劳动力的能力抑或自主发展能力越强。表 3－6 可以看出，2008—2013 年，丽水全市本地劳动收入占工资性收入的比重平均为 76.8%，茶林和惠明寺分别为 80.3% 和 78.5%，比丽水全市分别高 3.5 个百分点和 1.7 个百分点；而丽水全市外出从业收入占工资性收入的比重平均为 18.1%，茶林和惠明寺分别为 11.9% 和 14.1，比丽水全市分别低 6.2 个百分点和 4 个百分点。这表明，两村庄依托产业发展为村民提供了充分的就业渠道，外出从业需求不高。

表 3－6　丽水市农村居民工资性收入中本地劳动收入、外出从业收入比重

（单位：%）

年份	丽水全市		茶林		惠明寺	
	本地劳动收入比重	外出从业收入比重	本地劳动收入比重	外出从业收入比重	本地劳动收入比重	外出从业收入比重
2008	73.6	19.6	80.5	10.1	78.4	12.6
2009	75.1	17.8	78.6	13	76	16.2
2010	76.4	16	79.4	12.8	77.9	14.3
2011	76.1	19.5	80.2	13	78.1	14.3
2012	77.9	18.1	80.3	12.5	78.4	13.6
2013	81.6	17.4	82.7	9.8	82.1	13.7

资料来源：丽水全市的数据来源于历年《丽水市统计年鉴》，茶林和惠明寺的数据根据课题组入户问卷调查整理计算得出。

“人力资本是可持续发展能力建设的关键因素”，它表现为劳动者的知识、智力和体能等的总和，是一种只有通过教育培训、体能提升等投资手段才能积累的资本，亦即教育培训和体能提升等的投入与人力资本存量存在正相关关系，前者投入越多，人力资本存量水平越高，从而劳动者的创新和生产能力越强。人力资本理论认为，“人力资本投资是指居民用来增加人力资本的支出，主要包括教育文化方面的支出和医疗保健方面的支出”。因此，可以认为教育文化和医疗保健的支出越多，人力资本存量和劳动者能力建设越强。从 2011 年至 2013 年的情况来看，茶林和惠明寺人力资本投资累计为 4136 元和

4206元，与丽水全市3890元相比较，分别高出246元和316元，同时茶林和惠明寺人力资本投资占纯收入的比重平均分别为15.7%和15.2%，比丽水全市的14.6%分别多1.1个百分点和0.6个百分点（见表3－7）。可见，茶林和惠明寺的独特发展战略，有助于促使村民消费支出偏向人力资本投资，进而推动劳动者素质和发展能力的提升，反过来会进一步驱动村庄的可持续发展。

表3－7　丽水市农村居民人力资本投资额和比重

年份	丽水全市		茶林		惠明寺	
	人力资本投资额（元）	人力资本投资占纯收入比重（%）	人力资本投资额（元）	人力资本投资占纯收入比重（%）	人力资本投资额（元）	人力资本投资占纯收入比重（%）
2011	1124	14.4	1215	16	1233	15.3
2012	1285	14.5	1396	16.1	1410	15.3
2013	1481	14.8	1525	14.9	1563	15

四　讨论

纵观茶林和惠明两个村庄的产业化进程和与之相伴的村庄变迁历史，不难发现它们嵌入于多个发展系统之中，在多元要素的复杂互动和内外资源合理整合的过程中，呈现出极具特色的发展战略。

（一）行政力量的收放结合

行政主导与控制是我国民族地区发展的重要变量。作为民族地区欠发达乡村，由于偏僻的自然地理状况和落后经济基础条件，加之村民市场经济观念落后，很长一段时期处于传统的农耕社会。茶林和惠明寺的自我积累和自我发展能力提升的真正起点是1984年景宁畲族自治县的成立，同时1986年被列为国家贫困县，1994年又列入“八七扶贫攻坚计划”重点县，其时正值国家制定实施了一系列扶贫政策，由救济式扶贫战略向开放式扶贫战略转变。为了积极响应国家和上级政府的号召，更好推进农村扶贫工作，地方政府进行了发展战略的转型，以市场需求为导向，充分开发利用当地资源，1999年景宁县制定了"茶竹富农、茶山竹海"战略，2006年大漈乡实施特色产业发展战略，主攻"高山蔬菜"产业。在各级政策供给的同时，还制定了具有约束控制效应的量化发展目标，如2001年发布的《景宁县茶叶产业十年规划（2001—2010年）》，2007年大漈乡的万亩高山冷水茭白计划。此外，农村产业的发展还需要技术的支持，对此政府回应迅速，不断完善技术服务体系，景宁县启动了科技服务队伍建设工程、科技服务平台建设工程和农民技术培训工程，推动农民技术创新。

值得一提的是，在茶林和惠明寺的发展过程中，行政力量在扮演宏观引导和政策支持者角色的同时，坚持收放结合的原则，充分尊重地方行动者发展的选择权。从案例叙述可知，两个村庄产业发展遵循的路径基本上是在发掘利用当地本土资源的基础上，由当地村民或地方精英通过摸索确立地方特色产业，政府再及时给予政策支持和引导，借助乡村网络关系，产生产业扩散效应，并进一步充分发挥当地人的首创精神，衍生出大量的产业技术创新，逐步形成农业产业集群。行政力量的宏观引导和微观激活，有效地发挥了民间和政府两个向度的力量，不仅推动了农业结构的调整与村庄的现代化转型，而且当地村民在传统耕作经验的基础上实现了技术的创新。

（二）援助资源的精准发力

"增强民族地区自我发展能力主要应当靠民族地区自己的努力，同时离不开国家和东部地区的援助和支持"，民族地区的发展与外部有效援助密切相关。自国家开展扶贫工作以来，景宁不断获得外部资金扶持，包括财政资助、税收金融优惠以及各类"对口援助"，以2006年为例，省财政补助拨款为22836万元，税收免交2716万元，宁波市对口帮扶资金1500万元。而且地方政府在受惠外部援助的同时，充分认识到外部"输血"局限与"造血"意义，地方政府"精准发力"，积极发挥外部资源杠杆的作用，从长远利益出发始终把开发利用地方资源、培育发展特色产业作为促进现代农业发展和乡村自主发展能力提升的关键措施，多形式发展农村合作组织，制定出台资金扶持的倾斜政策，从资金、税收、技术、产业基地建设等方面给予重点援助。如2014年大漈乡政府为茶林茭白产业发展争取120万元支农资金，用于田间水利设施和农田机械，占当年全村帮扶资金的50%以上；为支持惠明茶叶产业的发展，2006年设立政府茶叶产业发展基金，县政府每年给予500万元资金投入，并给予1000万元专款扶持企业技术创新。另外，加强农民专业合作社建设是地方政府的又一着力点，2005年茶林联合周边村庄建立了雪松茭白专业合作社，2008年惠明寺村成立了畲农惠明茶专业合作社。近年来，随着政府扶持力度的不断加大，专业合作社日趋完善，村庄的农业产业化经营水平、市场竞争能力以及村民技术创新能力获得显著的提高。

（三）地方行动者的赋权提能

在区域发展实践中，地方个体和地方发展机构等地方行动者是介入发展的核心力量，既是发展的动力，也是发展的目标。因此，为地方行动者赋权提能、激发创新精神，乃是决定发展的关键环节。茶林和惠明寺的发展是从农村内部起步的，发展的起点是村民的创新，茭白产业的形成和惠明茶的复兴就源于以民间精英为代表的地方行动者的模仿与尝试，在种植初具雏形以后，地方政府积极介入，以提升村民的耕种技能和市场参与能力为切口。例如，考虑市场对红茶的需求和村民红茶加工技能低下的现状，2012年县农业局选聘大学茶学教授培训加工技术，并成功制出了精品惠明红茶；为了解决村民茭白种植难题，2013年县科技局为此特别聘请了浙江省农科院专家作为茭白种植顾问。不仅如此，地方政府也一直重视基层组织、特设产业推进部门等地方发展机构的培育，并把其当作促进产业发展的重要策略。2001年，为推动惠明茶产业快速健康发展，县农业局牵头成立惠明茶产业发展领导小组，下设“茶叶办”，组织和协调各方面力量，负责产业发展规划制定和技术推广，同时发挥联结茶农和政府桥梁纽带的作用。当年，在茶叶办的组织下，引进了茶叶新品种，培训了农户茶苗扦插新技术，不仅优化了茶叶品种结构，也提高了村民的茶叶种植经营能力。在茶林，村党支部2005年被评为浙江省级先进基层党组织，事实证明，无论是茭白的引种，还是“茭鱼共生”项目推行，都离不开以村支书为代表的村两委这一基层组织的领导和带动。

（四）自然环境资源的有效利用

马克思曾指出："资本的祖国不是草木繁茂的热带，而是温带。不是土壤的绝对肥力，而是它的差异性和它的自然产品的多样性，形成社会分工的自然基础，并且通过人所处的自然环境的变化，促使他们自己的需要、能力、劳动资料和劳动方式趋于多样化。"① 这意味着自然环境的差异性会引起社会分工的不同，并进一步影响经济发展、产业结构布局。换言之，产业发展需要遵循因地制宜的原则。茶林和惠明寺作为经济落后的边远山区，人力资源、资金资源和技术资源十分匮乏，但茭白产业和茶叶产业能成功走入市场，并成为村民增产致富的特色农业主导产业，带动村庄变迁，就得益于当地村民能够充分有效地利用地方得天独厚的自然环境资源。茶林属于典型的中高山盆地，海拔1030米，年平均降水量1918毫米，境内温暖湿润，夏季较迟，通常七、八月份才入夏，较周边大多数地区晚2个月左右，导致茭白反季节收割，这必然会增强市场销售的竞争力。另外，由于全年气温较低，雨水充沛，茭白生产时间较长，因此茭白品质优良，进一步提高了市场优势。惠明寺位于敕木山，冬暖夏凉、雨水充沛，平均气温15.2℃，年降雨量1829毫米，位居高山，云雾密林易形成独特的漫射光，有利于茶叶的生长发育，且惠明寺属酸性砂质黄壤土与香灰土，有机物质含量高，pH值适中，因此惠明茶不仅口感甘甜，而且微量元素丰富，这种优良的茶叶品质就为村庄的产业发展提供了基础和条件。需要承认的是，两个村庄的发展变迁和自主能力的提升，除了环境自然资源的有效利用，同时离不开外部援助的协同推进。如前所述，正是由于资金的援助和技术的支持，才有茭白产业的规模化扩展和产业链的拓展；也由于外部援助下茶叶产业发展基金的设立，才有茶叶龙头企业的技术创新和产值增长。总之，两个村庄的发展转型是村民对本土资源潜在价值的考量与外部力量援助交相辉映

① 《马克思恩格斯全集》第23卷，人民出版社1972年版，第561页。

的结果。

第三节 参与式发展与乡村旅游业新生

一般来说，民族地区具有产业结构层次低和二元结构特征明显的缺陷。在资源、能源利用和环境保护压力增大的情况下，这些地区只有走可持续发展之路。广大民族地区要实现可持续增长，着重要优化经济结构，并转变经济发展方式①。有人提出，民族地区要想从根本上摆脱发展困境，就要大力发展特色经济，进而促进区域产业结构转型升级②。国家在制定涉及民族地区的经济发展战略和政策时，应注重让这些地区展示民族特色，带动当地的繁荣发展③。

一 再造根底岘“世外桃源”

根底岘村是隶属于景宁县东坑镇的一个行政村。从地理位置上看，根底岘村大体位于整个镇的西北。根底岘村距离镇政府较近，大约有 8 公里的距离。在全县的村庄分布中，根底岘村不能算是偏僻的，因为它距离县城也只仅仅 20 多公里。根底岘村是个行政村，下辖株树根、坑底和黄碧岘三个自然村。根底岘是个典型的山区村庄，全村平均海拔约 670 米。全村耕地面积 238 亩，人均耕地将近 1 亩。村庄林地面积 14389 亩，森林覆盖率达 85. 7%。村庄人口不多，全村只有 76 户 301 人。株树根村有 100 多人，20 多户人家。株树根和坑底两个自然村相距大约 10 分钟的步行距离，黄碧岘村已经没人居住，村民都已全部下山搬迁到坑底村的位置。如今，坑底村有近 200 人、50 来户人家居住。

---

① 刘永佶：《民族地区经济发展方式转变研究》，中国社会科学出版社 2012 年版。

② 徐丽华、武友德：《西南民族地区发展特色经济与优化产业结构政策设计》，《经济问题探索》2007 年第 1 期。

③ 温军：《中国少数民族地区经济发展战略的选择》，《中央民族大学学报》2002 年第 2 期。

根底岘村是通往景宁县境内最高峰——“上山头”的必经之路，步行前往大约需要20分钟。上山头海拔将近1700米，从根底岘村出发，通向峰顶的沿途山坡上分布了上千亩杜鹃林，是浙江省内海拔最高、规模最大的野生猴头杜鹃林。杜鹃树的直径在10—20厘米之间，树高在2—5米之间，杜鹃树之间的相互间隔一般都在30厘米左右。杜鹃一般在每年的5月中下旬开花，杜鹃花海的景色十分壮观，吸引许多游客前来参观。此外，根底岘村还拥有上千亩的毛竹林，形成了非常壮观的竹林景观。由于植被保存完好，根底岘村的山上生长着大量的野菜。当地许多农民就地取材，将这些野菜采摘回来以后，进行简单的加工，形成了远近闻名的各种野菜食品。其中最为典型的是腌制的各种咸菜，深受城镇游客的欢迎。良好的生态环境凸显了根底岘村这样偏远村庄的自然景观的价值，尽管被偶然发现，但传统的口口相传的信息传播方式，也让这个小山村成为一些城镇游客周末的光顾场所。在乡村旅游的推广活动中，根底岘村并不是重点。然而，有些游客却在这里发现了享受自然风光、体验农耕生活的目的地。

面对着一拨一拨前来体验自然生态美景的城镇游客，当地农民也开始注重村庄环境的改善。据当地村干部介绍，根底岘村借助全省层面推开的村庄整治、旧村改造、水利工程等项目，整体改进农民的生产和生活问题。2010年，根底岘村开始开展村庄整治。像根底岘这种类型的村庄，在浙江省村庄整治的整体规划中属于要拆并的对象。起初，景宁县打算将根底岘村合并到白鹤乡的其他行政村。村干部听说后就召开了村民代表大会，征求广大农民的意见和建议。村民在大会上很快就形成了一致意见，力争保留自己村庄的行政村建制。在了解到政府合并村庄的原因是因为村庄环境脏乱差后，全村从村干部到普通村民都决心下力气解决村庄生产、生活环境不好的问题。村干部考虑到村庄环境整治的压力，就讨论通过了一个综合利用上级资金的统筹解决方案。村里鼓励每个农户家庭都建一个自家使用的室内厕所，每个厕所补贴1700元。减少养一条大狗，村里补贴100元；减少养一条小狗，村里补贴50元。遗憾的是，由于狗在乡村生活中具有特殊的功能和文化意义，许多村民与狗也有着特殊的感情，因此有些村民把村庄整治中的这项行动理解为杀狗行动。当有些村民谈起自己曾经养过的狗时，不时流露出对这些生灵的怀念。但对于多数村民而言，为了实现村庄整治的总体目标，并借此机会提高自己的收入水平，他们也会忍痛割爱，因此这项行动也赢得了广泛理解和支持。当然，狗也在一定程度上成为许多城里人乡愁的重要内容。因此，偶尔也会有游客突然想起村庄中应该有狗吠声。当他们得知，根底岘村在村庄整治中对待狗的做法后，也会表达许多遗憾。

除此之外，根底岘村还专项整治了鸡圈、猪圈等问题。根底岘村先后投入 80 万元进行村庄整治，对影响村容村貌的许多问题开展整治。在村庄整治过程中，根底岘村把多数问题都放在村民大会或者代表大会上讨论，获得了多数农民的支持，因此开展起来阻力并不大。据村里的统计显示，全村共拆除 154 座牛栏、猪圈、厕所。如今，根底岘村已经拥有 27 个新建门楼，67 个标准卫生间，2 座公厕。当然，在此过程中，许多村干部和党员都积极整治自家的环境，为其他农民做出示范，因此也获得一些农民的赞扬和支持。由于省、市、县政府都有一定的资金投入，加上广大村民支持改善环境以留住到访游客，因此村庄整治得以顺利开展。由于村庄整治的效果较好，根底岘村成为景宁县村庄整治的样板村，代表景宁县接受省里验收。

除了治乱，根底岘村还确立了建设美丽乡村的目标。在原有传统建筑基础上，村里以修旧如旧的方式建设美丽乡村。村里最后选择了仿古的方式建设房屋外观，并从建造门楼着手。许多农民认为，以前只有大户人家才能建门楼。当村里鼓励大家按照古朴的风格建造门楼时，得到了许多农户的响应。根底岘村还邀请专家志愿为村里的门楼做了粗略的设计，并由个别经济条件稍好的农户带头建造，为其他农户示范。据当地的风俗来讲，这种门楼还能给这户人家带来好运。村民们看见已经建好的门楼时尚又不失传统，而且每户还有 8000 元的补贴，于是纷纷开始请工人翻修房子建设门楼。为避免各户单独装修导致外观参差不齐，在村委协调下，全村建设用的外墙、门楼和部分装饰材料都进行统一采购，统一施工，在保持风格统一的同时，降低了材料成本。如今，村里多数农户家庭都修建了统一格调的木质门楼，通常还配上黑瓦，体现出江南徽派建筑的特色。

二　方兴未艾的农家乐

根底岘村所处良好的生态环境以及美丽乡村建设过程中村内环境的改造，使这个村庄具备了一定的接待游客的能力。在乡村旅游大发展的时期，村干部就带领农民发展农家乐。由于乡村旅游不但不影响原有的农业生产，还增加了收入渠道，因此受到农民的欢迎。

从根底岘村的情况看，当地发展农家乐主要采取政府投资、鼓励农民兴办的方式。政府除了投入资金外，还会出台一些建设和服务标准，然后根据农户所能达到的量化指标确定农家乐的星级。农家乐的建设标准非常细致，足以指导农户如何转向这项服务业。例如，每户农家乐的厨房都要具备几个水池，这些水池还要把洗肉和洗海鲜分开，洗菜还要有一个专门的水池。课题组在农家乐调研时就能看到文字标注的各种类型的水池。同时，对农家乐可以接待几桌客人，食品的安全和卫生也有严格要求。当然，作为餐饮业的一种形式，农户还要经过严格的体检，以确保游客饮食的安全。一般来说，村干部都会及时将各类标准告知农民，并鼓励有经营头脑的农民开办农家乐。一些有头脑的农民在也会真的就试试。从调研中得知，有些农民本来就在城镇开小餐馆，被村干部邀请回来发展农家乐。访谈中，有些农民认为，反正房子是自己的，即使没有游客，政府出资金简单装修，并获得一定的资金资助，改善一下自己的居住环境也是好的。于是，就会有农民积极投身到农家乐的开发中。

根底岘村有 7 家农家乐，其中 5 家已经在运营。5 家农家乐，一次可同时容纳 260 名游客就餐。其中的三家农家乐餐饮接待能力稍强，每家至少可以同时接待六桌游客，大约一次可以解决 180 多人的餐饮问题。其他两家接待能力稍弱，一次总共可以接待 80 人左右。如今，全村有 32 张床位可以用于接待游客。另外，根底岘村利用一事一议的资金筹建一个接待中心，建成后将新增 10 张标准床位。由于卫生条件好、管理比较到位，5 家农家乐中有 4 家都被评为三星级农家乐经营户。

随着农家乐在村庄中有了效益和影响，就有农民主动要求开办农家乐。政府面对这种情况，也逐步改变策略，从原有的建设资金的投入转向以奖代补。这种形式防止政府投资资金后，农民不按标准建设和管理农家乐，因此政府转向结果认定的方式来管理这个产业。经过动员，农民先自己投入或贷款开办农家乐，政府再根据标准验收。在考核和评审过程中，政府部门会根据指标将农家乐分为各种等级，并赋予其不同的星级，最终再根据各自的星级发放奖金。一般情况下，两星级农家乐会获得 1 万元补贴，三星级农家乐可以获得 2 万元补贴。像有些农家乐还具有接待游客住宿的，就会获得额外 3 万元的装修补贴。如果客房还带有卫生间，又会获得另外的补贴。由此可见，政府通过确定接待标准，引导农户按照要求建设和提升农家乐的建设和服务水平。政府部门也通过树立典型，激发大家发展农家乐的积极性。

除此之外，根底岘村还利用当地的山地优势，开发了系列的咸菜。调研中发现，村子里有名称的咸菜至少有几十种。同时，农民家里还圈养了一些土鸡、土鸭，甚至有些农户还圈养了兔子，供游客食用。当然，村中的农家乐还可以向游客提供像自酿白酒、笋干等商品。许多游客临走都会购买一些带回家。特别是到炎热的夏天，许多城镇游客都到村中避暑纳凉。通常情况下，房间都要提前几个月预订。每天村里都有三四桌游客光顾，旺季的时候每个农家乐都爆满。对于许多城镇游客来说，到环境这么好的乡村住几天，既呼吸了新鲜空气、体验乡村生活，又可以好好休息一下。农家乐的消费价格也不高。一般来说，一个人吃住一天需要 100 元。这对于许多从城镇来到乡村的人来说，完全能够接受，因此就逐步火爆起来。更重要的是，除了这个村庄有少量少数民族居民，更重要的是有些畲族村也积极投身到发展农家乐中。在发展农家乐的过程中，畲族文化也成为吸引城镇游客的亮点。有些村庄的汉族群众发现特色文化带来的商机，也都不约而同地宣传和采用畲族文化作为建筑和装饰的主题。

三　讨论

第二次世界大战以来，与城市化和现代化快速推进相伴而生的是，农村地区日趋衰落，成为引发社会矛盾的根源之一，由此越来越为欧美国家所重视，并形成盛极一时的扶贫战略即外生发展战略。它主张扶贫的目标是乡村地区经济增长，使“乡村从‘边缘化’、‘次要化’的命运回归‘现代化的’的主流”①，主要策略是外部资金、技术等要素的输入。这一发展战略也曾一度主导我国民族地区的开发扶贫。新中国成立以来，为加快我国民族地区经济社会发展，国家实行了一系列自上而下、政府主导的援助政策，力图通过外部援助实现民族地区经济增长和财政收入提高，从而改善贫困人口的生活状况。但是，事实证明，这种简单的依靠外部力量推动发展的战略难以有效解决民族地区的贫困问题，反而容易“陷入‘一年脱贫，二年返贫’的循环怪圈。‘扶不起’，已成为扶贫工程的‘梦魇’”②。

20 世纪 70 年代末期，随着乡村研究中后现代主义哲学观念的引入，传统的外生发展战略的政策工具逐渐受到质疑和批判，同时一些地区发展的实际工作者也在力求探寻主导发展的替代战略，内生发展战略由此应运而生。与外生发展战略不同，“这种新的发展战略强调发展的质量和结构指标，而不仅局限于数量和经济指标，……转向文化、社会、政治和生态价值以及可持续发展的综合考量”③。它的基

① 李承嘉：《行动者网络理论应用于乡村发展之研究：以九份聚落 1895—1945 年发展为例》，《台湾地理学报》2005 年第 39 期。

② 马忠才、郝苏民：《外源式扶贫的局限：对民族地区扶贫实践的反思》，《北方民族大学学报》2012 年第 1 期。

③ E. A. Brugger, *Endogenous development*: *A concept between Utopia and reality* In: Bassand, M. et al. *Self* - Reliant Development in Europe - Theory, Problems, Actions Gower, Brookfield, Vermont, 1986, p. 39.

本逻辑是：农村地区内的独特资源是支撑发展的关键要素；发展动力来源于地方自主性和地区内部企业；农村地区的主要功能是发展多元化服务经济（Service Economy）；农村地区发展的主要问题是区域内人口和基层组织参与经济社会发展的能力有限；农村地区发展的重点是加强能力建设和克服社会排斥[①]。随着国际社会内生发展思潮成为极具影响力的典范，以及我国政府自上而下全权负责的援助方式对被扶助者的消极影响不断暴露，20 世纪 80 年代中期以后，我国民族地区发展模式开始向内生发展战略转型，其在扶贫的实践中也确已取得不少成绩。但我们需清醒地认识到，内生式发展战略产生和演化的过程尚短，仍存在一定的局限性。有研究者曾指出“内生发展并不是一个有明确定义的理论根源的思想，而只是一个关于乡村发展的一种观点，是一种带有强烈的价值判断的理想形式”。在实际运行中，“自我导向的内生发展容易忽视外部影响和全球经济的过程，甚至会高度破坏地区经济与社会”[②]，即使作为内生发展的核心要素“参与式方法”，在大多数情况下，“要么成为有权势的地方行动者（actors）所操纵（因此边缘群体被继续边缘化），要么遇到地方冷漠的抵制”[③]。

针对外生与内生发展战略彼此不容甚或相反的观点，在理论界出现了“如何选择”的争论。对此，有研究者认为，在很多情况下，选择任何一种发展策略都不能解决发展的问题，甚至也无法判断谁优谁劣，乡村的发展不应被局限于“外生”与“内生”的二元对立之中，因此“我们要做的是进行两者的整合”[④]。基于这种思考，根底

---

① P. Ray Lowe, C. Ward, N. Wood, D. Woodward, R. *Participation in Rural Development*: *A Review of European Experience* , CRE, University of Newcastle upon Tyne , 1998, p. 12.

② E. A. Brugger, *Endogenous development*: *A concept between Utopia and reality* In: Bassand, M. et al. *Self - Reliant Development in Europe - Theory*, *Problems*, *Actions* Gower, Brookfield, Vermont, 1986, p. 50.

③ J. Murdoch, *Networks - a new paradigm of rural development*? Journal of Rural Studies , 16/2000, 407 - 419, p. 412.

④ Ibid. , p. 408.

岘村的案例展示了民族地区发展战略的新转向。从案例可以看出，尽管门槛较低的农家乐给每个村庄都创造了经济振兴的机会，但也不是所有的村庄都能达到政府对农家乐的经营要求，充分利用政府对乡村的资金投入。这也从一个侧面说明，不是所有的外部援助都能够培育出内生动力。在根底岘村，农家乐在很大程度上促进了村庄经济的振兴。干部和群众的积极参与，汉族和畲族共同发展，使广大农民最终提升了自我发展能力。鉴于国家对民族地区发展主动担责的态度，其实每个村庄都有各种各样的外部援助和支持，关键还是在于能否将此与强烈的发展愿望相结合，最终探索出超越内生与外生的协同发展战略。

第四节　缺少参与的反例：有意援助与无意偏离

利用当地特色文化和生态资源发展旅游，已经成为许多民族地区选择的发展路径。然而，如果在发展过程中处理不好各主体之间的利益关系，很可能会影响到当地群众对旅游项目的支持。严重的时候所导致的项目失败，最终会损害民族地区的内生式的发展。在浙江省景宁畲族自治县，当地抓住省委高度重视民族地区经济社会发展并给予专项政策扶持的重大机遇，坚持内生和外源发展双轮驱动，统筹内部发展资源和外部政策资源，把外部推力转换成了发展动力。为了利用自身优越的生态养生资源和畲族文化特色资源，发展民族旅游经济，当地政府开发和创建了AAAA级景区——大均畲乡之窗，以培育新的经济增长点，提升民族地区经济的自主发展能力。这个项目本来的意图是，帮助民族乡村和少数民族群众致富，推进民族地区经济社会进步。结果，各方在利益博弈中的阻隔，造成项目不但没能达到造福一方百姓、提升自主发展能力的目的，而且持续亏损，陷入政府不满意、企业不满意、社区和村民不满意的困境，处于难以为继、欲罢不能的尴尬局面，演绎了一条有意援助和无意偏离之路。

一 大均景区旅游的兴起

大均畲乡之窗主体景区位于景宁县城郊大均乡大均村。大均村是一个“景、村”合一的村庄，森林覆盖率达91%。该村拥有千年古樟、均潭印月、洋滩雪浪、古廊桥、坟树围青等自然景观，其中大均漂流为四级旅游资源。村中还有明嘉靖年间修建的“观音大士阁”，清代建筑“浮伞祠”、特色故居、古街等文物古迹。民俗“祭祖古舞”、山村花鼓戏、长年歌等活动独具特色。此外，该村还有无公害山珍野味小吃、畲家喜宴和乌饭等畲族美食。这些共同构筑了畲乡特有的生态文化旅游景观体系。

为了促进当地畲乡的经济发展，景宁县委、县政府举全县之力创建中国畲乡之窗为 AAAA 景区。2009 年，景宁全面启动了总投资8000 多万元的中国畲乡之窗景区以及云中大漈景区创建 AAAA 级旅游景区工作，而景宁地方财政当年收入仅 1.62 亿元。地方政府实施软硬件建设，以达到提高景宁旅游业的品质和服务水平，扩大畲乡旅游在国内外的影响力。当地仅用了 3 个多月就完成中国畲乡之窗一期景区山门、接待中心、演艺中心、广场、停车场、游步道等 19 个项目的建设。

基于进一步提升景区畲族风情旅游品牌及运营管理工作的考虑，2010 年，县政府常务会议研究决定，将景区对外承包，采取政府主导、企业经营的管理模式。2010 年 6 月，浙江某旅游投资公司承包经营该景区。但这家游投资公司自经营该景区始一直处于亏损状况，据统计，2010 年 7 月至 2013 年 6 月，景区共接待游客 61 万人次，经营总收入 658.93 万元，亏损 218 万元；由于连续亏损致使没能履行合同协议，拖欠县旅游开发公司 3 年承包款 100 多万元；景区一些硬件设施破损严重，被红牌警告。畲乡之窗景区的经营现状与创建国家 AAAA 级旅游景区以推动景宁县旅游产业大发展和经济发展的初衷背道而驰，存在一些亟待解决的问题。

二　出人意料的结果

大均畲族之窗旅游项目在开发建设和运营管理上，一开始就没有理顺社区参与机制及相关利益协调机制，导致经营企业与村民的关系不和谐。通过对大均畲族之窗社区居民、企业经营者和管理部门进行问卷调查和访谈显示：当地社区居民参与到旅游业中的主要形式是自办农家乐、民宿及作为景区的务工人员参与到旅游经营。在被调查社区居民中，66%没有参与旅游经营活动。参与的社区居民有21%开办了农家乐、民宿，8%通过出售农副产品得到部分收益，还有少数正在改造房屋准备经营民宿，及受雇旅游公司当漂流排工。门票和演艺收入全部归承包经营企业收入，为承包经营企业收入的主要来源。景区所涉的5个村庄由旅游部门给予一次性共1.5万元的补贴，但是没有分到社区居民手中。

由于景区和社区在空间上基本重合，村景合一，企业要收门票，但是社区居民的农家乐、民宿、小卖部等因收取门票导致的客流量下降而出现了收入下滑，这个矛盾一到节假日尤为突出，经常出现经营农家乐的社区居民私下带客避票到农家乐吃饭的问题。而企业不让社区居民私下揽客，认为这样会减少企业的门票收入，损害企业的利益，势必冲垮企业的商业底线，造成一发而不可收的局面，导致企业利益严重受损，因此，经营企业与社区居民对立情绪严重，经常发生“景民”冲突，有时甚至出现微暴力解决问题的情况。企业认为经营景区收取门票是天经地义的事，维护景区需要投入，而村民们擅自揽客逃票将损害企业的利益，造成企业入不敷出，难以为继。社区居民则认为，这些游客就是来景区休闲吃饭的，并没有看景区的演艺表演，要额外为门票埋单不合理，且承包以前就是如此；如果要顾客额外购买门票，人均消费成本就高了，来景区休闲吃饭的客源就少很多，他们的生意就不好做，收入自然就少。社区居民期望最好是井水不犯河水，互不干涉。政府主管部门认为，由于企业不盈利且拖欠承包款，还要支付旅游营销、村委会补偿等费用，不时也要解决“景民”冲突，并接受人大、媒体问政，这些景区资源的浪费和行政成本及风险的增加，着实让他们不堪重负。

浙江某旅游投资公司资金不到位带来三个方面的主要问题：一是景区文化内涵提升乏力。根据承包合同，对演艺投入经费不足，在承包经营期开始一年内不能形成一台畲族风情戏，并做不到旅游旺季每周固定演出两场，节假日每天不少于一场，县旅游开发公司有权终止协议。截至目前，该公司只投资 90 万元，推出畲乡三月三盘歌会、畲乡洗井泼水狂欢节、畲山火神节、篝火晚会等小型体验性演绎项目，一台畲族风情戏没有形成。县旅游开发公司在营销时是将景宁民族旅游作为填补华东地区民族旅游空白的唯一性去定位的，但由于景区的主打产品——畲族风情戏没能推出来，加上该景区内含不深、产品零碎、内容单薄，游客来了之后并没有感受到浓郁的民族风情，景区文化内涵与游客的期望值有差距，与“中国畲乡之窗”所应呈现的价值有差距。二是景区基础设施建设滞后。浙江某旅游投资公司自承包景区以来，共投资 193.7 万元进行景区基础设施修建与完善。其中，投资 110.6 万元开办了畲家大菜农家乐；投资 72.3 万元开设茶艺馆，作为婚嫁表演场所；投资 10.8 万元进行景区环境净化及景区基础设施维修。此外，2011 年县政府将景区内旅游度假山庄用地优惠出让给该公司建设，并列入 2012 年县重点旅游项目，作为景区提升的配套项目。该项目建筑总面积为 2593.53 平方米，计划投资 1000 万元，但终因该公司资金周转困难，至今未开工建设。三是景区宣传促销力度不大，吸引游客有限。景区宣传促销投入严重不足，宣传方式单一，忽视景区与旅行代理商、景区之间的联合促销，促销效果不好，经营效益不佳，导致该景区陷入投入与产出恶性循环的陷阱。

作为景区经营权转让者的地方政府，如何对转让后景区的开发、保护实施监督与管理，促进当地经济、社会与环境的良性循环，推动旅游业可持续发展，是值得理性思考的一个大问题。对大均畲乡之窗 AAAA 级旅游景区，政府管理规制方式有待进一步完善。景区经营权转让后，景区管理机构受限于企业，景区管理机构没有真正健全职能和配齐人员，导致“以企代政”，政府管理能力弱化，经营企业成为景区的实际管理者，政府部门及其管理机构难以对经营企业的经营行为进行有效监督、管理。企业用“以旅游养旅游”理念经营景区，以实现自身利益的最大化，未能按协议规定对资源开发与保护进行投入，因此，景区不但未能形成品牌效应，而且成为让政府头疼的一个问题，直接影响到景区的健康发展。

三　缺少参与带来的问题

乡村旅游发展从本质上说是以自然和文化资源为基础的经营活动。从参与式发展来说，当地居民的参与不但有助于实现减贫的经济目标，而且可以通过项目的参与，实现对当地居民的赋权，培养他们的自主发展能力。当然，在此过程中，政府理应发挥宏观调节作用，才能够有效协调各方利益，最终实现各方协同共管。

从旅游开发和经营的角度来看，地方政府、外来企业和当地社区在这些利益相关者中间处于关键地位。这三者在旅游发展过程中的地位、作用和职能各不相同，但是由于当前民族乡村旅游经营管理机制并不完善，使这些主体在参与旅游开发过程中的角色发生错位，相互之间矛盾重重。只有通过寻找各利益主体间共同的目标，建立利益协调机制，处理好三者之间的关系，才能使民族乡村旅游得到可持续发展。景区在经营管理中存在的一些问题，主要是地方政府、外来企业和当地社区及其居民没有形成利益共同主体，没有形成有效的利益共享机制，致使社区居民参与不足。实践证明，社区及其居民的参与是尤为必要的，社区及其居民参与的缺失，将导致民族乡村旅游发展难以为继。政府部门、相关企业、社区及其居民、旅游者等都是旅游发展的利益关涉方，在发展民族乡村旅游过程中，只有处理好利益关涉方之间的关系，才能使民族乡村旅游得到可持续发展。

在对相关行政部门及企业的问卷及访谈过程中，相关人员均认为旅游发展可以给当地社区居民带来一些利益，如经济上获利，环境、基础设施改善以及传统文化得到传承和保护。具体获利的途径，政府部门认为开办农家乐、出售旅游商品和农副产品是当地社区的主要获利途径，受雇参与服务。其次，还有如土地、林地等资源收益也占有一定的比例。而社区居民的实际参与和政府的认识存在一定的差距。受访的社区居民中，超过一半的农户没有参与到旅游发展中来。受访的相关行政部门及企业人员，社区居民对旅游资源所有权归属问题都比较模糊，均表示没有想到过这个涉及主体参与及利益共享的深层次问题。随着旅游业的进一步发展，游客增多，收益增加，社区居民利益被忽视或者社区获益面小，抑或社区居民内部获益不平衡，加之社区居民的生活生产又受到旅游经营干扰，因此，旅游利益相关者的矛盾冲突就成为必然，并还会反过来增加政府部门的行政负担和企业的经营困难。

问卷调查显示，当地社区居民参与意愿强烈。在受访居民中，非常愿意和愿意参与到旅游开发中来的社区居民占78%，17%的社区居民认为说不清，不愿意参与到旅游开发中来的居民仅有4%。虽然当地社区居民的参与意愿强烈，但是，实际参与不足，66%的受访居民没有机会参与到旅游开发中来，即使参与到旅游开发的居民，其参与形式单一，主要以农家乐经营为主，比较零散，没有形成合作社机构等利益保障机制，旅游开发直接给社区居民带来的经济效益不是很明显，社区居民的利益价值没有得到足够的体现。

政府将景区承包的目的是为了寻求更为有效的投入与产出。将景区承包给成熟的企业经营，期望借助旅游公司先进的经营理念和管理经验管理好景区，既增加财政收入，提高当地社区居民收入，又能进一步促进景区提升，带动地方旅游业发展。但是，在承包协议中，没能将景区社区和居民这一重要主体一方的利益考虑进去，也就是忽略社区与其的互利共生关系，忽视社区参与，其实质是将旅游资源的所有权无偿收入政府所有，排斥了景区社区及其居民的共有权，所以，承包协议一签订，实际上就给景区的经营留下了利益冲突的隐患。同时，浙江某旅游投资公司企业缺乏长远的发展思维和眼光，追求短期个体利益最大化，没能或者没有实力弥补这一决策的缺陷，将社区和居民与企业这个利益共同体变成对立面，加之景区日常经营给社区居民的生活起居带来诸多影响和不便，导致景区经营企业与社区村民的关系不和谐。这样的状况和结果与政府部门出让经营权、吸引投资，实现从自然资源向旅游资源的转变，使其成为旅游行业的主体产业，创造经济效益，增加社区居民收入，促进当地发展的初衷完全背道而驰，并给政府部门带来经济和精神双重负担。

四 资源为基础发展模式的困境

对于全国多数民族地区来说，都拥有丰富的自然景观和民族文化资源。如果对这些资源善加利用，可以在一定程度上推动地方经济的复兴。然而，并不是所有的地方都能够成功地形成资源为禀赋的发展势头。从参与式发展的视角来看，当地居民的有效参与才是资源为基础旅游发展项目的关键。同时，政府理应发挥积极的干预作用，促进利益各方的协同管理。如果处理恰当，畲乡之窗的旅游发展项目能够充分向当地居民赋权，提高所在社区的自主发展能力，最终为景区本身提供有效的人力和财力支撑，才能够真正实现当地的可持续发展。

（一）地方资源禀赋

在转变经济发展方式的探索中，地方自然景观和文化积淀成为民族地区振兴特有的资源禀赋。整合利用民族地区地方文化资源，有助于缓解和消除当地的贫困①。也有研究探讨民族地区发展特色经济与民族文化的关系，并据此提出具体途径。例如，四川凉山彝族自治州就能利用当地优势资源，通过发展特色经济带动区域的产业结构优化升级。从具体的结果来看，这种做法增加了当地居民收入，缩小了与其他地区的贫富差距，整个地区经济都出现复苏景象②。有人对新疆

① 厉以宁：《民族贫困地区发展过程中的文化资源整合：以楚雄彝族自治州为例》，经济科学出版社 2013 年版。

② 马晓路、武友德、周智生：《少数民族地区特色经济发展初探——以四川省凉山彝族自治州为例》，《经济问题探索》2006 年第 10 期。

吐鲁番地区的研究也印证了这一观点[①]。如果当地能够采取恰当措施，重视文化遗产的保护与发展，科学合理地发展民族文化，将有助于促进区域经济、社会发展。

从发展实践看，许多民族地区都在发展民族文化旅游等方面进行了探索，有些已经展现出民族文化在推动当地发展中得天独厚的优势。民族地区发展旅游有助于利用当地良好的生态环境、特色的民族文化，推动当地的可持续发展[②]。实践证明，民族地区发展乡村旅游的积极作用比较显著。然而，从长远来看，民族地区在发展乡村旅游的过程中，需要探索科学、合理的发展类型和模式[③]。

民族文化的保护与发展是一对可以处理好的矛盾。如果民族文化能够推动民族地区的经济增长和当地民族群众收入水平的提高，就会在客观上提升少数民族群众的民族自豪感。同时，各民族文化间的交流和融合，也会促进民族团结和友善。然而，如果单纯通过民族特色文化商业化带动经济发展，最终会从根本上伤害民族地区的发展。在民族地区发展过程中，如果不能正确处理民族文化的发展与保护的关系，短期来说会影响民族地区的发展，长期来说为民族团结埋下了隐患。恰当地保护并发展民族文化，则成为广大民族地区发展的特殊优势。适度发展民族文化有助于民族地区的经济振兴，但如果将民族文化过度商业化，会从根本上损害少数民族和民族地区的利益。

（二）居民有效参与

从目前旅游发展的情况看，社区居民在一些地方虽然已经成为当地旅游的参与主体，但是他们尚未成为受益主体和参与决策主体。因此，首先，要明确社区居民的主体地位。无论采取何种模式都要调整旅游目的地的经营理念，要明确在经营民族乡村旅游过程中，经营者

① 张铭心、徐婉玲、文日焕：《文化遗产保护与区域社会发展研究：以吐鲁番地区故城遗址为例》，民族出版社 2012 年版。

② 孙丽坤：《民族地区文化旅游产业可持续发展理论与案例》，中国环境科学出版社 2011 年版。

③ 卢世菊：《少数民族地区发展乡村旅游的思考》，《理论月刊》2005 年第 8 期。

所依托的资源始终属于社区居民，他们才是这片土地的主人，是景区环境的重要组成部分，也是景区文化的创造者和承载者，而自己只是暂时的借用者。在开发过程中，要注重他们利益的实现，注重对当地文脉的保护，而不是挤出世居居民，导致“文化空城”。倘若地方文脉无法延续，旅游地的吸引力也就随之消失。同时，业界要充分认识中国这片土地的历史性与共存性特征，因地制宜发展各种业态。要更加注重民族乡村旅游发展的业态创新，积极发展各类小企业、农民合作经营点，引导社区居民经营民族文化、特色文化，经营特色产品、优质产品，形成旅游品牌。要在经营过程中促进社区发展，在双赢中谋求长远发展。

其次，要切实保障社区居民参与。社区参与旅游发展是指在旅游的决策、开发、规划、管理、监督等旅游发展过程中，要充分考虑社区的意见和需要，并将其作为开发主体和参与主体，以保证旅游可持续发展和社区发展。[①] 通过餐饮服务、纪念品销售、歌舞表演等简单的参与形式，民族乡村旅游解决了他们的生存问题，但是并没有真正解决他们的发展问题，村民并没有得到发展能力的提升。在我们关注民生、关注我们的这块土地的回馈与发展的时代，如果没有更多的人参与并从中受益，让更多的青年从中看到未来，那么我们的事业就不能说是成功的，而且也无法经受商业伦理的考验。

再次，要构建景区居民利益协调机制。利益机制分为两个部分：一部分是利益保障机制。在政策保障方面，完善征地、拆迁补偿制度，完善景区居民就业制度，把居民的就业问题纳入政策规划，完善景区居民的福利制度。在法律保障方面，立法明确景区居民在旅游发展中的法律地位，保障景区居民在旅游业中的权利和义务。另一部分是利益激励机制。“畲族之窗”景区存在利益保障机制、利益激励机制缺失现象。应建立利益表达机制，丰富利益表达渠道，建立利益共享监控机制。

---

① 保继刚、孙九霞：《社区参与旅游发展的中西差异》，《地理学报》2006 年第 4 期。

（三）政府主导

对政府而言，要切实把社区居民作为民族乡村旅游的经营主体和利益主体，根据旅游发展的不同阶段选择不同的参与手段。现阶段政府要主导，以促进发展为主，而不是以监管为主。这样做不是说不需要政府监管，而是强调在政策导向上以促进为主。如台湾地区乡村旅游发展的“志工”行动就很注重提升农民的发展能力，那些现场的演出，精致的手工艺术品的制作，还有休闲农庄和旅游就业者等，背后都有相关机构的辅导，甚至还有“驻村艺术家”这样的工作职位帮助原著民保护和发展本土文化，让居民与游客共同分享。政府部门还需要引导民族乡村旅游发展中的产业融合，延伸旅游产业链条，发展与民族乡村旅游相关的加工制造、文化创意、生态农业等产业，推进旅游产业群的形成。要着力发展以农副土特产为原料的纪念品，并辅以文化创意的元素，使民族乡村旅游发展更有活力和生命力。

完善管理规制、激励约束机制，建立效力权威的管理机构。政府应专门设立由旅游、林业、环保、建设、国土、文物、公安、工商等职能部门组成的旅游产业发展委员会，制定并组织实施全县旅游产业发展的总体规划；组织全县旅游整体宣传促销；综合协调全县旅游基础设施配套建设；对旅游环境进行综合治理；协调县域内部不同景区之间以及相邻县市的区域旅游开发与协作；进行大型旅游主题活动的策划与组织；监督检查全县旅游产业发展总体规划、产业政策、法律法规、目标责任制和重大决策的贯彻落实；组织旅游、建设、交通、公安、文化、工商、质监、物价、税务、林业、国土等行政职能部门，依据国家和省、市、县有关旅游产业发展的法律法规进行综合执法，查处违法行为，整顿旅游市场秩序；搞好旅游产业行政管理和重点旅游企业、旅游项目的指导服务；组织实施旅游人力资源开发和重点旅游人才的培养；负责向一些重要景区派驻景区管理机构，对旅游企业的开发经营提供必要服务的同时，监督其开发行为，保护景区良好的生态环境和旅游资源。

要设置承包经营企业的准入条件。考虑到景区经营管理的特殊性、景区资源的稀缺性以及企业拥有景区经营权后存在的上述问题，有必要采取措施，制定相应的政策，限制经营企业的主体资格。景区经营是专业性比较强的经营活动，涉及景区的资源保护和可持续发展，还兼有科研、启智、教育等功能。因此，景区经营主体除具备一般市场主体的资格外，还应有一些特殊要求。建议主管部门仿照建筑行业资质认定的办法，制定相关条文，统一认定景区经营主体的资质，作为企业经营景区的基本门槛，并向社会进行公开招标。景区经营主体一旦确定，并不能保证企业的经营主体资格在经营过程中始终如一，因此，应该建立强有力的监督约束机制，随时监控、定期评估经营行为。主体资格是企业经营景区的“门槛”，一旦发现经营主体行为与经营主体资格不符，管理机构应该根据相应的协议条款警告景区经营方，甚至撤销其经营资格，终止经营合同，以维护景区的利益。

第四章

新型援助与飞地工业发展

我国自20世纪80年代提出扶贫方针和政策以来，先后探索出区域开发、产业发展、扶贫到户等多种扶贫途径。这些扶贫措施在不同的历史时期，一定程度上缓解了贫困地区经济落后的现状，起到平衡区域经济、实现共同发展的目的。然而，因为各地的地理条件各异，对开发模式及其理解也有所差异，导致这些传统的扶贫措施存在成本高、难度大，难以取得实效等问题。在此背景下，人们开始关注异地开发与扶贫政策相结合的可能，探索出民族自治地区“飞地经济”模式。飞地经济模式可以在不改变行政体制框架的情况下，实现经济要素向优势区位转移，这不仅有利于发达地区寻找产业转移的承接地，以及突破土地资源限制拓展发展空间，同时为欠发达地区解决资本、人才和技术短缺问题开辟了一种新的扶贫模式。[①] 近年来，在丽水市委、市政府的号召和建议下，景宁和丽水经济技术开发区建立了经济发展的合作关系，成功创建了“飞地园区”——丽水经济开发区景宁民族工业园（以下简称“丽景民族工业园”），产生了经济扶贫、资源优化整合、自主能力发展等多重经济社会效益，成为异地开发扶贫的成功范例。

① 冯云廷：《飞地经济模式及其互利共赢机制研究》，《财经问题研究》2013年第7期。

第一节　飞地经济：一种跨越边界的发展模式

在我国长期以来非均衡发展的环境下，区域间经济发展的差距不断扩大，并严重影响了我国经济社会的和谐健康发展。正是基于这种认识和判断，国家确立了统筹协调、平衡发展的总基调，强调打破地方封锁，推进区域合作。于是，究竟以何种经济发展模式改变区域分割的经济发展模式也就成为各地政府力求解决的重要问题之一。在此背景下，飞地经济、飞地经济发展模式首先在福建、广东、浙江等东部沿海地区应运而生，并逐步推广到四川、重庆、广西等中西部地区，飞地经济不断演变为促进我国区域产业合作的一个新方法和新路径。

一　飞地经济的由来与概念界定

“飞地”（enclave）最早产生于中世纪，“飞地”的概念第一次出现在1526年签订的《马德里条约》中，之后主要作为政治地理学的术语，特指位于其他国家境内但与本国不相毗邻的领土，或指在同一个国家范围内被某一行政区域的土地包围而又被另一行政区域管辖的地区。再后来，国外不少学者将“飞地”概念延伸到经济、政治和文化等领域之中，进一步丰富和完善了“飞地”的内涵。其中，飞地的经济意涵是指一个在经济发展模式、经营管理方式都与周围相差甚远的一小块经济区域。美籍经济学家艾萨德（Walter. Isard）和美籍华裔社会学家周敏（Min Zhou）等提出了“飞地经济”的概念。周敏指出，“飞地经济”是由一个部分自治的独特的劳动力市场所形成经济结构，由相关联的劳动力市场与较大经济体类似的方式构建起来，有利于种族经济业务并帮助他们在较大的经济体中更成功的竞争发挥作用。[①]

---

① 参见安增军、许剑《发展“飞地工业”：区域经济协调发展的新思路》，《东南学术》2008年第6期。

随着我国区域经济合作的不断推进，飞地经济模式成为各地经济协调发展的突破口和助推器。早在20世纪八九十年代，江苏常州就先后和三峡库区、陕西安康等经济发展相对滞后的地区建立了战略合作关系，探索发展飞地工业。在各地飞地经济建设取得成功经验的基础上，2000年之后飞地经济作为区域协调发展和区域体制改革的创新思路，在全国上下被相继效仿，并经多年探索与实践，表现出了不同的发展模式。其中具有代表性和典型性的主要有：佛山与江门共建的产业转移模式，在此江门作为飞入地，通过合作机制的建立，佛山将传统产业项目转移到江门，逐步实现飞地经济一体化合作；苏南、苏北的“飞地经济”模式，苏南、苏北产业梯次明显，发展差距较大，实行“飞地经济”模式可以有效解决两地经济发展的困惑，其中苏南可以集中力量发展新兴战略产业，苏北则可以通过承接苏南转移的传统产业，逐步缩小发展的差距，促进江苏省域经济协调发展；厦门同安工业集中区飞地经济模式，为了减缓土地压力，厦门为了鼓励岛内集中优势发展现代服务业，而将工业企业的生产环节转移到岛外的同安工业集中区。

根据我国飞地经济的实际情况，借鉴国外学者的飞地经济研究理论，我们认为“飞地经济”是指资源要素和经济发展差异较大、行政上互相独立的两个区域，通过建立利益协调和共享机制，采取跨空间的运行管理和经济开发战略，在两地资源互补、互利共赢的基础上实现区域协调发展的经济模式。飞地经济发展模式，就其实质而言是在政府的主导下生产要素的重新配置和产业的有序转移的一种“嵌入式”发展模式。因此，不难发现，在飞地经济的概念中，主要包括三个基本要素：其一是互利目标。在飞地经济发展中，飞出地政府和飞入地政府无疑是两个关键主体，同时双方都有着各自的核心利益。通常，产业转型升级、生态环境保护、上级政府下达的扶持任务的完成是飞出地政府追求的目标，而经济的跨越式发展、GDP和财政收入的增长、劳动力就业压力的解决则是飞入地政府的主要关切。由此，飞地经济要实现长期有效发展，其前提条件是飞出地与飞入地都实现正收益，通过各利益主体之间的协商、妥协的过程，最终实现互利共赢。其二是协调机制。一般来说，飞地产业园区是由多个利益主体构成的，利益主体共生共存的特性决定了飞地产业园区是典型的需要协调的系统。这是因为“各利益主体在追求自身利益最大化的时候往往会单独采取行动，从而与飞地的整体发展目标产生冲突”①。因此，在利益产生冲突和目标不一致的情况下，各主体必须通过建立利益协调机制来规制相互之间的协作关系和市场行为，最终实现整体效用最优的目标。其三是市场机制。无论是经济共赢型飞地还是发达地区支持欠发达地区的援助型飞地，市场都是资源配置的重要机制。因为在飞地经济发展的实践中，企业乃是真正追求经济利益最大化的主体，也是飞地园区实际运行的参与主体，这意味着市场需要发挥配置资源的基础性作用，实现生产要素和资源在空间上有序转移和合理配置。

二 飞地经济的特征与发展条件

飞地经济作为区域经济协调发展的一种新型发展合作模式，旨在通过发挥双方各自的资源优势，在相关政策的引导和合作机制的建立实现互利共赢，解决各自经济发展中的瓶颈。在此对飞地经济的特征和发展条件进行分析，以期能够加深我们对飞地经济的认识，而且也有利于更加客观地叙述与分析景宁飞地经济建设的实境。

检视我国飞地经济发展的实际，可以发现我国飞地经济主要表现出以下几个方面的特征：一是飞出地与飞入地空间上的分离性。分离性是飞地最显著的特征，意指飞地经济建设及管理分属于飞出地与飞入地两个相互独立的行政单元。由于所处区位环境的限制，飞出地在规模扩展、产业转型、援建职责履行等方面难以在原区域所在地或传统援建方式上寻找出路，而异地转移在各种可行方案中是最有利于自身发展的最佳选择，同时飞入地基于自身利益的考量也有着相同的诉

---

① 冯云廷：《飞地经济模式及其互利共赢机制研究》，《财经问题研究》2013 年第 7 期。

求，从而导致了飞地空间上的分离属性。其中，飞出地的限制条件既有土地资源的限制，也有劳动力、原材料、优惠政策等各种资源条件的制约，但无论基于哪种原因，都存在着飞地经济合作双方在行政归属上的区域分离性。二是飞出地与飞入地资源上的互补性。资源的互补性是飞地经济最重要的特征，同时也是促使飞出地与飞入地创建飞地园区的最大动力和前提条件。“飞地经济之所以产生，就是因为飞出地在自身经济发展过程中遇到了资源限制，为了避免这些限制、谋求发展，它们就要寻找能弥补其劣势的优势资源地区进行合作，通过发挥各自不同的优势、产生互补效应，进而实现两地共赢。”[①] 三是飞出地与飞入地在产业上的关联性。产业的关联性是飞地经济的基础性特征。一般来说，飞出地在某些产业发展上往往积累了丰富的经验和大量的资本，具有较强的竞争力。在进行产业规模扩张和转型升级的时候，通常不会脱离原有的产业特色和传统优势，必然会根据自身的实际情况进行调整产业发展战略，进一步发挥其长期积累起来的优势。实践经验表明，飞出地一般主要从事研发、设计等辐射力较强、附加值较大的分工环节，而飞入地则致力于制造、生产、加工环节，这势必在飞出地与飞入地之间营造出产业上的梯度关联。

通过发展飞地经济，产生合作共赢的效应，必须具备一定的基础条件，只有这些基础条件具备或成熟时，合作才有可能达成，合作双方的利益诉求也才能实现。一般而言，飞地经济发展应具备以下几个基本条件：首先，飞出地与飞入地之间在经济发展上表现出较大的不平衡性。国内外飞地经济建设的实践充分表明，无论从产生的背景还是从发展出发点来看，促进区域间经济协调发展都是飞地经济最根本的动因。因此，如果没有飞出地经济的快速发展，就不可能出现产业规模扩张的实际需要，而且也不会有上级政府要求其帮助另一方发展经济的部署，同样如果没有飞入地经济发展的滞后，也就不会有承接飞出地产业转移尤其是低端产业转移以及接受援助的愿望与需求。所

① 梁新举：《承接产业转移下的飞地经济建设探索》，《知识经济》2010 年第 3 期。

以只有具备这一条件，飞地经济才有发展的必要与可能。其次，飞出地与飞入地都拥有各自的资源优势。各自的资源优势既可以是自然资源、技术水平上的优势，也可以是人力资源或优惠政策上的优势，只有具有某种优势才能使双方产生相互合作愿望。同时，在飞地经济发展的实践中，飞入地与飞出地的产业资源是替代关系还是互补关系也会影响到双方的利益。通常情况下，优势互补型的产业资源结构往往会产生更大的协作效益。再次，上级政府或合作双方政府力量的推动也是飞地经济发展主要前提条件之一。实质上，飞地经济是一种政府主导的经济合作形式，政府在飞地经济发展中发挥着组织、引导、调控作用。从推动力量上看，政府主体主要包括上级政府和地方政府，其中上级政府主要从区域经济协调发展的角度考虑，对经济发展水平相对较高的一方提出援助另一方发展经济的要求，而地方政府则主要基于双方共享合作收益的权衡，主动共同商定合作的形式与机制。

三　飞地经济的内在运行机制

飞地经济的发展是政府和企业协同推进资源优化配置的过程。在这一过程中，围绕区域经济协调发展的目标，在政府互利共赢机制主导下，各地政府都会依据所获得的收益和所承担的代价，在理性计算和公共利益关怀的基础上做出最优选择。基于这一认识，飞地经济的内在运行实质上是一个多元合作结构模式的相互关联的整体性制度安排。

如前所述，飞地经济是一种在不同行政管理区域之间，基于契约关系而建起来的区域经济合作发展新模式。在我国当前无限责任型行政体制下，政府互利共赢机制的构建无疑是飞地经济模式形成与发展的一个基本前提。从政治学的角度看来，公共理性是民主国家政府的一个基本特征，“它所表达的是公正理念，倡导的是社会合作，运行的是共赢思维”，“核心是强调公共权力的合法性和利益的协调性，即强调公共权力以增进公共福利为价值目标，实现以尊重和促进私人利益为基础的公共利益”①。对于推动飞地经济发展的上级政府而言，公共理性决定着它必须运用制度和组织手段，以区域经济协调发展谋求区域利益平衡的。实际上除了公共理性之外，政府也在某种程度上作为工具理性而存在，把追求自身利益最大化作为一种自觉行动目标。在飞地经济发展中，地方政府对本辖区经济发展的关注和经济利益的追求则是其工具理性和执政能力最直接的表现。需要承认的是，地方政府是自利性和公利性的矛盾统一体，作为中央政府或上级政府在地方的利益代表，在“先富带动后富”的国家动员下，地方政府也会兼顾跨越边界的利益，这或许就是对口援助的意义之所在。

一般来说，不论各级政府基于何种理性的支配，政府部门都会在发展目标、收益分配、合作成本等方面进行整体性的考量，最终达到互利共赢的结果。首先，飞出地与飞入地政府在发展飞地经济前通常会单独采取行动，追求自身利益的最大化。在这种情况下，双方发展的目标难以一致，也往往会与飞地经济的整体发展目标产生冲突。因此，双方均需要通过相互调适，并通过磋商博弈和利益调节机制来协调双方之间的协作关系和市场行为，最后达到整体效用最优的目标。其次，在飞地经济的收益分配中，双方预期各自收益所得均达到最佳水平，在总体收益不变的前提下，一方收益的增加必定会导致另一方收益的减少。由此，为了促成合作的实现，利益分割比例和利益共享需要建立谈判协商机制来实现。另外，在飞地经济发展过程中，双方不可避免地会承担合作成本，包括发展飞地建设所需要的各项配套成本以及建立合作关系所需支付的机会成本、信息成本、谈判成本及监督成本等。与收益分配的预期相反，双方都会力求让自己付出的合作成本最少。一般来说，“只要地方政府合作的预期收益（包括短期或长期，直接或间接）大于合作的成本，也就是说政府有合作的动

① 施雪华、黄建洪：《公共理性、公民教育与和谐社会的构建》，《山西大学学报》2006 年第 6 期。

力，区域间的飞地工业就有发展的可能”①。需要说明的是，飞地经济互利共赢机制的建立与运行并不是由单一变量所决定，而是各主体对发展目标、收益分配、合作成本等多方面权衡的结果。

第二节　飞地个案：丽景民族工业园

随着我国各地飞地经济模式的成功实践和广泛推广，飞地经济也逐渐成为民族地区扶持发展的一种战略选择。例如，2010 年 9 月国务院制定发布了《关于中西部地区承接产业转移的指导意见》，对中西部地区设立飞地工业园区承接东部沿海地区的产业转移做出了原则性的规定。在现实发展需求和国家政策的推动下，西藏、青海、新疆、广西、贵州等少数民族地区都把飞地经济当作实现本地跨越式发展的新模式。景宁作为丽水市的少数民族自治县和欠发达地区，一直以来是丽水市的重点援助发展对象，自 20 世纪 90 年代以来，成功打造了丽景民族工业园，作为扶持景宁加快经济社会发展的飞地模式和战略举措。

一　丽景民族工业园的基本情况

为进一步落实浙江省委、省政府援助少数民族地区发展，推进畲汉和谐繁荣的战略决策，2009 年经浙江省政府批准，丽水市委、市政府根据生态功能区布局调整，在丽水经济开发区内设立景宁民族工业园，作为扶持景宁加快工业经济发展的“飞地”，并将其定位为“国家少数民族地区异地扶贫开发试验区、中国少数民族工业城、金衢丽产业带特色制造业基地、景宁新增税源主渠道”，园区可享受国家关于西部大开发税收优惠政策，享受国家、省对欠发达地区的扶持

① 许和木：《我国飞地工业的机理与现实发展研究》，博士学位论文，福建师范大学，2013 年。

政策①。

丽景民族工业园总用地面积约4平方公里，其中工业用地占总用地面积的70%，总开发投资约30亿元。在丽水市委、市政府的帮扶下，通过丽水经济开发区管委会和景宁县政府的共同努力，在强力推进基础建设的同时，工业园知名度逐渐提升，已经成为众多企业优先选择的投资宝地园。当前，列入丽景园项目库超亿元企业有30多家，其中6家大型企业已成功签约，分别是娃哈哈饮料水项目、丽水丽景伊利酸奶仓储中转枢纽中心项目、天造环保科技有限公司石头纸建设项目、浙江富莱仕冷暖科技有限公司项目、浙江丰源能源科技（集团）有限公司纯电动汽车项目和浪莎控股集团电子科技项目。

园区发展将充分发挥景宁民族政策的优势，在发展目标上，争取"一示范"即全国少数民族自治区县经济发展的示范点；"三共赢"，即与省内区域经济平衡共赢发展，与南城经济开发区共赢发展，与景宁当地经济社会共赢发展，力争把丽景民族工业园打造成景宁县域经济的主战场，加快产业发展的新阵地。丽景民族工业园管委会的工作思路是"内优外拓、内外并重、错位发展、做大总量"，优化形成"一区一园多块"的工业集聚格局，加强丽景民族工业园与丽水城南地区开发建设的统一规划和统筹协调，着力推进园区一、二、三期分期建设，实现园区整体有序开发，使之成为民族自治县特色产业基地的重要平台和窗口。

二 丽景民族工业园的发展历程

自2009年年初丽水市委、市政府作出建设丽景民族工业园的规划伊始，在各级政府的高度重视和多方力量的积极参与下，丽景民族工业园呈现出从无到有、从规模初现到产业聚集的发展轨迹。从演变时序上，丽景民族工业园的发展大致经历了以下四个阶段。

① 资料来源于丽景民族工业园管委会内部文件。本章未明确标注出处的，资料均来源于丽景民族工业园管委会。

第一阶段（2009—2012 年）：主要是在协调处理好各方面关系的基础上，开工建设一期、二期场地平整及道路、供电、供排水等基础设施。达到场地平整面积 2 平方公里，可供工业、商贸用地约为 1.4 平方公里（2100 亩）；大力开展招商选资工作，争取两至三家大中型生产性企业和一定数量的商贸企业投产，预计实现产值 40 亿元，完成 GDP10 亿元，实现税收约 2 亿元，为欠发达地区致富奔小康奠定坚实基础。

第二阶段（2013—2015 年）：通过一、二期基础设施建设和项目的招商，工业园基本形成一定规模的产业集聚，加上三期工程平台的建设和不断强化本阶段招商工作，整个丽景民族工业园的产业将会迈上一个新的台阶。该阶段末期，预计可实现产值 100 亿—150 亿元，完成 GDP 20 亿—25 亿元，预计占全县“十二五”规划目标的 50%，实现税收约 4 亿—6 亿元，预计占全县“十二五”规划目标的 80%。至此，“景宁新型工业主战场、景宁新增税源主渠道”的目标基本实现。

第三阶段（2016—2020 年）：工业园由建设期步入服务管理期。重点在于引进和培育一批重点企业，壮大产业规模，延伸产业链，完善价值链，进一步推进产业集聚，力争形成产业集聚效应显著、基础设施完善的发展格局。到 2020 年，力争实现工业总产值 200 亿元以上，“国家民族地区异地扶贫开发试验区”取得真正实效。

第四阶段（2020 年后）：工业园将真正建设成为“中国少数民族工业城”。到时，工业园企业全部入园、建成并达产，预计将占县内国民生产总值的 50%，工业总产值的 90%，税收收入的 90%，将彻底改变景宁经济社会落后的面貌，将会创造景宁强县富民的崭新历史。

三　丽景民族工业园的发展动力

飞地经济作为应对区域发展不平衡的一种方式，它是多主体、多要素围绕着区域协调发展相互依赖、相互联结、相互作用的动态过程。当前，飞地经济成为民族地区援助发展的新模式，并在多地获得成功实践。但飞地这一特殊的人文地理现象，由于区域自然条件的独特性和发展滞后根源的差异性，飞地经济在不同民族地区有着不同的发展动力要素和运作机制。景宁作为华东地区唯一的少数民族自治县，辖于我国经济发达省份，丽景民族工业园作为国家少数民族地区异地扶贫开发试验区就是地理区域环境、优惠扶持政策、科学的管理体制机制等内外动力因素共同作用的结果，抑或可以认为丽景民族工业园是内生因素和外生因素相互作用、彼此共生的场域。

（一）独特的地理区域环境是飞地园区发展的现实动力

地处浙西南山区的景宁，是浙江省 6 个贫困县和丽水市 2 个贫困县中最贫困的一个，也是国家重点扶持的 301 个贫困县之一。因此，景宁不仅享有和其他贫困县一样的国家帮扶政策，同时还能受惠于浙江省这一国家经济强省的援助。景宁是一个典型的山区县，地貌以深切割山地为主，是浙江省地壳厚度最大的地域之一，素有浙江省的“青藏高原”之称，土地资源非常紧缺，呈现出“九山半水半分田”的空间布局，且绝大部分山林区域属于生态保护区，发展空间极其狭小。县域境内地形复杂，交通十分落后，时任县交通局长的陈海峰对 21 世纪初期景宁的交通状况描述道：“‘晴天一身土、雨天一身泥’是那时景宁县交通状况的真实情况。全县硬化公路为零公里，唯一一条等级公路是省道云寿线（沙石路面四级公路），全县公路需要经常用扫把来进行人工维护。县城街道上都是黄泥路，整个鹤溪镇找不到一条像样的水泥路。”① 虽然近年来景宁的交通状况有了较大的改善，修建了云景高速公路、省道景泰段二级公路等重要交通要道，但景宁山区的公路多为盘山路，山陆路险，且至今仍没有便捷的航空、航海通道。不仅如此，景宁属瓯江、飞云江的发源地，省级生态县，国家主体功能区建设试点县，肩负环境保护和生态文明建设的重要任务。

① 吴建强：《畲乡景宁实录》，载陈海峰编《亲历畲乡交通的变化篇》，中国文史出版社 2011 年版，第 271—276 页。

总之，景宁不仅经济基础薄弱，而且由于土地资源紧张、交通不便以及环境约束等多重因素，县域内工业发展制约明显，在全省各县工业总产值排名中，一直以来居末位。也正是景宁这种独特的地理区域环境，为丽景民族工业园的发展提出了迫切的需求。“通过外飞地合作，可以降低这些地区招商引资成本过大的问题，也可解决这些地区因承担生态保护责任而造成的‘发展权和福利受损’问题，进而解决这些环境脆弱的民族地区经济发展与生态保护之间的冲突。”①

然而，丽水地处金衢丽产业带中南部，东连温台产业带，是长三角经济区的一员，随着海西经济区开发力度的加大，将成为浙南接轨海西经济区的“桥头堡”，独具两个经济区结合部的区位优势，比沿海地区更具竞争力。作为全国块状经济最活跃的地区，丽水周边分布着温州、金华、衢州等特色鲜明的块状经济，温州五金和新能源、金华交通装备、衢州化工、台州医药等块状经济已经形成规模，这些块状经济基本都在丽水产业配套半径之内，周边良好的产业配套环境成为园区产业发展的重要支撑，园区拟重点发展的几大产业都能在周边区域实现产业配套。因此，从配套环境来讲，园区周边配套能力较强，能够有效降低企业的配套成本，为飞地经济发展提供了有利的空间条件。

（二）全面的优惠扶持政策是飞地园区发展的制度动力

优惠政策是飞地合作的关键动力要素。景宁是全国唯一的畲族自治县，长期以来备受各级政府领导的关注。习近平总书记早年在浙江工作期间就非常重视景宁的经济社会发展，多次提出要进一步加大力度扶持景宁，并两次做出专题批示，要求畲乡景宁要努力“跟上时代的步伐”。自 2009 年年初丽景民族工业园开工建设以来，就受到各级党委政府的高度关注。2010 年 1 月，时任省委书记赵洪祝和省长吕祖善一同亲临现场指导视察工业园开发建设情况，并作出重要指示，

① 柳建文：《“飞地式合作”与民族地区的协调发展》，《贵州民族研究》2014 年第 9 期。

赵书记更是为园区寄来亲笔书写的新年贺卡。继2008年浙江省委出台帮扶景宁发展的“浙委〔2008〕53号文件”之后，2012年制定了“浙委〔2012〕115号文件”，要求省直各部门延续5年帮扶景宁经济社会发展。省经信委、省环保厅等部门先后出台专门帮扶文件，特别是明文发布帮助工业园区解决节能减排等控制性指标，有效地破解了园区发展的瓶颈要素制约。2012年6月，省委书记夏宝龙和副省长陈加元也在同一天先后莅临园区视察。曾经分管工业的副省长金德水专门批文要求省级相关部门要加大力度扶持工业园的建设和发展。丽水市原市委书记陈荣高多次亲临工业园调研指导，亲力亲为，每两个月就来工业园进行现场指导，并亲自为工业园跑项目，跑政策，跑招商。原市委副书记沈仁康、统战部长蓝资霞、副市长蔡小华等市领导和市直相关部门为切实解决困难出谋划策，并给予大力支持。景宁县委县政府更是把丽景民族工业园作为全县主要的战略工作来重抓，全力以赴，强化措施，进一步加快了工业园建设的步伐。可以说，省市县领导的高度关注，省市相关部门的大力支持为工业园的发展创造了难得的历史机遇，为企业的发展提供了有利的宏观环境。

同时，为了丽景民族工业园快速发展和各方成功合作，各级政府部门制定了一揽子优惠扶持政策。一方面，上级政府部门聚焦园区建设，将扶持飞地经济当作援助景宁发展的着力点。其中，在飞地获批之初，国家民委就将丽景民族工业园确立为“国家民委扶贫开发区试验区”，享受国家关于西部大开发税收优惠政策，享受国家、浙江省对欠发达地区的扶持政策，并把园区建设以重点项目的名义向国家开发银行予以推荐，争取优惠的金融政策。作为景宁县对口帮扶部门的浙江省发改委、省财政厅则将园区道路网及配套工程列入2010年度省级重点项目，并明确了具体的帮扶政策和措施。另一方面，作为园区管理方的景宁，为了吸引企业入驻，制定了一系列招商引资的优惠政策。先后出台了《关于促进工业发展方式转变和加快总部经济发展的若干意见》、《关于加快丽水经济开发区景宁民族工业园企业发展的若干意见》等政策文件，文件明确规定：入园新办工业企业，从第一次销售日起三至五年内，由财政按企业实际缴纳增值税的15%—25%安排企业发展资金，同时给予免征属于地方部分企业所得税5年，用于扶持企业扩大生产。土地供应实行差别地价政策，对于大型投资企业，实行“一企一策”、“一事一议”；建立商贸信息服务中心，着力推进和培育生产性服务业，发展总部经济。支持重点商贸流通企业和物流企业发展，优先安排仓储配送用地。对于新办的商贸企业自发生销售之日起5年内，由财政部门按企业实际缴纳增值税的20%安排企业扶持资金。主营业务收入为缴纳营业税的企业，年缴纳营业税在200万元以下按25%的比例安排；年缴纳营业税超过200万元至500万元部分按35%的比例安排；年缴纳营业税超过500万元以上部分按45%的比例安排企业扶持资金。就政策环境而言，园区政策支撑力度强劲，能够有效降低入园企业的投资成本和运营成本，大幅增加投资收益。

（三）科学的管理体制机制是飞地园区发展的运行动力

科学的管理体制机制是飞地经济发展的有效保障。为了加快丽景民族工业园建设的步伐，促进各方的合作共赢，有效发挥飞地的扶持效应。一方面制定了园区建设的领导机制。基于加强飞地建设工作协调监督的需要，丽水市政府成立以常务副市长为组长，副秘书长和市发改委主任为副组长的丽景民族工业园工作协调小组，主要负责对园区建设工作的统筹指导、综合协调和督促检查，指导园区有关政策制度的制定与完善工作。另一方面建立了“突出帮扶，共建共享”的分配机制。在丽景民族工业园工作协调小组的牵头下，丽水市政府、丽水经济技术开发区管委会和景宁县政府签订了园区收益分配协议，具体分配方案是：园区所得收益前20年全部归景宁，满20年后实行5∶5分成的收益分配机制，并制订了“三独立”、“四统一”和“三不准”的开发建设模式。内部实行“三独立”，即县派独立机构、区内独立税收及产值报送途径、区内独立建设管理；外部实行“四统一”，即统一开发规划、统一产业招商、统一产业政策、统一征迁政策；鉴于当前存在的政策差异等实际问题，实行“三不准”，即不准接纳丽水市范围内企业进入园区，不准接纳对环境有严重影响的企业进入园区，不准接纳区外丽水市企业参股投资。

与此同时，为了保证园区管理服务的延续性，提高资源的利用效率，丽景民族工业园建立了科学的运行管理机制。纵观我国飞地工业园区的管理方式，主要有三种类型：一是飞入地管理型。这种由飞入地政府对飞地实施属地化管理的模式，能充分发挥飞入地政府熟悉当地社会经济环境的优势，对于欠发达地区向发达地区转移的飞地而言，飞入地政府通常还具有先进管理经验和较强的技术研发能力，在这种情况下，飞入地管理还有利于提高飞地建设水平，提升飞地发展层次。二是飞出地管理型，即由飞出地派出管理机构对飞地进行统一管理。这种管理模式有利于服务、政策的连续性，也有利于提高飞出地政府的管理能力。但是，对于管理方来说，熟悉和融入当地环境也需要较长时间。三是两地共管型，即飞入地和飞出地政府建立合作机制，共同筹建园区管理委员会，按照各司其职、分工合作的原则，双方共同派驻人员。这样不但能保证管理服务的延续性，而且能较好利用飞入地的资源，但也容易增加管理运行成本，降低管理效能。根据丽景民族工业园的实际情况及园区创立的援助意图，建立了园区运行管理机制。2008 年 12 月 17 日，丽水市机构编制委员会下发《关于同意设立丽水经济开发区景宁民族工业园管理委员会的批复》（丽编委〔2008〕108 号）文件，明确设置景宁民族工业园管理委员会，景宁民族工业园党工委、管委会为景宁县委、县政府的派出机构，代表县委、县政府对工业园实施统一领导、统一规划和统一管理。管委会内设 6 个副科级工作机构，含公安分局、工商、国税、地税、电力等机构。

第三节　飞地功能：援助效应分析

建立在区域合作共赢关系基础之上的飞地经济发展模式是地方政府突破行政区划限制、推进区域协调发展的一种新探索。它实现了飞出地与飞入地的资源整合和优势互补，产生了较强的区域协同增长效应，既带动了飞入地的经济发展，也在一定程度上拓展了飞出地的发展空间、优化了产业发展的布局。随着飞地经济模式的广泛推广与成功实践，它逐渐成为民族地区援助发展的一种新战略，并在推进民族地区跨越式发展的实际行动中表现出了其独特的功能与作用。丽景民族工业园作为扶持景宁发展的飞地园区，成功地实现了“输血式”扶贫向“造血式”扶贫转变，为景宁发展发挥了突破要素约束、增加地方财政税收、提高自主发展能力等多重社会效应。

一　突破要素约束

改革开放以来，景宁的工业发展保持着较快的增长速度，取得了显著的成效，在国民经济体系中占据重要地位。以丽景民族工业园开发建设前的“十一五”时期为例，2005 年全县工业产值为 12.8 亿元，2010 年达到 23.2 亿元，增长了 81.3%，平均每年增长 12.6%①。但对于位于浙西南山区的欠发达小县，景宁的工业发展长期面临着土地资源、开发建设资金、交通运输条件、基础建设设施等要素资源的约束，这成为阻碍景宁工业进一步发展的瓶颈。仅就土地资源而言，“景宁地域为洞宫山脉中段，发源于洞宫山脉的瓯江支流小溪，自西南向东北贯穿，将县境分为南北两半，形成狭长的溪谷低陷地带，构成‘两山夹一水，众壑闹飞流’的地貌格局。有山地、台地和谷地三种类型。山地包括海拔 250 米以上的丘陵、低山、中山三部分，面积为 286.64 万亩，占全县总面积 98%”②。县域内可供开发的土地匮乏，可供工业大规模开发的资源不足，其结果是区域内工业园区普遍规模偏小，企业分布散乱，难以形成完整的工业集聚区，从而导致基础设施共享性差、集聚效应难以显现以及投入产出水平不高等方面的矛盾。因此，要进一步提升景宁工业发展的水

① 《景宁畲族自治县工业发展“十二五”规划》，内部资料 2011 年 11 月 18 日。

② 编写组：《景宁畲族自治县概况》，民族出版社 2007 年版，第 1 页。

平，实现景宁工业的跨越发展，当务之急是破解各种资源要素约束的问题，这不仅是繁荣景宁经济的需要，更是加快民族地区扶贫开发的突破口。

纵观各地飞地经济建设的成功经验，都充分证明飞入地通过和飞出地合作，可以打破地区界限，从飞出地“利用较低土地、劳动力等资源获取超额利润的机会，进而增加本地的价值盈余，促进产业结构升级”①。就民族地区来说，飞地合作主要有两种模式：发达地区向民族地区飞入模式和民族地区向发达地区飞入模式。立足于民族地区，前者称为“内飞地模式”，后者则称为“外飞地模式”。而外飞地模式最明显的优势在于“借鸡生蛋，即一些受自然环境、地理条件约束无法进行资源开发的地区在其他行政辖区内建立工业园区招商引资、发展项目”②。无疑，丽景民族工业园属典型的“外飞地模式”，通过“飞入”丽水经济技术开发区，能够有效地克服县域内土地资源、交通运输条件、基础建设设施等工业要素资源的约束。其一是丽景民族工业园位于浙西南交通枢纽上，拥有了便捷的交通环境。园区距离丽水的两条主要高速公路“金丽温”和“长深”出口约两公里，53省道穿越整个园区，50省道和330国道从园区边上通过；园区距离金丽温铁路丽水站约5公里，乘坐高铁至温州仅需半个小时，杭州仅需一个半小时，上海两个小时；园区距离温州机场、港口约1小时车程，距离义乌机场一个半小时车程，且正在建设的丽水机场选址于园区西侧。其二是丽景民族工业园土地资源宽裕，有效缓解了县域内工业用地紧张。在丽水市委、市政府特殊土地政策的扶持下，园区6000亩的规划指标已全部得到解决，土地征收也已基本完成，总面积远大于景宁县域内任一工业园区。目前已经形成了3500多亩的有效用地，第一期工程1200亩已

① 冯云廷：《飞地经济模式及其互利共赢机制研究》，《财经问题研究》2013年第7期。

② 柳建文：《“飞地式合作”与民族地区的协调发展》，《贵州民族研究》2014年第9期。

全面竣工并向企业供地，第二期工程1700亩已完成土石方开挖625万立方米，占总方量638万立方米的96%，完成路基开挖和填筑2245米，占总工程量2655米的85%。其三是丽景民族工业园基础设施建设较完善，有力保障园区企业的生产运营。截至2015年年底，累计完成政府投资12.8亿元，完成场地平整3800亩，市政道路总长5.2公里，给水、排水、排污、弱电、电力、交通标志等配套设施建成使用；完成绿化景观46000平方米，特别是沿胡村水库、东十一路、南六路、南八路等的绿化景观带建设，大大提升了园区的品位。

二　增加地方财政收入

自1984年景宁畲族自治县成立以来，其财政收入随着本县经济的发展而显著增长，但由于受历史、自然、文化等因素的制约，一方面财政收入增长的速度却远低于财政支出增长的速度，财政收支矛盾仍然十分突出。以2014年为例，全县财政总收入97841万元，比上年增长2.4%，其中地方财政预算收入47961万元。而当年全县公共财政预算总支出206842万元，比上年增长8.9%，远远高于全县财政总收入增长速度。另一方面，人均财政收入与浙江省的平均水平比较也处于相当落后的状况，2014年浙江全省财政总收入为7522亿元，人均13656元，而景宁同年人均财政总收入为5642元，仅为全省人均值的41%。另外，从全县财政收入来源来看，景宁工业企业的税收贡献率仍然不高，在很大程度上还停留在依靠上级政府财政转移支付的阶段。仍以2014年为例，浙江省企业所得税收入达到635.25亿元，占财政总收入的8%，但同年度景宁企业所得税收入3357万元，仅占财政总收入的3.4%，占比不及浙江省的1/2。然而在2014年公共财政预算总支出206842万元中，来源于省财政转移支付及各项补助为132356万元，市财政转移支付1621万元，财政转移支付总额约占总支出的65%。[①] 总之，景宁的地方财政收入总量不高，工业企业支撑财政税收的能力不强。

众所周知，在我国当前的财政收支体制下，地方政府尤其是欠发达地区政府面临强大的财政支出压力和拮据的财政收入窘境，发展地方经济和增加财政收入依然是地方政府最突出的目标。与此同时，在我国大部分经济欠发达地区，财政收入困难的重要原因之一乃是由于工业化进程缓慢、缺乏较强支柱产业。然而，实践充分证明，发展飞地经济是符合区域经济发展规律内在要求、优化区域间资源合理配置的一种制度安排，也是突破产业发展瓶颈、促进区域经济协调发展的有效模式。由此，发展飞地工业也就成为地方政府发展本地经济、增加地方财政收入的现实选择。据统计，自2013年丽景民族工业园投产运行以来至2015年年底，园区通过领导招商、外出招商、网络招商等不同形式，共开展企业洽谈200多家，共引进23家企业，其中实体企业8家，商贸企业15家，实体企业协议总投资29亿元，累计完成企业投资12.1亿元，完成工业产值4.4亿元，完成工业税收0.43亿元，相当于景宁2015年全县工业总体税收。2年来园区累计完成国税、地税总收入1.644亿元。仅景宁娃哈哈饮料有限公司饮料生产项目总投资约5亿元，年销售收入约4.5亿元，年缴纳总税收约0.4亿元。根据管委会2016年的工作部署，预计全年引进企业项目3个，完成企业投资2亿元，新增工业产值3亿元，工业税收预计达到0.7亿元。根据“地方收益前20年全部归景宁，满20年后实行5∶5分成”的扶持性收益分配机制，飞地产生的各种税收必定大幅度增加景宁地方财政收入，减缓财政收支压力，为当地民生改善和社会建设提供有力的资金保障。

---

① 浙江省统计局：《2015年浙江统计年鉴》，中国统计出版社2015年版；景宁县财政局：《关于景宁畲族自治县2014年预算执行情况和2015年预算草案的报告》，2015年4月2日，景宁县政府网（http：//xxgk. Jingning. gov. cn）；蓝伶俐：《2015年景宁畲族自治县政府工作报告》，2015年4月1日，景宁县政府网（http：//xxgk. jingning. gov. cn）。

三 提升自我发展能力

“区域经济的发展要依靠区域外部的因素（外源）和区域内自身因素（内源）的推动，区域外部因素要通过区域内自身因素起作用。”① 同样，民族地区经济可持续发展的关键在于民族地区自身因素，也就是自我发展能力。对于民族地区而言，自我发展能力是区域内各个主体“在没有外部扶持的情况下，区域将完成它所期望的功能和实现某种更好结果的程度与可能性”，主要包括“政府自我发展能力、企业自我发展能力、家庭自我发展能力和区域创新与学习能力”②。在此，基于丽景民族工业园的飞地性质和初创阶段的特殊性，本书仅就前三个层面予以论述。其中，政府自我发展能力主要表现为政府供给公共服务的能力以及为经济发展提供制度保障、基础设施建设和财政税收支持等方面的能力；企业自我发展能力通常是指企业在维持正常运转的基础上，不断扩大生产、彰显发展优势的潜在能力；家庭自我发展能力主要指劳动者的人力资本能力，具体表现在创造经济收入、创业或经商意识等方面。

基于上述自我发展能力分析框架和评价维度，检视丽景民族工业园作为援助景宁发展的飞地园区，可以看出：其一，飞地园区切实提高了景宁地方政府的自我发展能力。在丽景民族工业园建设和运行的过程中，景宁县政府积极主动参与，一方面制定实施了《关于促进工业发展方式转变和加快总部经济发展的若干意见》、《关于加快丽水经济开发区景宁民族工业园企业发展的若干意见》、《关于推动总部经济发展的若干政策意见》、《丽景民族工业园产业规划》、《招商引资考核办法》等一揽子保障园区发展和促进招商引资的政策文件，为园区内企业的发展营造了宽松、优惠的政策环境。不仅如此，许多园

① 陈作成、龚新蜀：《西部地区自我发展能力的测度与实证分析》，《西北人口》2013年第2期。

② 郑长德：《中国民族地区自我发展能力构建研究》，《民族研究》2011年第4期。

区内成效明显的政策和做法也为景宁县域内工业发展提供了良好范本，例如飞地园区的《招商引资考核办法》就被县域内多个园区借鉴使用。另一方面，飞地园区的每年度财政税收收入也在一定程度上改善了景宁的财力状况。以2015年为例，据统计飞地园区全年完成工业税收0.36亿元，按照园区的扶持性收益分配机制，全部归景宁所有，约占景宁全年地方财政税收收入4.8亿元的7.5%，为景宁人均增加200多元。再且飞地园区项目的落实配套、基础设施建设以及相关服务供给都由管委会这一景宁县政府派出机构的牵头负责，这也就必然会在工作实践中提升景宁地方政府的社会治理和服务能力。其二，飞地园区有效增强了企业自我发展能力。在此运用工业企业总资产贡献率来分析园区企业自我发展能力，因为“它反映了企业全部资产的获利能力，是企业经营业绩和管理水平的集中体现，是评价和考核企业盈利能力的核心指标”[①]。以园区内天造环保科技有限公司、浙江富莱仕冷暖科技有限公司、浙江丽水伊畅物流有限公司、景宁娃哈哈饮料有限公司4家规模以上企业的平均总资产贡献率来看，据统计2014年4家企业平均资产总额为18.9亿元，利润总额为6.8亿元，税收总额为0.24亿元，利息支出0.35亿元，计算得出平均总资产贡献率计算为39.6%[②]。而当年浙江省规模以上工业总资产贡献率仅为11.6%[③]，这表明飞地园区企业总资产贡献率明显高于全省平均水平。另外，景宁还利用飞地跨区域产业转移的功能，为景宁县域内企业的发展提供优势资源和商业平台，继而也在一定范围内增强了企业自我发展能力。其三，飞地园区一定程度上提升了家庭自我发展能力。据统计，目前园区内共计员工总数为654人，其中景宁籍员工130多人，占比约20%。根据其中部分用工企业提供的员工工资收入数据，发现包括景宁籍员工在内的所有员工平均收入约为3500元，

---

① 郑长德：《中国民族地区自我发展能力构建研究》，《民族研究》2011年第4期。

② 数据来源于丽景民族工业园管委会内部文件。

③ 浙江省统计局：《浙江省2014年经济运行简析》，2015年2月3日，中国经济信息网（http：//www1. cei. gov. cn）。

远高于景宁县域内员工收入的2000多元。另据有关数据表明，在景宁统计的500名返乡创业人员中，约有50名返乡前在飞地园区就业[①]。将这两个方面的情况结合起来，无疑这不仅可以看出在丽景民族工业园的发展过程中，景宁民众有着较广泛的参与，而且也提高了景宁民众的自我发展能力。

第四节　飞地经验：援助型飞地经济建设

丽景民族工业园的建设与发展是浙江省委、省政府和丽水市委、市政府落实扶持民族地区发展政策，促进畲汉和谐繁荣的创新之举，对于促进景宁经济社会发展、缩小地区发展差距具有十分重大意义。同时，这种援助型飞地经济的实践探索对我国其他民族地区如何利用飞地经济模式加快扶贫开发、推进援助发展提供了有益的经验和启示。

一　因地制宜是前提

对于民族地区来说，飞地经济通常有两种模式：一种是民族地区向发达地区或对口援助地区飞入的“内飞地合作模式”，另一种是发达地区或对口援助地区向民族地区飞入的“外飞地合作模式”。至于选择何种飞地模式，才能更有利于提高民族地区扶持发展的效率、促进区域发展平衡？对此，丽景民族工业园的创建为我们提供了有益的借鉴。其实，早在宁波市鄞州区对口帮扶景宁的时期，就曾尝试“内飞地合作模式”，鄞州将部分产业转移到景宁，这一时期，一共转移了十多家企业。但是由于区位条件上的差异，原材料供应和产品销售两头在外，加上鄞州技术人员对环境的适应性相对较差，因此这一模式也就难以为继了。在经历了鄞州飞地合作失败的教训后，丽水市和景宁经过充分论证与权衡，基于景宁土地资源紧张和交通不便等因素

① 数据来源于景宁县农办，内部资料。

的考虑，合作双方选择了丽景民族工业园这一“外飞地合作模式”。在景宁的经验教训的启示下，我们认为飞地模式的选择应遵循的首要原则是优势互补、因地制宜。一般来说，对于交通便捷、可用土地资源广博、产业发展所需原材料丰富，但经济发展长期受制于行政成本过高、产业科技水平落后、管理经验不足的民族地区，可以选择内飞地合作模式，即将自然地理条件较好的某一区域实行行政管辖权和工业经济开发区适当分离，飞地园区的可由飞出地进行一定期限的管理，飞出地提供技术支撑和资金投入，待飞地发展成熟以后，可以实行双方共管。另外，由于和民族地区共建飞地本身带有扶持发展的意图，因此在收益分配机制的制定上应适当向民族地区倾斜。然而，对于发展封闭、自然条件恶劣、生态保护责任重大的民族地区，可以选择外飞式合作模式，也就是将民族地区的工业和招商引资项目转移到开发条件较好的工业园区中，在管理方式上，这种飞地园区可由民族地区派出专门管理机构管理，另外，由于此类飞地一般都带有更为明显的扶贫性质，也由此在利益分配上，应更多地照顾民族地区，甚或当作扶贫开发的一种新形式。

二 多元参与是关键

“社会的发展，主要不是由于外因而是由于内因。许多国家在差不多一样的地理和气候条件下，它们发展的差异性和不平衡性，非常之大。”① 民族地区在援助发展中要解决的一个根本性问题就是如何提升自我发展能力。基于这种认识，加强受援方的能力建设也就成为以援助发展为导向的民族地区飞地经济建设中需要聚焦的核心议题。根据国内外扶贫发展的实践经验，受援方的参与是以外援为主的项目能否成功和持续推进的重要因素。这是因为，通过项目建设的多元主体参与，不但会促进当地物质生活、生产条件的改变，而且也会促进参与主体价值理念、行为方式的转变和组织管理能力的提升。丽景民

① 《毛泽东选集》（第1卷），人民出版社1960年版，第302页。

族工业园作为援助景宁发展的扶持项目不仅为民族地区的参与式扶贫开发提供了可供参照的范例，也为民族地区飞地经济建设提供了地方性实践样本。一方面，丽景民族工业园建设关注的不仅是景宁的工业建设和经济发展，更多的是关注景宁民众的就业能力和自我发展能力是否提高；不仅关注短期内财政收入的增长，更多的是关注景宁经济的可持续发展。其中，飞地园区管理方始终注重发挥园区在生产技能培训、管理经验提升等方面的功能。例如，基于饮料产业是景宁的重点产业，但高技能人才和专业技能人才严重不足是长期困扰产业发展的突出问题，面对这一现状，管委会通过和园区的娃哈哈饮料有限公司签订人才培养协议，将其列为饮料产业人才培训基地，同时也使景宁民众参与飞地建设有了更高的平台和计划。据统计，至今娃哈哈饮料有限公司共为景宁培训了 50 人次，一定程度上缓解了景宁产业发展所需人才队伍建设的压力，也有利于景宁民众更好地参与地方经济社会发展。另一方面，丽景民族工业园的发展也为景宁地方政府改进社会治理和谋划工业建设的能力既创造了历史机遇又提供了实践基础。政府是公共服务供给的主体，是区域发展的主要承担者，一个具有较强自主发展能力的政府能为区域自我发展提供所需要的硬件设施、制度文化环境、财政支撑及公共服务。在飞地园区的建设中，景宁地方政府始终注重加强干部教育，提高干部素质，不断加强学习交流。例如，园区管委会多次组织工作人员前往广州、江苏等飞地园区考察，学习了解它们的合作方式、招商引资经验、园区管理体制。这不仅提高了景宁地方政府的飞地管理水平，而且对于景宁区域内工业发展的服务能力也具有重要的启示。

三　兼顾共赢是保障

民族地区援助型飞地经济建设是对口支援的一种新形式和新策略，对缩小地区发展差距和促进民族地区经济社会发展具有重要的作用。但援助发展的经验充分证明，我国的对口支援大多数是在非常态下上级政府给下级政府的政治任务，依靠行政的力量来予以确定，表现出援助动机的政治动员性和援助双方利益的非均衡性。对于援助型飞地经济而言，这种传统的政治化飞地共建方式和飞地优势互补、合作共赢的本质属性必然存在矛盾和冲突，并容易导致对口支援的不可持续和飞地经济合作的“夭折”。因此，要使援助型飞地经济建设这种创新扶贫模式具有长久的生命力，从长远来看，必须建立长效机制，走对口支援、兼顾共赢的发展之路。其中“最根本的是要根据市场经济的要求，变无偿为有偿，做到既能支援受援地区，又能实现支援方的自我发展，真正使支援地与受援地之间实现资源共享、要素整合、优势互补、互惠互利、合作共赢的‘协作性’发展之路”[①]。丽景民族工业园在合作机制建立的过程中，充分吸取鄞州飞地合作失败的教训，成功实现了援助型飞地的对口支援从单向无偿援助向互利共赢的对口合作转变，在协商、合作、共赢的基础上，实现飞地园区建设双方主体的共同利益。例如，飞地园区的建设既有省级财政的支持，更获得了丽水市委、市政府土地资源的无偿供给和优惠的制度条件，但与此同时制定了“地方收益前20年全部归景宁县，满20年后实行五五分成”的收益分配共赢机制，也明确了飞地园区公共基础设施由景宁出资建设，但经济技术开发区有权免费共享。

① 周晓丽、马晓东：《协作治理模式：从“对口支援”到“协作发展”》，《南京社会科学》2012年第9期。

第五章

参与式发展与民族文化的勃兴

我国各少数民族在长期生活与生产的历史发展过程中，培育、创造和发展了特色鲜明、丰富多彩的民族文化，并成为中华文化的重要组成部分和中华民族的共有精神财富。在当今全球化和现代化的生存环境下，我国少数民族文化面临文化变迁、文化复兴、文化开发等一系列具有强烈现实意义的问题。

第一节　公共文化：政府担当中的文化共同体构建

长期以来，党和政府高度重视公共文化服务体系建设，把维护好、实现好和发展好人民群众的基本文化权益作为持续改善民生的重要着力点和核心内容。近年来，我国城乡文化基础设施和服务网络不断加强，公共文化服务的能力和质量显著提高。但与此同时民族地区和全国其他地区之间公共文化服务体系建设不均等的矛盾日益凸出，已成为制约区域协调发展、民族共同繁荣进步的重要因素。因此，加大扶持民族地区公共文化服务建设的力度，优先发展少数民族和民族地区文化事业，保障少数民族和民族地区各族群众的基本文化权益，乃是当前民族地区发展的重要议题。针对民族地区公共文化服务建设状况和公共文化服务供给机制，景宁探索了一条政府援助和公民参与协同发展的有效路径。

一　民族地区公共文化服务的多重价值

构建公共文化服务均等享受与文化繁荣协同并进的发展格局，推动文化资源向民族地区倾斜，对维护民族地区公民基本文化权利、繁荣发展少数民族文化以及构建社会主义核心价值体系、整合国家认同等具有多重的实践价值和现实意义。

（一）公共文化服务建设是有效实现民族地区公民基本文化权利的现实要求

公民文化权利是基本人权的一项重要内容，它包括享有文化成果、参与文化活动、开展文化创造和文化创作成果获得保护的权利。与政治、经济、社会权利一样，实现公民文化权利是政府最基本的职责之一，也是我国公共文化服务体系建设的逻辑起点和终极目标，因为“在社会主义国家条件下政府理所当然地较之其他形态的政府更具文化承诺和文化责任担当，更应该在全体国民中创造更多的文化福利条件”①。不仅如此，文化权利的人权属性还决定着公正平等是文化权利的基本价值维度。它要求政府应为全体社会成员一视同仁提供质量基本相近、数量大致相当、可及性程度基本相同的基本公共文化服务，换言之，公民可以不受性别、民族、身份等因素的限制均等化地享有基本公共文化服务。随着我国民生诉求全面升级和权利意识的不断加强，公平、正义和共享成为主流的社会价值取向，公共文化服务的理性期待获得了进一步的彰显，并成为政府保障国民共享文化发展成果、提升公共文化服务水平的核心内容。在此背景下，中共十八届三中全会进一步提出了“统筹服务设施网络建设，促进基本公共文化服务标准化、均等化”的战略任务。

长期以来，党和政府十分重视民族地区公共文化服务体系建设，把保障民族地区公民的文化权利，满足民族地区公民的文化需求作为一项重大的战略任务。近年来，在各方的共同努力下，民族地区文化基础设施建设获得明显改善，群众文化活动不断丰富，公共文化服务水平不断增强，但和非民族地区相比，由于受自然环境条件、经济社

① 王列生、郭全中、肖庆：《国家公共文化服务体系论》，文化艺术出版社 2009 年版。

会发展基础等现实境况的影响，民族地区依然凸显出基础设施共享度不高、投入产出率低下以及供需结构性失衡等突出困难和现实矛盾。这不可避免地在一定程度上制约民族地区公民公平共享基本公共文化服务权力的实现。而加强民族地区公共文化服务体系建设，其实质就是切实提高公共文化服务的水平，缩小地区差距，生产和提供优质、高效的文化产品，最大限度地满足民族地区公民的文化需求，无疑是保障民族地区公民基本文化权利的一种制度安排。

（二）公共文化服务建设是繁荣发展少数民族文化的必然选择

“差异对待”是公共文化服务建设的基本原则之一，抑或公共文化服务需要考虑到辖区间以及个体间的异质性差异性，这意味着加强民族地区公共文化服务体系建设，政府要针对少数民族和民族地区的特殊情况，在公共文化服务的内容和形式方面要结合少数民族特质进行建设。其中少数民族文化则是彰显民族特性的最重要元素，因为“民族是通过文化来划分和维系的，一个民族或者族群，……只要这个群体共同保有某种文化样式上的独特性，他们就能够作为一个民族或族群存在”①。循此逻辑，可以认为少数民族文化是推进民族地区公共文化服务建设过程中不可缺少的内涵依托，是实现民族地区公民文化权益和整合文化认同的资源要素。

然而，在全球化趋势下，我国少数民族文化的传承与发展面临前所未有的挑战与压力。因为经济全球化以及与此相伴而生的全球文化传播，必然导致社会结构的转型和社会要素的重新组合，从而对民族地区的文化价值和生存模式产生触及根本的挑战，甚或可能在全球文化传播中出现文化发展的危机，丧失文化的民族特质，改变自身传统文化景观。例如，在日常生活中，民族地区人们尤其是年轻人学会了说洋文、听摇滚、喝可口可乐、过西方人的节日，而不会说本民族语言，不穿民族服装。因此，面对全球化的冲击和影响，少数民族文化

---

① 戴庆中、王良范等：《边界漂移的乡土——全球化语境下少数民族的生存智慧与文化突围》，中国社会科学出版社2008年版。

如何应对挑战与压力、如何繁荣与发展成为我国“多元一体”文化格局构建的重要议题。在此，民族地区公共文化服务体系建设为其提供了一个良好契机，因为在公共文化服务的过程中必须要充分挖掘、合理利用少数民族文化，形成公共文化和少数民族文化的有效对接和相互交融。基于这种思考，公共文化服务体系建设的进程也必然会推动少数民族文化突破挑战、自我重构，在异质文化的多向度互动中实现繁荣与发展，在多元文化的彼此碰撞和相互汲取中实现复兴与延续。

（三）公共文化服务建设是构建社会主义核心价值体系，实现国家认同的有效载体

“多民族国家普遍面临着把诸多语言、文化、种族、宗教等存在差异的族类共同体整合到统一的多民族国家中的任务。”① 我国是一个历史悠久的多民族融合的国家，构建国家认同、巩固民族团结和国家统一乃是实现中华民族伟大复兴的中国梦的重要内容和基本任务。新中国成立以来，在马克思主义国家观和民族观的指导下，不断巩固和发展社会主义的新型民族关系，基本形成民族团结、国家统一和社会稳定的良好局面。但是，由于我国民族地区的区域特殊性、文化多样性以及经济社会发展滞后性等特征，不同文化思想和利益诉求之间难免产生分歧和碰撞，并受国际上民族扩张主义、泛民族主义的影响，加之国内外反动势力的民族分裂与颠覆活动的煽动，往往被渲染成民族问题和宗教问题，对我国民族团结和国家统一构成重大的挑战。一国主流价值观是国家稳定的基础，面对此类挑战和威胁，迫切需要加强社会主义核心价值体系的建设，形成各民族团结奋斗的共同理想信念，在实现国家认同的基础上增强民族凝聚力和向心力。

不可否认，“文化发展的目的在于形成与社会发展总体目标相适

---

① 高永久、朱军：《论多民族国家中的民族认同与国家认同》，《民族研究》2010 年第 2 期。

应的共同价值观，形成国家和社会的凝聚力”①，其中公共文化服务体系就是推进这种价值观实现的文化制度，也即是建设社会主义核心价值体系的总体性制度型塑，因为政府的基本文化职责之一就是“在政党政府条件下发挥文化在意识形态价值实现中的独特优势”②。正因为如此，推进民族地区公共文化服务，可以使得民族地区公民在公平共享公共文化产品和服务的同时，树立社会主义核心价值观，增强对国家的归属认知和感情依附。而且相伴而生的是，民族地区公民对权利保障和利益公平分配也会有着更加切实的感受，从而更易激发爱国主义情感和对国家的认同，进一步在实践中增强社会主义核心价值体系的践行力度，并外化为他们的自觉行为。

二　民族地区公共文化服务供给的特定难题

事实证明，与非民族地区相比较，民族地区在经济发展水平、自然地理环境、民族文化等层面都表现出一定的差异性和复杂性。因此，探讨民族地区公共文化服务建设的议题，需要考察它所面临的独特现实困境。

（一）公共文化服务的公益性与民族地区经济发展滞后性并存

公共产品理论研究表明，公益性是公共文化服务最本质属性，公共文化服务的生产与供给是为了满足民众最基本的文化需求，追求其社会效应而非经济效应目标，这就使对公共文化服务这类“公共产品的消费进行收费是不可能的，因而私人提供者就没有提供这种物品的积极性”③。其结果，国家和政府就自然充当公共文化服务成本的主要承担者，相应地政府的财政支持也必然成为影响公共文化服务能力的决定性变量。在我国当前财政分权体制的境遇下，公共文化服务支

---

① 陈威：《公共文化服务体系研究》，深圳报业集团出版社2006年版，第48页。

② 王列生、郭全中、肖庆：《国家公共文化服务体系论》，文化艺术出版社2009年版。

③ 世界银行：《1997年世界发展报告：变革世界中的政府》，中国财政经济出版社1997年版。

出的责任与份额呈现出明显的地方化倾向，地方政府作为辖区内的政权机构有义务实现和维护本地区民众的公共文化服务，据统计“大约有70%的公共支出发生在地方政府（省、市、县和乡镇），其中又有55%以上的公共支出发生在省级以下的政府”①。然而，地方政府的财政收入状况和经济发展水平密切关联，通常经济发展水平较好的地方其财政收入较高，公共文化服务投入能力也较强，即地方经济发展水平与公共文化服务投入能力之间呈现出正相关关系。

改革开放以来，我国经济取得快速的发展，经济总量已经跃升到世界第二位，民族地区经济实力不断增强，但和全国其他地区相比，民族地区由于历史基础差、自然条件限制、市场发育程度低等原因，经济发展仍显得相对滞后、活力不足，地方财政收入普遍较低。以2012年为例，全国公共财政收入117253亿元，其中地方财政收入61078亿元，占全国财政总收入的53.4%，而少数民族聚居的9个省区（包括五个自治区和四川、贵州、云南及青海四个多民族省份）财政收入仅为8938亿元，占全国财政收入的7.6%，占全国地方财政收入的14.6%，这一比例和民族地区人口占全国总人口比例20%存在较大差距②。这种滞后的经济发展状况和较低的财政收入水平，加之地广人稀的环境因素影响，使得民族地方政府公共文化服务投入总量有限，公共文化服务职能难以发挥，严重影响公共文化服务的公益属性和社会效应的实现，客观上，这就成为造成民族地区和全国其他地区尤其是东部发达地区公共文化服务水平差距的现实因素。

（二）公共文化服务地域性与民族地区散居性共存

非竞争和非排他是作为公共产品的公共文化服务的显著特征，然而其共享和消费又局限在一定的地域内，受益的范围是有限的，即表现出地域性特征。这是因为，对于消费者的偏好而言，公共文化服务

---

① 江依妮：《中国政府公共服务职能的地方化及其后果》，《经济学家》2011年第7期。

② 国务院人口普查办公室：《中国2010年人口普查资料》，中国统计出版社2012年版；国家统计局：《中国统计年鉴2013》，中国统计出版社2013年版。

通常存在有限的服务半径，公共文化服务愈加便利他们参与和消费的动机就愈加强烈，而超出服务半径之外的消费者文化消费成本过高，消费动机受到压制，就有可能排斥在服务范围之外。按照这种逻辑可以做出推论，服务半径范围内人口密度越大，消费者人数越多，公共文化服务的投入产出率越高，相反人口密度越低，居住越松散，投入产出率越低，人口密度与投入产出率存在正向关联（见图5－1）。

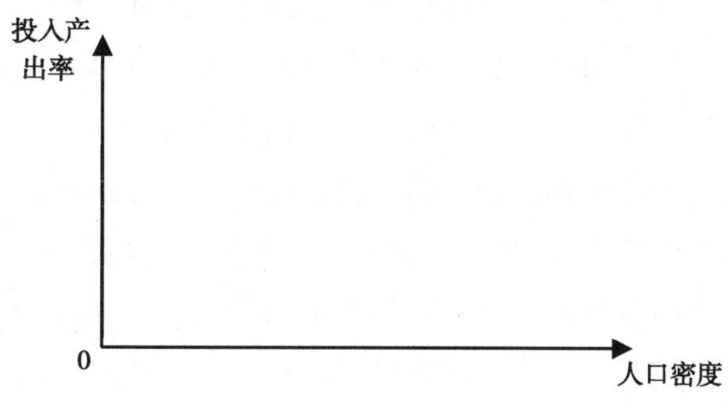

图5－1

在民族地区，特别是西部民族地区，自然地理环境总体较差，主要表现为地貌复杂多样、山地高原分布众多，交通条件不便，据有关数据显示，在全国内陆干旱地区，95%以上的沙漠和戈壁位于民族聚居地区，且全国民族地区总面积的75%为山地[①]。这种广袤复杂的地形把民族地区分隔成众多互不连通、彼此隔绝的地域单元，使区域内的民族居住分散，人口密度小，点多面广，这必然在一定程度上提高民族地区民众消费公共文化服务的个人成本，增加民族地区公共文化服务共享的难度，降低投入产出率。有学者就通过对不同区域公共文化服务受益水平对比发现，民族地区分布集中的“西部地区的基本公共文化的受益覆盖率低于全国的平均水平，均等化相对进程较低”[②]，其社会效应以及居民的惠及程度不高。换言之，公共文化服务地域性与民族地区散居性之间的矛盾无疑成为制约民族地区公共文化服务体

① 张序、方茜、张霞：《中国民族地区公共服务能力建设》，民族出版社2011年版。

② 卢洪友：《中国基本公共服务均等化进程报告》，人民出版社2012年版。

系建设和均等化实现的重要因素之一。

（三）公共文化服务内容的同一性与民族地区文化多样性共存

公共文化服务体系的建设，不仅为国家履行公共服务职能提供了一种平台机制，也为实现国家意识形态的建构提供了可能。因为公共文化服务在发挥文化传承、教育娱乐、信息服务等社会效应的同时，还潜在地传播着共同的价值观念，宣传国家与政党社会治理和政治制度的合法性，发挥培育和建构社会民众的政治认同，维护既定的政治秩序的功能。正是如此，我国的“公共文化服务体系是社会主义价值目标引领下的公共文化服务体系，……构建‘社会主义的公共文化服务体系’就是构建中国国家公共文化服务体系，意识形态原则和价值诉求已经前置性内存于国家概念中”①。在公共文化服务的实践中，为了确保意识形态前置或主流价值观念的建构，再加之计划经济体制延续下的自上而下公共文化服务供给体制，地方政府往往遵循“同一性”原则，忽视文化差异性和需求群体性生产与提供标准化的文化服务内容和项目。

民族地区由于自然、历史和经济状况的原因，文化通常具有多样化特征，且本土性或在地化内涵浓厚，表现为少数民族群体生存方式、价值观念、宗教信仰、语言习惯迥异，这使得民族地区公共文化需求彰显出较强的区域性与差异性。民族地区这种独特的文化境遇，容易导致意识形态制约下的服务内容“同一性”与服务需求“差异性”之间的张力。在“行政逻辑”② 牵引下，这种张力导致的现实图景是，“公民的‘主观意志’常常被裹挟进‘国家意志’里”③，民族地区公民的真实需求变得无足轻重甚至是缺位或离场，以及在“同一性”服务内容的统摄中民族地区的文化多样性被掩盖或者是被忽

① 王列生、郭全中、肖庆：《国家公共文化服务体系论》，文化艺术出版社2009年版。

② 吴理财：《公共文化服务的运作逻辑及后果》，《江淮论坛》2011年第4期。

③ 唐亚林、朱春：《当代中国公共文化服务均等化的发展之道》，《学术界》2012年第5期。

略，并最终造成文化服务与文化需要的错位乃至脱节，也势必影响着民族地区公共文化服务的受益水平与均等化进程的推进。如有学者所言，“从某种程度上说，民族地区普遍存在的民族传统文化资源富集而公共文化服务缺失的矛盾也是由于忽略了民族传统文化这一‘富矿’而导致了‘富饶型贫困’”①。

三　政府在公共文化服务供给中的担当

保障少数民族的基本文化权益，发展民族地区公益性文化事业，让民族地区人民共享文化发展成果，是当代服务型政府责无旁贷的基本职责。基于当前民族地区公共文化服务建设的现实差距和突出困难，政府一方面应制定支持引导民族地区公共文化服务建设的相关政策，如公共财政支持政策、文化发展投融资政策、公共文化资源管理政策；另一方面应加大对民族地区公共文化服务的财政扶持和重点项目建设的力度，把公共文化服务建设纳入经济社会发展规划，列入财政预算和扶贫攻坚计划之中，为公共文化服务建设提供有力的资金保障。

（一）公共文化服务建设中的资金扶持

公共文化服务的经费投入是实现人民群众公共文化权益的根本保障。在现行的税收政策下，国家和政府拥有较强的财政支配权，因此，“政府必须切实承担起提供公共文化服务、保障人民基本文化权益的职责，把建设公共文化服务体系纳入经济社会发展总体规划，依靠公共财政投入为主建设公共文化服务体系”②。然而，对地方财政收支不足的民族地区而言，各类财政转移支付的扶持则是影响公共文化服务建设水平的重要变量。景宁自 1984 年设立畲族自治县以来，尤其是 2008 年浙江省委浙委〔2008〕53 号文件的出台，公共文化

① 李少惠：《民族传统文化与公共文化服务建设的互动机理》，《西南民族大学学报》2013 年第 9 期。

② 李长春：《正确认识和处理文化建设发展中的若干重大关系努力探索中国特色社会主义文化发展道路》，《求是》2010 年第 12 期。

服务建设一直得到国家和省、市各级党委政府的大力扶持，为公共文化服务建设提供了强大的资金保障。

《中国统计年鉴》和《丽水市统计年鉴》的统计数据表明，景宁通过整合各级财政力量，开拓资金来源，近年来公共文化服务建设的投入逐年增长，并呈现出较快的增长速度。据统计，“十一五”期间景宁文化、体育事业的资金投入为11201万元。其中专项资金投入794万，投入畲族文化中心、中国畲族博物馆工程建设资金7000多万元，乡镇综合文化站建设资金到位2470万元，400米标准体育场建设为792万，体育馆维修经费为145万。另外，从2008年到2013年以公共文化服务投入为主的“文化体育与传媒”的财政支出数据分析也可以看出（见表5－1），从全国来看，2008年全国文化体育与传媒支出金额为1095.74亿元，2013年增长到2544.39亿元，年均增长率22.0%，而景宁县2008年文化体育与传媒总支出金额为2636万元，2013年增长到6762万元，年均增长率26.1%，比全国高出4.1%。

近些年来景宁不仅公共文化服务建设的财政支出随着财政收入的增长而大幅度提高，而且其财政支出在总财政支出中的比重也远高于全国的平均水平，且年均增长幅度也明显高出全国。仍以2008—2013年文化体育与传媒支出为例（见表5－1），6年间全国文化体育与传媒支出占财政总支出的比重平均为1.77%，景宁该比重平均为2.99%，高出全国1.22%，这充分说明景宁对公共文化服务建设的重视。

表5－1　全国、景宁财政总支出和文化体育与传媒财政支出

年份	全国			景宁		
	财政总支出（亿元）	文化体育与传媒财政支出（亿元）	比重（%）	财政总支出（万元）	文化体育与传媒财政支出（万元）	比重（%）
2008	62592.66	1095.74	1.75	74305	2636	3.55
2009	76299.93	1393.07	1.83	89554	2227	2.49
2010	89874.16	1542.70	1.72	124976	3128	2.50
2011	109247.79	1893.36	1.73	169128	4913	2.90

续表

年份	全国			景宁		
	财政总支出（亿元）	文化体育与传媒财政支出（亿元）	比重（%）	财政总支出（万元）	文化体育与传媒财政支出（万元）	比重（%）
2012	125952.97	2268.35	1.80	174292	5183	2.97
2013	140212.10	2544.39	1.81	189898	6726	3.54

资料来源：根据历年《中国统计年鉴》和《丽水市统计年鉴》整理计算而成。

另外，景宁近年来公共文化服务的大量投入得益于政府的财政援助力度不断加大，这从财政收入结构就不难看出，以2011—2013年的数据为例，景宁不仅财政总收入以较快速度增长，而且中央财政占总财政收入的比重明显高于全国的水平（见表5-2），3年间景宁中央转移支付收入占全部财政收入的比重平均为53.8%，比全国48%高5.8%，这说明景宁获得了国家更多的资金援助。

表5-2　全国、景宁中央财政占总财政收入的比重

年份	全国			景宁		
	全部财政收入（亿元）	中央财政收入（亿元）	比重（%）	全部财政收入（万元）	中央转移支付（万元）	比重（%）
2011	103874.43	51327.32	49.4	80486	43809	54.4
2012	117253.52	56175.23	47.9	95027	54177	57
2013	129209.64	60198.48	46.6	95509	47681	49.9

资料来源：根据历年《中国统计年鉴》和《丽水市统计年鉴》整理计算而成。

除了国家的财政援助为景宁公共文化服务建设提供了有力的财政保障之外，各级政府也一直以来大力扶持景宁的文化发展。例如，2008年浙江省委颁发浙委〔2008〕53号文件以来，省文化厅积极响应，仅乡镇文化中心工程资金扶持标准从24万提高到36万。又如，2010年省文化厅和财政厅等部门提供文化建设援助资金达1330万元，比2009年的900万元增加了400多万元。

（二）公共文化服务建设中的政策扶持

建立政策支持体系是政府履行公共服务职责、兑现公共承诺的重要手段，是推动公共文化服务体系建设的有力保证。“各级政府应认真贯彻落实党和国家关于文化发展的一系列相关政策、法规，并根据实际，制定支持引导文化事业健康发展的相关政策。”① 在景宁公共文化服务建设的实践中，各级政府着力发挥政策扶持的作用，制定和出台了一系列支持性的重大政策文件。

2008 年，为了加大对景宁的政策扶持力度，推进景宁经济社会全面协调可持续发展，浙江省委、省政府出台了《关于扶持景宁畲族自治县加快发展的若干意见》，其中提出了扶持的主要目标之一是“到 2012 年，使景宁成为全国畲族文化发展基地”，并把“支持建设畲族文化发展和研究中心，特别是在安排省农村文化建设十项工程项目建设时，对景宁给予适当倾斜”作为重点工作。在此基础上，2012 年省委、省政府决定，在《关于扶持景宁畲族自治县加快发展的若干意见》实效到期后，延期 5 年继续实施相关扶持政策，颁发了《关于加大力度继续支持景宁畲族自治县加快发展的若干意见》，明确指出“支持景宁民族特色工艺品制作、文化创意设计、文化艺演、文化旅游等重点文化项目建设和文化企业发展，支持建设畲族文化总部、畲族文化发展和研究中心，着力建设全国畲族文化发展基地，省文化项目建设资金对景宁给予适当倾斜”。为了积极响应省委、省政府的以上决定，2013 年浙江省文化厅出台了《关于继续支持景宁畲族自治县文化发展的实施意见》，结合景宁文化工作的实际情况，提出了一系列扶持公共文化服务建设的实施意见。其目标是“建立文化援助帮扶机制，推动全国畲族文化总部建设，促进景宁文化建设跨越式发展，争取到 2017 年帮助景宁建设成为全国 120 个民族自治县的文化建设示范区”。其中支持公共文化服务体系建设的具体措施有：(1) 指导景宁创建省级公共文化服务体系示范区，开展文化强镇、文化示范村创建工作。指导推进景宁公共文化服务体系运行保障机制建设，

① 李少惠：《公共文化服务体系建设的主体构成及其功能分析》，《社科纵横》2007 年第 2 期。

在公共文化服务绩效考核权重上给予倾斜，努力把景宁建设成为全国少数民族自治县公共文化服务示范区。（2）支持景宁完善公共文化设施网络，指导开展村级文化活动场所建设、“文化礼堂”建设、中心镇图书分馆建设。支持景宁加强公共文化服务资源平台建设，确定浙江省图书馆和景宁县图书馆结成帮扶单位，帮助景宁建设数字图书馆。（3）支持景宁提升基层公共文化设施向社会免费开放的质量和水平，帮助景宁打造公共文化服务项目品牌，重点培育和扶持一批具有较强影响力的公共文化服务品牌。

在上级政府制定实施扶持政策的同时，景宁县委县政府也给予了公共文化服务建设的大力支持，先后出台了一揽子政策意见。主要有2008 年《关于加快建设文化畲乡的决定》；2009 年《关于进一步加强农村文化建设、推动畲乡文化大发展大繁荣的实施意见》；2010 年出台《关于加快乡镇综合文化站建设的意见》，加快推进乡镇综合文化站的达标建设任务，同时加强对基层文化站阵地管理和人员配置管理的指导，积极组织开展综合性文化惠民服务，出台《景宁畲族自治县文化惠民共享实施办法》，让文化真正“走进基层，贴近百姓，融入生活”；2011 年《景宁畲族自治县创建浙江省文化先进县工作实施方案》；2012 年出台《关于推进公共文化服务体系建设的实施意见》和《景宁畲族自治县“十一五”农村文化建设规划》等。

四　公共文化服务供给中的各民族参与

公民参与公共文化服务是指公民在公共文化服务体系建设中通过一定的参与形式，表达自己的意愿、思想和价值取向，发挥自己的力量，从而影响公共文化服务的过程和文化职能部门行为的活动。它对于公共文化服务水平的提升、公民文化权利的实现具有十分重要的现实意义。

（一）公民参与公共文化服务建设的现实意义

首先，公民参与是公共文化本质属性的内在要求。公益性或公共性是公共文化的本质属性，表现为一定的群体共同享有这一文化。其中“社会群体的平等参与是公共文化共享的重要形式特征，是实现其公益性的唯一途径”[①]。实践表明，高效优质、丰富多样的公共文化服务是多元主体共建共享的结果，公民参与则是其中的一个重要变量。这是因为，其一，广大群众尤其民间文化精英是文艺作品、文化题材的思想源头，他们生活在基层，所提供的文化素材，来源于生活，贴近实际，为大众喜闻乐见，蕴藏着巨大的文化创造力。其二，公民参与公共文化服务有利于传承民族文化，保护非物质文化遗产，繁荣社会主义先进文化。民族文化、非物质文化是靠传承而延续的，广大民众则发挥着储存、掌握、承载的重要作用。他们不仅是文化传承的“活宝库”，又是文化创新的“执棒者”。其三，公民参与可以在一定程度上补充政府在公共文化服务上的投入不足。当前，财政投入总量不足是公共文化服务体系建设的突出问题，而“经过市场经济洗礼的现代公民已经不仅是公共选举的平等‘投票者’，也不仅是政府公共服务的‘消费者’，更不是政府立场的反对者，而是变成了改善民生的直接参与者和积极活动者”[②]。在我国经济快速发展的背景下，民间隐藏巨大的资本潜力，通过鼓励民众自办文化，培育基层文化内生机制，发挥拾漏补缺的作用。

其次，公民参与是实现公共文化服务科学民主化的重要途径。科学民主化是公共文化服务的基本要求，是公共文化服务水平提升的重要保证。公共文化服务的过程是各利益相关者相互博弈并达成共识的过程，公共文化服务的理想状态就是形成各方满意并认可的、符合公益性要求的结果。就此而言，公共文化服务的过程不是政府部门的单向决策，而是包括公民的各利益相关者共同参与的过程。第一，公民参与有利于政府部门获取公共文化服务真实的需求信息。公众的文化需求信息是提高政府对公众需求回应性的前提，公共文化服务是一个

① 荣跃明：《公共文化的概念、形态和特征》，《毛泽东邓小平理论研究》2011 年第 3 期。

② 宋煜萍、陈进华：《论改善民生中的公民参与》，《马克思主义与现实》2012 年第 1 期。

复杂的关系系统，政府需要综合考虑不同群体的不同诉求，增强公共文化服务的科学性和针对性。公民参与能够搭建信息传递系统，保证公共文化需求信息的及时和准确。相反，“离开公众的参与，行政人员或专家往往无法获得制定政策所需的全部信息，甚至得不到正确的信息”①。第二，公民参与有利于保证公共文化服务的公益方向，推进决策民主化。公共文化服务应该把民众作为服务对象，把公共文化利益作为出发点和归宿。因此，政府需要充分考虑到民众的态度和意见，做出代表最广大民众文化需求、公共利益最大化的决策。这在很大程度上需要公民积极参与，集思广益。“公民参与的直接后果通常就是影响公共决策和公共生活，迫使决策者倾听公民的意见，并且按照公民的意见来制定有关政策，从而使相关的政策变得更加符合公民的利益。”②

最后，公民参与是应对公共文化职能部门“失灵”的有效手段。公共选择理论认为，政府失灵是指政府在提供公共物品和服务时，由于缺乏有效的竞争和有力监督，政府人员会直接或间接地做出有利于自身利益的选择，导致腐败活动和寻租行为，损害公共利益。在公共文化服务领域，某些公共文化服务行业，“因政府特许或公共部门垄断生产之后，就成为这一类公共文化物品和服务的唯一生产者或供给者，他们就会千方百计地阻止潜在竞争者的进入，从而获得超额垄断利润”③，进而影响公共文化服务的效率。基于政府失灵的根源，公民的积极参与不失为一种应对的有效手段。一方面，公民参与为公民提供了一条获取公共文化职能部门信息的重要渠道，增强行政的透明度。廉政建设经验表明，政府与公民之间的信息不对称是政府腐败行为发生的关键原因。通过各种参与途径，公民能获得与公共文化服务

① 郁建兴、徐越倩：《从发展型政府到公共服务型政府——以浙江省为个案》，《马克思主义与现实》2004 年第 5 期。

② 俞可平：《公民参与的几个理论问题》，《学习时报》2006 年 12 月 19 日。

③ 周晓丽、毛寿龙：《论我国公共文化服务及其模式选择》，《江苏社会科学》2008 年第 1 期。

相关的行政预算、公共开支和政策实施等政府信息，可以起到约束政府公职人员行为的作用，避免或减少公共文化职能部门对民意的偏离。另一方面，公民参与有助于公民监督公共文化职能部门的政策决策和政策执行。“事实证明，凡是公民参与权保障得较好、公民参与较为充分的地方，对规则实施的监督较为有力，公共服务提供的效果较好，社会较和谐。”① 公民的广泛参与，让权力在阳光下运行，是监督和制约权力的最有效方式，因为公民参与“具有其他途径所没有的独特优势，即群众性较强，监督具有广泛性”②。只有将公共文化服务计划、生产和供给的各个环节都置于公民强有力的监督下，才能切实抑制公共文化职能部门“失灵”的现象，确保行政偏好与公民的实际文化需求的契合，实现社会福利最大化。

（二）公民参与公共文化服务建设的景宁实践

在景宁公共文化服务建设的实践中，文化职能部门不断探索公民参与机制的创新，致力于保障公民成为文化繁荣发展的主角、群众文化活动的主人以及公共文化建设的主力。其典型做法是：

其一，实施“文化预报”，实现公民的文化知情权。“文化预报”，是由文化职能部门模拟气象预报的形式，在固定时间，以固定格式，借助当地的主流媒体（报纸、广播、电视、网络）、社区公告、乡镇宣传栏等对文化活动进行公开预告，让公众知晓文化项目，参与文化事项的工作举措和载体。自2013年起，景宁文化职能部门每月25日前召集有关文化单位、社会文化团体进行研究讨论，根据项目类型、服务群体统筹安排下月文化活动项目，并于下月初进行公开发布，以便公众提早安排时间，选择参与。这不仅充分满足公众的精神文化需求，而且也有利于提升文化民生绩效。同时，文化职能部门每次项目公布都尽可能做到信息翔实、格式固定，包含文体事项的

① 于小千：《公共服务绩效考核理论探索与实践经验》，北京理工大学出版社2008年版。

② 李涛、刘雪焕：《扩大公民有序政治参与，完善权力监督制约机制》，《政治学研究》2008年第3期。

类型、节目名称、内容概要、责任单位、具体时间地点、惠民举措等，让公众一览尽知。“文化预报”是实现公民参与的创造性做法，它加强了公共文化供需之间的信息交流，有效地避免了公共文化服务中的信息不对称，充分保障了公民的文化知情权，因此“文化预报”被民众自豪地称作为畲乡“文化金卡”和“文化地图”。

其二，打造“凤舞畲山大舞台”，保障公民参与文化创造的权力。“人民是推动社会主义文化大发展大繁荣最深厚的力量源泉”①，公共文化建设需要从社会公众中提炼主题、挖掘素材。“凤舞畲山大舞台”即是近年来景宁文化职能部门为公众展示自我、发挥才艺打造的创新型文化活动平台。“凤舞畲山”的命名来源于畲族“凤凰图腾”信仰和畲族群体的山区居住方式。“凤舞畲山大舞台”是一个具有广泛群众性和互动性的“剧场”，舞台由文化职能部门统一设计，每次活动使用“凤舞畲山大舞台，幸福畲乡炫起来”的统一口号，活动报名不设门槛、没有台阶，舞台向所有具有一定表演才能、愿意参与的城乡居民免费开放，在全县各社区、乡镇、村落、校园、企业全面展开。参与文化活动的民众根据各自的兴趣特长在文化工作者的指导下自编、自导、自演、自己组织、自己主持。在活动举办的过程中，文化职能部门为了充分调动民众的积极性，建立激励机制，通过海选、月赛、年度总决赛的流程选拔优秀节目和优秀选手，并颁发荣誉证书，给予物质奖励。“凤舞畲山大舞台”自2012年启动以来，至目前为止在全县范围成功举办80多场，以“凤舞畲山大舞台”为龙头，开展了“畲家飘歌”、“小小故事林”、“农民艺术节”、“快乐广场舞”等系列文体活动。“凤舞畲山大舞台”为民众开辟了一条参与公共文化服务的独特平台，体现了民众的主体地位，活跃了畲乡民间文化和民族文化，实现了“送文化”传统服务方式向“种文化”和“养文化”转变。

---

① 《中央关于文化体制改革若干重大问题的决定》，2014年2月4日，中国网（http：//www.china.com.cn）。

其三，设立“项目申报辅导制”，保障公民的需求表达权。在公共文化服务体系建设中，景宁文化职能部门注重以文化品牌建设为抓手，以项目为带动，大力实施公共文化服务项目带动战略。经过近几年的项目包装和项目扶持，全县涌现了类型多样的特色文化品牌，如“中国畲乡三月三”、包凤“畲家歌舞会”、东坑“尝新节”、大漈“抢猪节”以及雁溪“摄影节”等。在文化项目建设上，景宁文化职能部门始终坚持以公民的文化需求为出发点和落脚点，广泛听取民众意见，问需于民，建立“项目申报辅导制”。针对基层民众文化需求表达能力不强、文化资源挖掘整理水平不高以及文化服务参与主动性不足，但又有较强的文化需求的实际情况，景宁成立由专家、文化管理工作者以及民间文化精英等组成的项目包装组，主要负责辅导基层民众文体项目设计和申报。包装组成员通过深入基层调研，了解民众需求，结合当地的民风民俗以及民间特色活动，因地制宜地进行文化资源挖掘、创新、整理，并帮助民众设计、策划、包装项目。在“走出去”的同时，文化职能部门还采取“请进来”的方式，定期不定期举办各类群众文化座谈会，让民众充分表达诉求，献言献策。“项目申报辅导制”为公民的文化需求表达提供了一种有效手段，所以文体项目由乡镇代表、群众团队自主申报，让民众拥有了文化话语权，最终实现了文化服务和文化需求的良好对接。

其四，采用“申报答辩，项目上墙”，促进公民参与监督的工作举措。“权力导致腐败，绝对权力导致绝对腐败”，权力一旦失去监督和制约，必然导致权力滥用和公共利益的损失。文体项目的审批和实施是一种有限文化资源的分配，涉及多方利益的较量，如果不对项目审批部门加以严格的监督和约束，容易产生不公和偏差。对此，景宁文化职能部门实行“申报答辩，项目上墙”的方式，鼓励公民参与，让权力置于阳光下运行。一方面，为了确保项目的公平公正，景宁采取公开答辩的做法，主动邀请省、市、县评审专家以及参加答辩代表进行现场评议。具体流程是，首先项目组成员就本项目申报的理由、具备的条件、基本做法与经验以及推广价值等向专家、文化职能部门行政人员以及其他项目的答辩代表公开介绍，然后专家现场提问和点评，最后由专家、文化职能部门及答辩代表共同参与对各申报项目集体评议，并现场打分确立立项名单，答辩结果通过报纸、网络进行公示。在申报答辩过程中，项目好不好、到底上不上，补助给不给、给得多与少，都由民众和专家说了算，充分发挥了公民参与文化事项的决策权和监督权。另一方面，为了拓展公民对公共文化服务参与的广度，提高公共文化服务的实效性，2011 年开始，景宁推行文体项目上墙制。即每年年初，文化职能部门就根据民众文化需求的掌握和了解，结合财政预算、各类规划的实际情况，制定好全年的文体项目，统一公开上墙，并标明责任人、联系电话、活动时间、活动地点、活动内容等等，主动接受民众监督。文化职能部门项目上墙，自我加压，既让民众对一年的活动一目了然，也实现了对公共文化服务的事前监督。

五　民族地区公共文化服务的突破

在外部力量援助和地方民众积极参与的协同推动下，景宁公共文化服务体系建设日趋完善，农村公共文化基础设施建设、村级文化阵地专职管理员队伍组建等领域走在全市乃至全省前列。初步构建了“县、乡、村”三级公共文化服务设施网络。①

（一）公共文化基础设施

公共文化基础设施建设是公共文化建设和发展的基础条件，是公共文化服务生产和供给的重要阵地，是衡量公共文化服务体系建设的重要指标。近年来，景宁公共文化设施建设力度不断加大，基础设施日趋完善，先后建成影剧院 1 座、非物质文化遗产展示体验馆 1 座、省级体育休闲公园 1 个、广播电视综合大楼 1 幢、畲族民俗博物馆 2 家、容纳千人的文化广场 3 个、体育馆 1 座、400 米田径运动场 1 个、建成“天天乐”广场建设 97 个。建设成的图书馆、文化馆、畲族博

① 本部分资料由景宁畲族自治县文化广电新闻出版局，数据截至 2013 年。

物馆三馆合一的畲族文化中心成为丽水撤地设市10周年“30个精品工程”之一，总面积达26500平方米。文化馆、图书馆成功创建国家一级馆。全县所有乡级建成文化站500平方米以上、镇级1000平方米以上的综合文化站，其中省一级站2个，二级站9个，三级站5个，村级“文化礼堂”26个，实现了乡镇综合文化站全覆盖。沙湾镇、大均乡综合文化站命名为“东海明珠”工程，沙湾镇、东坑镇、英川镇、大均乡、大漈乡、标溪乡、鹤溪街道等7个乡镇先后被命名为“山花工程”乡镇。同时，在中心镇——沙湾、东坑建成乡镇图书馆分馆。利用省、市、县三级特色文化村创建载体，进一步整合农村文化资源，充分利用村级组织活动场所和闲置校舍、旧礼堂、旧祠堂等，采用多种方式实现了乡镇综合文化站、村级文化活动室、农家书屋、图书流通服务点在全县范围100%全覆盖，90%的行政村安装了体育健身器材。创设“文艺直通车、电影大篷车、图书流通车”三个载体，开展“百场演出、千场电影、万册图书”下基层活动。仅2011—2012年两年，为22个乡镇77支业余团队137个村文化活动室送文化器材价值500万元以上。省级文化示范户16户，省级体育强乡镇8个，省级文化示范村4个，县级非遗示范村3个。依托农村远程教育网等载体，各乡镇综合文化站、村文化活动室均建有文化资源信息共享工程，覆盖率达到浙江省定标准。

（二）公共文化服务和活动

公共文化服务和活动是公共文化服务体系建设的核心内容，是体现民众精神文化生活水平的重要依据。景宁通过整合基础设施资源，充分挖掘地方特色文化，激发农村文化活力，开展了丰富多彩的文化服务和活动。首先，文化惠民工程方面。自2011年免费开放工作开展以来，景宁首次实现文化馆、博物馆、图书馆、体育馆四馆免费开放。并科学制定公共文化设施管理制度，开放时间平均在56个小时以上。文化馆开办各类免费培训项目30多个、演出活动300余场、共接待10.6万余人次。博物馆接待30.4万余人次，图书馆接待16.13万人次，体育馆接待9.7万人次。送戏下乡400多场，送电影下乡 3600 多场，送图书下乡 40000 多册。为了实现“文化供应”向“文化需求”，“送文化”向“服务文化”的转变，2012 年推出“畲乡文化卡”助推文化惠民、助力文化发展的做法。畲乡文化卡是集学习、娱乐、健身为一体的功能卡，凭卡可以“免票”参观畲族博物馆、借阅图书、免费参与县文化部门主办的各类文化培训班、免费到县公共体育场馆参加各项体育活动等文化惠民活动。文化卡的推行让更多的群众走进图书馆、博物馆、文化馆和体育馆，实现四馆免费开放的社会效益最大化。2012 年“畲乡文化卡”获浙江省创新项目一等奖。其次，特色文化精品方面，景宁县坚持把畲族文化作为景宁最响亮的“名片”着力打造“畲族文化总部”。坚持每年举办不同主题的“中国畲乡三月三”节庆系列活动；畲乡景宁被国家民委命名为全省首个“海峡两岸少数民族交流合作基地”；同时，通过“三月三”配套活动“相约畲乡 · 连线景宁”记者大联动，以广播电视、网络、报纸为媒介向大众传播畲族“三月三”民俗活动魅力；畲族“三月三”民俗活动因此成为中央电视台、新华社、《浙江日报》、浙江电视台等几十家媒体的焦点。畲族“三月三”和畲族民歌两个项目列入国家级非物质文化遗产名录，有力提升了畲族文化的影响力。与文化对外交流相结合，畲族歌舞不仅在上海、福建、杭州等各省、市传播弘扬，还将独特的民俗风情送出海外。曾获全国少数民族汇演表演、创作双金奖畲族歌舞剧《畲山风》应日本邀请赴日本福井演出；大型畲族风情歌舞剧《千年山哈》作为浙江省唯一参加第四届全国少数民族文艺汇演的代表剧目，在北京参加汇报演出大放异彩，深受好评，荣获表演金奖等 9 项大奖，并被评为省“五个一工程”奖，应邀赴中国台湾、韩国等地交流演出。充分展现了畲族文化的独特魅力。最后，乡村文化活动方面。结合当地的民风民俗以及民间特色活动，推出了“尝新节”、“汤氏”文化节、“抢猪节”、“摄影节”、“迎神节”、“畲艺节”等乡镇特色品牌活动；组建了快乐广场舞蹈队、英川乱弹剧团、畲族山歌队、畲族武术队等 375 支富有地方特色的民间剧团和文艺团队，团队人数达 6672 人，演出场次达 3000

多场。

（三）公共文化服务的区域影响力

近年来，在各方的共同努力下，景宁公共文化服务体系建设的成效受到各级政府部门的一致肯定，取得了一定的区域影响力，荣获了诸多奖项（见表5－3）。

表5－3　2007—2012年景宁公共文化服务取得的重大奖项

荣誉称号或专项工作名称	批准机关及文号或会议名称	命名或会议时间
浙江省民族民间艺术资源普查工作先进集体	浙文社〔2007〕154号	2007年12月18日
省文化厅授予景宁县“中国畲族民歌节”组织工作奖	浙文社〔2008〕57号	2008年5月7日
省文化厅授予景宁畲族自治县文化广电新闻出版局浙江省第七届音乐新作演唱演奏大赛优秀组织奖	浙文社〔2008〕109号	2008年10月24日
省文化厅授予景宁县未成年人读书节组织奖	浙文社〔2009〕10号	2009年3月10日
省文化厅授予景宁县“中国畲族民歌节”组织工作奖	浙文非遗〔2009〕30号	2009年4月20日
省文化厅授予景宁县“千场文艺演出下基层活动”先进集体	浙文社〔2009〕68号	2009年11月11日
省文化厅授予景宁县为“第三届中国畲族民歌艺术节”优秀组织奖	浙文非遗〔2010〕30号	2010年5月10日
中国畲族文化中心被丽水市委、市政府评为“30个精品工程”之一	丽委办〔2010〕号	2010年11月1日
景宁县被省文化厅公布第六届浙江省未成年人读书节创新奖	浙文社〔2010〕69号	2010年11月25日
2010年丽水市农村文化建设考核全市名列第三	丽政办发〔2011〕61号	2011年5月
景宁县被省文化厅授予全省文化共享工程先进集体	浙文社〔2011〕42号	2011年7月22日
被浙江省文化厅命名“浙江省民间文化艺术之乡”	浙文社〔2011〕43号	2011年7月25日
被文化部命名景宁县文化馆为一级馆	浙文社〔2011〕66号	2011年11月23日
浙江省文化厅表彰景宁为2011年度全省文化政务信息工作先进单位	浙文办〔2012〕5号	2012年1月12日
景宁被浙江省人民政府命名为浙江省文化先进县	浙政函〔2012〕23号	2012年2月3日

续表

荣誉称号或专项工作名称	批准机关及文号或会议名称	命名或会议时间
景宁畲族自治县文化广电新闻出版局为被评为2011年度浙江省“文化走亲”先进单位	浙文社〔2012〕25号	2012年6月7日
《千年山哈》获第四届全国少数民族文艺会演金奖	民委发〔2012〕115号	2012年7月27日
景宁文广局“畲乡文化卡”获浙江省公共文化服务创新一等奖	浙文社〔2012〕70号	2012年12月17日
景宁县图书馆获第八届浙江省未成年人读书节创新奖、“小小故事林”品牌服务为优秀活动案例	浙文社〔2012〕77号	2012年12月28日

第二节　文化产业：传承与发展的相得益彰

文化产业是指从事文化产品生产和提供文化服务的经营性行业，是随着我国社会主义市场经济的逐步完善和现代生产方式的不断进步而发展起来的新兴产业。[①] 当今，文化产业在世界各国经济发展中的作用不断增强，已成为世界公认的“朝阳产业”。正是在此背景下，《中华人民共和国国民经济和社会发展第十二个五年规划纲要》明确指出：“推动文化产业成为国民经济支柱性产业，增强文化产业整体实力和竞争力。”对于我国民族地区而言，拥有悠久的历史文化、丰富多样性的宗教文化和民族文化，文化资源优势十分显著，文化产业无疑是其经济发展的新增长点和提升区域竞争力的有效形式。基于这种判断，促进民族地区文化产业发展成为援助民族地区的重要着力点和突破口。

一　民族地区文化产业发展的现实逻辑

中国是一个统一的多民族国家，除了汉族外还有55个少数民族。

① 文化部：《关于支持和促进文化产业发展的若干意见》，2003年9月4日，中国文化网（http：//www. chinalawedu. com）。

数千年来，各族人民相互交流、相互依存，形成了以汉文化为主体、各少数民族文化并存的多元一体文化格局。源远流长、博大精深的少数民族文化承载了少数民族族群的集体记忆和身份认同，赋予了鲜明的民族特质和美学特色，给我国文化产品和服务以特色的文化魅力和市场，是实现民族地区的跨越式发展的源泉和动力。

（一）文化产业是民族地区经济发展的重要支柱

文化和经济的协同发展是当今世界现代化进程中的必然要求，经济的文化化和文化的经济化已成为两股不可阻挡的历史潮流。随着全球化时代知识经济的形成，经济发展的核心动力向文化层面深入，文化元素成为经济增长的重要指标，文化生产力成为衡量一个国家或地区综合实力和区域竞争力的重要标志，文化产业也由此谓之为最具潜力的“朝阳产业”或新的经济形态。一方面，文化产业已成为新的经济增长点。从投资回报的角度看，当今各大产业的利润来源主要是自主创新的知识产权和技术进步，而文化产业作为高新技术的前沿产业，拥有较高的技术创新和知识含量，叠加良好的政策机遇和市场因素，决定着文化产业的盈利能力具有的比较优势，并能带动经济的持续增长；从产品消费的角度看，随着经济的发展和人们生活水平的提高，文化精神产品的需求日趋强烈。于是，文化产业作为专门从事文化产品生产、销售和服务的行业，在消费需求的带动下，将成为一个巨大的“产业群”，包括文化娱乐、新闻出版、广播影视、旅游等行业。另一方面，文化产业提高了工业产品的附加值。文化产业并不是一个独立的产业部门，而是在和其他的传统产业关联融合中生存与发展，并产生显著的外溢效应，带动相关产业的发展，文化产品渗透到传统工业产品制造业中，提升工业产品的文化与设计的密集度，继而增强了工业产品的竞争优势。日本著名经济学家日下公人就曾指出：“文化必将成为经济进步的新形象，文化与经济的紧密结合，首先表现为文化对经济的渗透，产品的文化内容的价值比重迅速增大，而物质形式的价值比重正相应地下降。”①

对于我国民族地区来说，由于历史传统、自然环境、地理位势等原因，经济社会发展相对滞后，居民生活水平也普遍较低。但民族地区文化资源丰富，风俗民情丰富多彩，文化产业发展的潜在优势突出，拥有独一无二的“软实力”。根据我国公布的三批国家非物质文化遗产名录看来，民族地区国家非物质文化遗产数量为494项，占全国总项目数（共1119项）的44.15%，远远超过全国平均水平。无疑，合理利用民族文化资源进行产业化开发一定程度上能弥补民族地区的发展劣势，从而形成错位优势，构筑经济发展的新增长极。正如有学者指出：“许多天才的艺术创造，无与伦比的艺术技巧，独一无二的艺术形式，这些珍贵的文化遗产是该民族数百年集体智慧的结晶，在这些民俗艺术深深打动人类心灵、触动人类情感的同时，往往也蕴藏着巨大的经济开发的机会。”②

（二）文化产业是民族地区转变经济发展方式的有效途径

转变经济发展方式是我国经济领域的一场深刻变革，是践行科学发展观的题中应有之义，也是生态文明建设的内在要求。加快民族地区经济发展方式的转变，对推动民族地区科学发展、和谐发展和社会全面进步，实现各民族的共同繁荣、共同前进，确保民族地区的团结和长治久安均具有重要的现实意义和历史意义，同时还直接影响到整个国家经济发展方式的转变。③改革开放以来，民族地区的产业结构和产业布局都经历了大规模的结构转换，经济增长速度加快，经济发展出现了良好的发展势头。但是发展不足，发展方式不当是民族地区在经济发展方面的主要特点和问题。其一，民族地区经济发展仍属于

① 转引自李怀亮等《文化产业与经济增长关系的理论研究》，《经济问题》2010年第2期。

② 王松华、廖蝾：《产业化视角下的非物质文化遗产保护》，《同济大学学报》（社会科学版）2008年第1期。

③ 李俊清：《民族地区转变经济发展方式刻不容缓》，《中国民族报》2010年3月9日。

资源依赖型经济。长期以来，我国经济增长主要依托于传统工业、以消耗资源和大批廉价劳动力为动力，凭借第二产业的发展来拉动。作为后发展的民族地区，在产业结构调整和布局过程中，通常照搬发达地区模式，大多也是采用工业化过程中的传统操作模式和惯用手法，采掘业与原材料工业在整个经济中所占比重较大，产生资源开发型的路径依赖，普遍存在着对资源的粗放性开发问题。比如，在资源开发环节存在着掠夺性、无序性与低效性开发现象。其结果是资源的极度浪费、环境严重污染，也导致产业结构失调，产业对经济增长的贡献也会衰减。其二，民族地区的经济发展仍依赖固定资产投资驱动。研究表明，民族地区经济增长主要依赖于投资与消费，而货物与服务对经济增长的贡献则极为低下，民族地区基本属于货物与服务的净流入地区，相反对外部货物与服务的依赖性较高。这说明，民族地区与国内其他地区在内部贸易中存在逆差，产业竞争力不足。[①] 其三，民族地区经济发展中环境污染代价过高。由于我国民族地区现有的经济发展方式是高能源消耗、外源推动的粗放型经济增长方式，原材料工业的比重较大，因此在生产加工中通常资源、能源消耗过多，环境污染严重，造成生态环境的破坏，影响经济的可持续发展。

民族地区经济发展方式的重点是由过度依赖资源消耗的第二产业向高附加值、高科含量的第三产业转变，已成为各界的基本共识。文化产业作为第三产业中新生力量，它以文化资源为依托，以文化创意为核心，和其他产业相比，具体资源消耗低、环境污染小以及附加值高的特性，属于典型的绿色经济和低碳产业。因此，大力发展文化产业，有利于促进产业结构向服务型转变，缓解经济发展中的能源、环境压力，促进服务业发展，增加就业，促进社会资本合理流动，使经济发展方式由粗放型向集约型转化，从而实现社会经济文化的可持续与和谐发展。20 世纪 90 年代以来，越来越多的国家将文化产业视为一种战略产业，把大力发展文化产业作为培育新的经济增长点和改变

① 周民良：《论民族地区经济发展方式的转变》，《民族研究》2008 年第 4 期。

经济发展方式的最有效的途径之一。文化产业的发展逐渐深入到经济和社会发展的各个领域，新的产品形式和组织形式不断涌现，并且创造了极大的经济效益和社会效益，逐渐成为一国或地区经济可持续发展的新动力。因此，民族地区应充分认识和重视文化产业对促进产业结构转型的战略意义，以文化产业促进产业结构转型的思想来指导文化产业的发展和产业结构调整工作，把文化作为重要的驱动力，将发展文化产业作为加快推进产业结构调整、转变经济发展方式、提高国民经济整体素质、实现全面协调可持续发展的重要途径。[①]

（三）文化产业是少数民族文化传承与发展的重要依托

当今世界经济全球化的历史潮流和我国社会结构的双重转型，正在影响和改变着社会的每一个方面。作为世代传承的少数民族文化也会因此而发生变迁，“因为全球化运动所产生的种种生存问题，已经超出了既有的各种人类文化解决这些问题的能力，得有新的能更有效适应全球化生存环境的文化形式被人类创造出来”[②]。对于我国少数民族文化而言，一方面，在全球化和现代性的激荡下，需要承担应对文化碰撞、坚守文化特质和满足族群认同的历史重任。保持群体认同和地方认同是人类的一种最基本的、也是最深刻的需求，任何人类族群在急剧变迁时，都会极力维护能阻挡认同危机的传统文化元素以及文化的完整性，以期通过文化的传承为人们提供生存意义和精神家园。另一方面，在全球化的趋势下我国少数民族文化有着自我发现的客观要求与现实条件。我们不能否认，发展是民族地区不容置疑的选择，虽然发展最主要的内容和重点是经济的发展，“但经济发展如果得不到社会整体进步尤其是文化改造与重构的支撑，就会从根本上落空，因为文化是人类共同体的存在方式，更是经济发展不可或缺的社

① 丁智才：《论民族地区文化产业发展与经济发展方式的转变》，《广西社会科学》2012 年第 2 期。

② 戴庆中、王良范等：《边界漂移的乡土——全球化语境下少数民族的生存智慧与文化突围》，中国社会科学出版社 2008 年版，前言第 1 页。

会资本”①。不仅如此，我国少数民族文化的自我发展也是文化自身变迁发展规律的体现。这是因为，作为适应环境需要而创造的文化，在生存环境发生改变的时候，文化主体就必须要对自身文化进行再创造。当前我国社会的转型的最直接后果便是生存环境的根本改变，于是我国少数民族文化必须进行自我改造和重构，来应对环境的挑战。因此，“我们今天的保护不应是静止的凝固的保护，而是为了发展的保护。没有保护，难以发展；而没有发展，保护也就失去了重要意义”②。

如前所述，少数民族传统文化是民族地区文化产业发展的软实力，也正是缘于丰富的传统文化资源优势，文化产业才成为民族地区实现跨越式发展的产业类型。但是，“民族文化要进入国际主流社会，最好的办法就是通过市场途径，这是一条被认可的途径，也是市场经济下最可行的途径”③。亦即，文化产业不仅可以促进民族地区经济社会发展，推动少数民族民族文化走向全国、进入世界，也能推进民族文化的传承与发展。这是因为，首先，作为高科技前沿的文化产业通过与信息技术的结合，能够实现承载民族文化的产品大批量和规模化生产，并在数字化技术和现代传媒手段的支撑下，加速文化的流通、传播与交流，从而有助于民族文化的保护与传承，在文化交流、对话中推动了文化的自我觉醒与自建重构。其次，文化产业的产业属性决定着其必须遵循市场经济规律，生产制造的文化产品必须贴近群众生活、满足群众需求，才能在市场竞争中立足和发展，其结果使人们在进行文化产品及文化服务的消费时，自然而然地加深了人们对民族文化的理解与记忆，唤起社会的广泛认同，进而保存了传统文化的民族性特质。再次，创新是文化产业的内在要求，文化产业要提升市

① 戴庆中、王良范等：《边界漂移的乡土——全球化语境下少数民族的生存智慧与文化突围》，中国社会科学出版社 2008 年版，前言第 7 页。

② 本报记者：《科学保护非物质文化遗产——访中国艺术研究院院长、中国非物质文化保护中心主任王文章研究员》，《中国社会科学报》2007 年 6 月 12 日。

③ 柳斌杰：《探索文化产业的理论和实践》，《大学出版》2003 年第 4 期。

场竞争力，需要做出“现代性”的发展选择，吸收现代性的文化元素，形成传统文化与现代文化的交互融合，这也就为我国少数民族文化发展提供了内在驱动力。

二 民族地区文化产业发展的独特优势

我国少数民族文化是中华民族文化的重要组成部分，民族地区地域广阔，南北跨度大，大多少数民族历史悠久，传统文化丰富多样，风格独特，形态各异。由于相对封闭的地理环境和发展迟缓的社会经济，各民族保留了较为完整的民族文化和民族风情，构成了各具特色的文化区域。不论是传统精神文化还是物质文化，都是民族地区独有的不可替代的资本，也是民族地区文化产业发展的得天独厚的优势条件。在此以景宁畲族自治县为例，全面展示民族地区文化产业发展的独特文化资源优势。①

（一）历史悠久异彩纷呈的物质文化资源

景宁各族人民在长期的生产生活实践中，创造了丰富多彩的民族文化资源。勤劳淳朴的各民族在这里和谐相处、相互交融、协同发展，各民族文化相互展现、对话、交流、传播，不断传承与创新，形成了今天景宁异彩纷呈的多民族文化共存共荣的总体格局。景宁拥有绝美而多样的自然景观和生态景观，保存着厚重的历史文物、悠久的历史建筑等物质文化遗产，遗留着一批省内外闻名的物质文化资源。

一是风景名胜文化资源。景宁属浙南中山区，位于浙西南新构造运动上升区，以深切割山地为主，为“两山夹一水，众壑闹飞流”的地貌格局。主要有山地、谷地和台地三种类型。数千年延续的文化底蕴和独特的地形地貌，构成了景宁县形态各异的风景名胜。这些风景名胜有的彰显自然风景，有的以人文底蕴见长，有的则以自然与人文紧密结合相得益彰（见表5-4）。

县域内草鱼塘森林公园属于省级森林公园，位于敕木山麓，公园

① 本部分数据和资料均来源于《景宁畲族自治县志》，浙江人民出版社1995年版。

海拔在800—1500米之间，园内四季如春，具有明显的山地森林气候特点。草鱼塘林区是全国21个名贵树木引种基地之一，森林覆盖率为97.3%。有全省面积最大的柏树林；有50多种世界上珍稀柏树种，有陆生野生脊椎动物32目83科9319种，其中有云豹、黄腹角雉等40余种国家重点保护动物，公园内景观丰富，风光秀丽，以摩崖石刻、流云飞雾、三跌涧、杜鹃坡、汤夫人庙等为特色，融人文史迹与山林野趣为一体，可开展观光旅游、健身娱乐、科研教育、宗教朝拜等生态旅游项目。位于景宁中南部大漈乡的云中大漈风景名胜区是国家AAAA级景区，景区集地貌景观、田园风光、古迹建筑、高山农业为一体，主要景点有雪花漈、银坑洞、龙舌吐珠、千亩杜鹃、时思寺、千年柳杉王、古廊桥、阳岚寨、小佐古村及田园风光等，民俗体验项目有大漈抢猪节、大漈花鼓戏、大漈陶艺馆、电影博物馆等。景区内的时思寺，是全国重点文物保护单位，始建于宋绍兴，有着“宋明清三代同堂，寺祠院三观同址，儒释道三教同炉，寺树桥三古同辉”的美誉。另外，大均畲乡之窗景区是县生态示范点，2003年被批准为国家AA级景区。大均古村始建于唐末五季初期，一千多年来始终是瓯江支流小溪流域的水陆交通枢纽，商贸经济较繁荣，耕读风尚也很注重，形成了大均人重“三杆”的民俗，即笔杆、秤杆、竹竿（撑篙），靠写契、写文书、做生意和撑船撑排谋生。在建筑上形成具有明清风格的古朴的前店后院式山区商贸古街风貌和石板街面，有“小溪明珠”、“景宁最高学府”、“浙南芙蓉镇”之美称。旧时曾有古樟迎客、澄潭印月、龙岗叠翠、成美廊桥等旧十景（见表5-4）。

表5-4　景宁风景名胜目录

风景名胜级别	风景名胜名称	备注
一级	畲族风情（含双后岗等畲族村落）、大漈景区、大均景区、草鱼塘森林公园、惠明寺景区	具有省级开发潜力与保护价值和省际影响力

续表

风景名胜级别	风景名胜名称	备注
二级	飞云江源头、景南竹海、鸬鹚马孝仙殿、横山、浮丘遗迹、敕木山、梧桐高演村、英川三合堂、陈村黄寮村、上标水库、木石漈瀑布、炉西坑风景河段	具有地方价值与游线辅助作用和地区影响力
三级	景宁孔庙、滩岭竹海、石印山公园、鹤溪乌铁岩、古楼岭根水库、石门楼坑石柱、白水漈水库、鹤溪溪口、寨山革命烈士陵园、山珍大市场、王木坑水口、梅岐会龙桥、景宁荒田湖林场场部、横坪石柱、潘山奇树、金丘水碓头、茗源村、东坑廊桥、白鹤湖、章坑老虎口、桃源村、银坑洞小佐石柱、胡桥、最上山、望东垟高山湿地、景南松岩庵、鱼漈原始生态林、何公墓、雁溪何八公庙、上标电厂度假村、家地金坳银坑洞、蒲垟水库、吴澳峰林、秋炉聚仙宫、渤海陈璗墓、金田古民居等	具有一般价值和本地吸引力

二是历史遗址遗迹文化资源。浙西南是畲族人口较为集中的地区，畲族文化源远流长，留存着历史悠久的遗址遗迹文化资源，有保存完整的历史古建筑、有迹可循的古遗址、精心收藏的民俗文物以及近代战争遗留下来的纪念物。其中，时思寺为国家重点文保单位，位于大漈乡西二村南端，元至正十六年（1356）创建，明末清初续建，为释道合一的祀庙，是一组兼有元、明、清各时代特征的古建筑群。景宁廊桥、鹤溪潘家大屋和敕木山村畲族民居等省级文保单位3处，县级文保单位42处（部分名录见表5－5），文物普查点600多处。

表5－5　　景宁部分县级重点文物保护单位

保护文物名称	地点	年代	公布时间
何八公墓	景南乡东塘村	宋	1987年12月30日
大漈梅氏宗祠	大漈乡西岸村	明	1987年12月30日
大漈银坑洞	大漈乡西岸村	明	1989年7月18日
蔡湖银坑洞	沙湾镇蔡湖村	明	1989年7月18日
大张坑青花窑址	东坑镇大张坑村	明	1989年7月18日
陈坦庵墓	渤海镇渤海村	明弘治十年（1497）	1989年7月18日
石印题刻	鹤溪镇石印山	清康熙四十八年（1709）	1987年7月18日

续表

保护文物名称	地点	年代	公布时间
何马二仙宫	雁溪乡雁溪村	清乾隆十五年（1750）	1987年12月30日
沙湾文昌阁	沙湾镇沙湾村	清嘉庆十四年（1809）	1989年7月18日
文庙	鹤溪镇上桥头	清道光二十七年（1847）	1989年7月18日
葛山方井	葛山乡葛山村	清	1989年7月18日
大漈彭氏宗祠	大漈乡彭村	清	1989年7月18日
红军标语	黄湖乡李树突村	民国24年4月（1935）	1989年7月18日
抗战标语	毛蝉乡库头村	民国27年5月（1938）	1989年7月18日
李振彪烈士墓	新四乡高演村	1956年	1983年10月

这些物质文化资源从不同的角度折射出了景宁各个历史时期各民族的生产生活方式以及各族人民改造和利用自然的历史记忆和群体认同，具有深厚的文化底蕴，是景宁宝贵的财富，对景宁旅游产业的发展以及文化产业的综合开发具有十分重要的价值。

（二）特色鲜明丰富多样的非物质文化资源

与物质文化资源一样，非物质文化资源也是人类在适应周围环境以及与自然和族群的互动中创造和传承的文化形式，“其包含着一个民族或族群的智慧、心理诉求和价值观念，这种精神内质是民族文化的灵魂，是一个独特的精神世界”①，具有重要的社会经济文化价值。景宁农民在长期的社会实践中创造了具有鲜明民族特色的丰富多样的非物质文化遗产。主要有畲族音乐舞蹈、戏剧曲艺、畲族服饰、畲族语言等。

一是音乐舞蹈。畲族以能歌善舞著称于世，流传着形式多样的音乐舞蹈资源。其中民间音乐主要有民歌和民间器乐曲。1953年收集

① 王松华：《非物质文化遗产保护与开发的经济学研究》，西南财经大学出版社2009年版。

整理民歌30余首，1958年编印了《景宁民歌选》，收集民歌40余首。现县内有畲族民歌3000余本，计2万余首。民间器乐曲有吹打乐、丝竹乐、丝弦乐和锣鼓乐，演奏乐器有唢呐、笛子、二胡、京胡、板胡、三弦、月琴、大锣、小锣、月锣、大钹以及鼓、板、梆、铃、三点等，常于喜、婚、寿、丧场中演奏。民间舞蹈有道士舞、龙灯舞、舞狮舞、鱼灯舞以及畲族功德舞、祭祖舞等，流传历史悠久，以“学师舞”最为流行。学师舞是一种“传师学师”活动，是以祖先崇拜为主体，又保留了图腾崇拜和受道教影响的痕迹，其仪式由法师舞、唱，反映祖先“龙麒”上闾山学法，克服重重困难的故事。整个仪式，情节错综复杂，舞姿共分60节。

二是戏剧曲艺。自古以来，景宁农民就有戏剧曲艺表演创作的传统。主要盛行英川乱弹、京剧、胡调及瓯剧戏、花鼓戏及越剧等。其中英川乱弹是景宁本地戏种，也称“生戏”，因常在菇民返乡、敬谢菇神时演出，故又称“菇民戏”，流行于英川、沙湾两区。形成于明代，盛行于清末，唱腔为徽、乱双合，主要唱调有西皮、阴调、二簧、文宫、反宫等。伴奏乐器有二胡、唢呐、笛、大锣、小锣、月琴、鼓、板等。角色有大花、二花、三花、四花、老生、正生、小生、老旦、正旦、小旦、花旦、丑、梅香等。而民间曲艺以景宁鼓词较为流行，余有莲花、道情等曲艺形式。景宁鼓词主要曲目有《七星剑》《血泪荡》《太阳图》《神童看牛》《沙家浜》等，多为盲人用方言演唱，唱腔低沉，用鼓、板伴奏。鼓词曲词单调，一曲多词，词有平仄、七言限制。

三是畲族服饰。服饰是彰显民族风情面貌的重要载体，它包含着本民族的宗教信仰、生活习俗以及审美观念。景宁的畲族服饰有首饰、花边衫、彩带、花鞋四种组成。畲族妇女头上戴的凤冠，畲语称“笄”。旧时是结婚时戴，后来凡节日和出门做客时戴，身故了也戴着入棺。清同治《景宁县志》记载，畲族妇女是“跣脚椎结，领竹为冠，裸裹以布，布斑斑，饰以珠，珠累累，均为五色椒珠”。畲族男子旧社会多着青色或蓝色大襟长衫，开襟外镶有月白色和红色布边，下摆开衩处绣有云朵。现在常用的是直襟短花边衫，领、袖、襟都镶有花边，畲语称“蓝观”，口袋绣有花朵。2000 年，景宁代表浙江省赴云南参加“全国首届民族服饰博览会”展演活动，荣获 7 枚金牌。

四是畲族语言。语言是民族的标志之一，畲族语言是畲族最重要的民族特征之一。畲族虽然没有自己的文字，但有自己的语言，自称其为“山哈话”。它属汉藏语系。全国 70 余万畲族，90% 以上的畲民使用的畲语是共同的、统一的。一般的畲民都能使用两种语言，与汉民交往时用汉语，本族同胞之间则用畲语。畲族语言保留了隋唐时期古畲语特点，声母单纯，韵母发达，声调复杂，变调现象普遍，音节多，比现行的汉语拼音方案多 200 余个①。

除此之外，景宁的畲族编织、民间故事及文学作品等非物质文化，为连接民族情感纽带，加强民族团结和维护国家统一及促进社会稳定提供了重要文化基础，为文化产业的发展提供了取之不尽的文化资源。

三　各民族共同参与中的发展能力提升

为了顺应我国民族地区援助形势的发展，各地援助的思路更加开阔、援助的形式更加多样，援助发展的产业重点开始由第一、第二产业转向第三产业，呈现出整体“结构软化”的特点，特别是文化产业的援助发展引起各界的关注与重视。在这种大背景下，景宁适应援助形势发展的趋势，抓住机遇，充分挖掘区域内文化资源，在外部援助和公共广泛参与的合力下，探索出一条文化产业发展的新路子。

（一）文化产业发展的外部援助

景宁作为东部发达地区唯一的民族自治县，是国家绿色能源示范县、国家生态示范区、中国民间艺术之乡、中国香菇之乡、中国茶文化之乡、中国最佳民族风情旅游名县、中国国际旅游文化目的地、海

① 洪伟：《畲族非物质文化遗产法律保护研究》，《浙江社会科学》2009 年第 11 期。

峡两岸少数民族交流与合作基地。随着中国畲乡文化影响力的进一步扩大，充分考虑到自身得天独厚的文化优势，景宁文化产业成为外部援助力量政策支持、项目建设及资金投入的重点领域。

其中，首要的是政策支持。制定出台行之有效的特殊政策和优惠措施是扶持民族地区文化产业发展的主要方式。近些年，在强调生态文明建设和转变经济发展方式的大环境下，各级政府部分实施了一系列援助景宁文化产业发展的政策文件，有效地解决了文化产业制约因素，切实发挥着政策引导和制度保障作用。根据景宁县委宣传部和文广局提供的资料，其中有代表性的支持文化产业政策文件主要有以下几类。

一是浙江省委、省政府出台的支持性文件。2000 年 4 月中共浙江省委、浙江省人民政府颁布了《关于加快少数民族和民族地区经济社会发展的意见》，指出“2002 年前，省财政厅、省文化厅在安排文化扶持资金时，对景宁畲族自治县要给予倾斜，支持民族地区积极开发少数民族传统文化遗产的挖掘和整理工作，继承和发扬优秀的少数民族传统文化”。2008 年 5 月中共浙江省委、浙江省人民政府颁发的《关于扶持景宁畲族自治县加快发展的若干意见》中，明确指出积极支持文化产业发展，“省财政加大对景宁畲族文化产业发展的扶持力度，重点支持建设畲族文化发展和研究中心，特别是在安排省农村文化建设十项工程项目建设时，对景宁给予适当倾斜”。2012 年 10 月在上述文件时效到期后，省委、省政府印发了《关于加大力度继续支持景宁畲族自治县加快发展的若干意见》，延期 5 年继续实施相关扶持政策，加大对景宁经济社会发展的支持力度。该文件指出“加大对畲族文化事业和文化产业发展的扶持力度，支持景宁民族特色工艺品制作、文化创意设计、文化艺演、文化旅游等重点文化项目建设和文化企业发展，支持建设畲族文化总部、畲族文化发展和研究中心，着力建设全国畲族文化发展基地，省文化项目建设资金对景宁给予适当倾斜。”

二是浙江省直有关部门制定的扶持政策。为了顺利实现上述文件确定的扶持目标，加大帮扶的效用，根据省委办公厅、省政府办公厅《关于做好新一轮扶贫结对帮扶工作的通知》和省政府办公厅《关于进一步加快民族乡（镇）经济社会发展的意见》文件精神，省直有关部门结合各自的主要职能，制定了若干涵盖文化产业发展扶持的具体政策措施。如2013年4月省发改委下发《浙江省发展和改革委员会关于加大工作力度继续支持景宁畲族自治县加快发展实施意见的函》，指出："支持景宁畲族文化及旅游设施建设，打造多层面畲族文化发展和展示平台，推动鹤溪镇畲族文化历史名镇建设，支持畲族文化总部、畲族文化发展和研究中心、畲族文化创意产业园等项目建设，打造全国畲族文化发展基地。"2014年9月省文化厅颁发的《关于落实新一轮扶贫结对帮扶工作的实施方案》，将"创新文化业态，发掘文化与旅游、服务产业的结合点，丰富当地经济发展的路径选择"作为结对帮扶的重要目标之一。2013年9月省人力社保厅出台《关于加大力度继续扶持景宁畲族自治县人力资源和社会保障事业发展的若干意见》，指出"结合景宁产业资源优势，加大对专业技术人才开发支持力度和农村实用人才开发力度"，无疑这为文化产业发展提供了积极的政策支持。除此之外，省财政厅、省农办等有关部门都相继制定扶持景宁加快发展的措施。

三是丽水市委、市政府和市直有关部门的扶持政策。为了加快丽水市民族地区文化产业的发展，2006年、2009年丽水市委、市政府相继出台的《关于加快少数民族和民族地区经济社会发展的实施意见》，明确把民族地区文化产业的发展作为扶持的重点领域。丽水市政府2011年制定的《丽水市国民经济和社会发展第十二个五年规划纲要》特别指出："加大对景宁畲族自治县和其他民族乡（镇）、民族村的政策扶持力度"，"重点推进丽景民族工业园和环敕木山畲族风情旅游度假区建设，发展民族总部经济，打造'魅力畲寨'，积极建设全国畲族文化发展基地"。市民族宗教事务局2011年发布的《丽水市少数民族事业发展"十二五"规划》，将畲族文化产业发展作为总体目标之一，具体指出："促进文化旅游业、民族文化商品生产研发业、文艺演艺娱乐业等新兴文化产业蓬勃发展。”“中国畲乡三月三”节庆活动品牌在海内外的影响力持续提升，景宁畲族自治县成功打造成为“全国畲族文化发展基地”。民族和生态优势不断凸显，“畲家乐”成为生态休闲旅游新产业。

同时，项目建设也举足轻重。项目建设是一种新的财政转移支付制度，它通过将各种文化产业发展工程以专项划拨和项目的方式进行援助，使各级政府之间以及政府与受援民众之间形成合作互动的责任利益关系。以项目建设为载体的扶持形式是推进文化产业发展的重要抓手，对文化产业建设和援助对象产生十分深远的影响。景宁按照“中国畲乡·小县名城”的发展定位，围绕着建设“全国畲族文化产业的总部，少数民族工艺产品的集散地”目标，在上级政府帮扶资金的启动下，整合社会各界的力量，近年来开展了大规模的文化产业项目建设。

一是重点建设类项目。立足市场发展趋势，集聚景宁优势资源，积极构筑文化产业群，推进了一系列文化产业重点建设项目（见表5－6）

表5－6　　景宁文化产业重点建设列表

<table>
<tr><th>核心产业</th><th>核心平台</th><th>重点平台</th><th>重点项目</th></tr>
<tr><td rowspan="8">风情旅游业</td><td rowspan="8">文化旅游景区与养生（度假）基地</td><td rowspan="4">风情体验景区</td><td>畲族风情旅游度假区</td></tr>
<tr><td>中国畲乡之窗</td></tr>
<tr><td>云中大漈</td></tr>
<tr><td>畲族博物馆文化体验中心</td></tr>
<tr><td rowspan="3">度假区与疗养基地</td><td>千峡湖生态旅游度假区</td></tr>
<tr><td>飞云峡度假区</td></tr>
<tr><td>草鱼塘疗养基地</td></tr>
<tr><td>民宿养生基地</td><td>7个农家乐综合体，21个美丽乡村·魅力畲寨</td></tr>
</table>

续表

核心产业	核心平台	重点平台	重点项目
特色文化服务业	文化艺术（体育）服务基地	畲族文化研发基地	畲族文化研发推广中心
		特色文化艺术（教育会培）服务基地	演艺、会培、影视、美术、摄影及其他艺术类服务基地（分别隶属相关景区及文化场馆）
		山地湖泊型体育训练与拓展基地	飞云峡山地体育拓展训练与竞赛基地（隶属飞云峡度假区）
			大漈探险与拓展基地（隶属大漈景区）
			千峡湖水上体育拓展训练与竞赛基地（隶属千峡湖度假区）
工艺品制作销售业	工艺品生产销售平台	文化创意产业园	畲族文化创意产业园（工艺创意展示体验区、多类优势文化产品制造企业）
		民族工艺品市场	中国少数民族工艺品市场
	品牌宣传平台	节庆会展平台	中国畲乡三月三节庆暨中国少数民族工艺品博览会

二是新增、修订、附加类项目。此类项目是根据《景宁畲族自治县文化产业发展规划》（2014—2024），在2014年启动，计划在规划10年期间建设投入的项目类型（见表5－7）。

表5－7　2014—2024年景宁文化产业新增、修订、附加类项目

项目名称	建设内容及规模
浙江畲族文化创意产业园（中国少数民族工艺品博览城）	创意体验区：集工艺研发、展示、体验为一体。市场交易区：广泛集聚全国少数民族工艺品入驻交易，使之成为全国首个、规模最大的民族工艺品设计、展示与集散中心。占地500亩，并留有更大空间
文化制造业基地（民族开发区与农民创业园）	加强浙江民族经济开发区与澄照农民创业园对以民族工艺品制作为重点的文化制造业的支撑能力
中国畲族文化研发中心	畲族建筑风格设计；畲族民俗演艺设计（含音乐舞蹈）；畲族服装饰品设计；畲族旅游工艺品设计；本土体育拓展项目设计；农家乐型休闲养生模式设计；艺术服务模式设计；文化产业推广平台设计
中国畲乡三月三暨中国少数民族工艺品博览会	推进文化宣传型节庆向经济会展品牌型节庆转型。以民族工艺品展销为主体，开展畲族文化展示、民族文化交流、产业发展研讨

续表

项目名称	建设内容及规模
畲族文化体验中心	将畲族博物馆、演艺馆、健身馆、凤凰谷畲族民俗体验区整合并组线，形成研究、观赏、参与结合的综合型体验项目
云中大漈极限拓展与特色艺术基地	重点建设攀岩、高空走索二大表演项目，洞穴探险、场地型拓展基地二大拓展旅游项目，延伸发展影视、工艺制作、美术、摄影等艺术服务项目
望东垟高山湿地保护区山地体育运动与特色艺术服务基地	利用云湖、鱼漈坑、望东垟三角区发展以山地自行车、高尔夫等为重点的体育训练与比赛基地，同时设置定向越野、溯溪等拓展旅游项目。延伸发展影视、美术、摄影等艺术服务项目
千峡湖生态旅游度假区水上运动与特色艺术服务基地	建立水上体育运动中心，重点发展皮划艇、航模等训赛基地；开发普通型水上游乐项目。延伸发展影视、美术、摄影等艺术服务项目
草鱼塘森林公园（草鱼塘森林疗养院）	以森林公园为依托，结合畲医畲药，发展高级护理（医疗护理）、健身运动、文化娱乐、田园生活以及食养、水（人造温泉）养等实用型疗养项目
农家乐综合体与美丽乡村·魅力畲寨建设	因地制宜发展畲族文化研究、影视、工艺、美术、摄影等多种艺术体验、创作、制作、培训型艺术服务项目

（二）文化产业发展的社区参与

“参与式发展（Participatory Development）理论是伴生‘社区发展’思想等发展起来的，20 世纪 80 年代末期开始引入中国。”① 自此，国内外学者将社区参与广泛应用到文化产业发展尤其是乡村旅游发展中，提出了社区参与文化产业发展的概念，并将其作为产业扶贫的一种有效策略，认为社区参与能克服文化产业发展给当地社区造成消极的环境、社会和文化影响及文化产业收益分配不公平对当地社区居民带来的伤害，以实现扶贫地社区文化产业的可持续发展。在此，我们通过对景宁大漈乡社区参与旅游发展的模式、当地农民参与旅游发展的方式以及个主体权力分配和利益分享状况的全面考察，展示社区参与在文化产业发展中的贡献与价值。

① 丁焕峰：《农村贫困社区参与旅游发展与旅游扶贫》，《农村经济》2006 年第 9 期。

1. 社区参与乡村旅游发展的模式

大漈乡位于景宁中南部，总人口 3158 人，924 户，人文底蕴厚重，文物古迹众多，享有“云中桃源”之美誉，是 AAAA 景区“云中大漈”所在地。2015 年全村游客数量接近 24 万人次，实现旅游总收入超过 2000 万元。经过多年探索，大漈乡根据实际情况和旅游发展的需要，构建了社区参与旅游发展的模式，即社区（乡政府）+公司（旅游开发公司）+村民。其中乡政府代表村民扮演旅游管理者的角色，就一些旅游开发的重大事项作出谋划与决策、组织村民参与旅游发展、监督管理旅游公司内部事务以及协调村民与旅游公司之间的关系。而旅游开发公司在大漈乡旅游发展中，充当旅游经营者的角色，该公司由乡政府和私人共同投资组建，接受乡政府的委托，承担景区的经营管理和商业运作，具体职责主要有：共同投资旅游基础设施建设、市场策划与宣传、组织接待客源、对参与经营的村民进行相关培训以及对经营农户实施统一的规范化管理。另外，参与经营旅游业的村民扮演旅游服务产品提供者的角色，主要按照规定和服务标准为游客提供住宿、餐饮等旅游项目，销售以农产品为主的旅游商品，其中住宿、餐饮费用定期与旅游公司结算。

在大漈乡社区参与旅游发展的模式中，乡政府、公司与村民三个主体相互关联、相互协作，构成一个有序的旅游发展运行体系。其中，乡政府代表社区在该模式中处于主导者的地位，拥有旅游发展的决策权、监管权以及利益分享权。当然，大漈乡的模式在平衡各主体利益的同时，最大限度地保障了村民的利益分享权，其中住宿、餐饮的收入全归村民所有，旅游开发公司不直接提供餐饮住宿服务，村民成为乡村旅游经济的最大受惠者。

2. 村民参与旅游的方式

大漈乡村民作为旅游发展的主体，其参与方式主要有三种：一是食宿接待。食宿接待是大漈乡村民参与旅游开发最主要的形式。为依托旅游产业实现农民增收，大漈乡政府大力实施“旅游富民”战略，扶持村民发展农家乐旅游服务业，到 2015 年全乡农家乐经营户 35

家，餐位数接近2700人，年接待量超过18万人次，年收入近500多万元。通常，团体游客由旅游公司统一安排住宿，根据游客消费水平和农户食宿条件分配游客，食宿费用由旅游公司统一收取，并制定统一的收费标准。二是娱乐表演。大漈乡村民根据“春、夏、秋、冬”季节的不同，开展富有大漈特色的不同主题文化娱乐活动。通常，在游客比较集中的时段，旅游开发公司会聘请由村民文化草根精英组成的文艺团队，为游客表演一些地方民俗娱乐节目，如畲族武术、社戏、花鼓戏等，表演费用按照演出场次由公司统一支配。三是经营商品。经营旅游土特产品是大漈乡村民参与旅游产业的主要方式和重要收入来源。村民主要出售当地生产的各种农产品，既有由企业统一生产提供的有一定品牌影响力的商品，比如茶叶、畲族银饰，也有村民自己制作的土特产，如鱼干、茭白干等。

第六章

东西部比较：个案的经验拓展

我国是一个少数民族分布广泛的多民族国家，2010 年第六次全国人口普查数据显示，55 个少数民族人口总数为 1 亿 1379 万 2211 人，占全国总人口的 8.49%，分布在全国各省、自治区、直辖市，聚居地面积占我国陆地总面积的 60% 以上。按照我国经济发展宏观区域的东、中、西部划分，我国民族地区也相应地分为东部民族地区、中部民族地区以及西部民族地区。根据《中共中央、国务院关于促进中部地区崛起的若干意见》以及《国务院发布关于西部大开发若干政策措施的实施意见》，东部地区主要包括 13 个省市，即北京、天津、上海、河北、山东、江苏、浙江、福建、台湾、广东、香港、澳门、海南，西部地区主要是指内蒙古、新疆、宁夏、陕西、甘肃、青海、重庆、四川、西藏、广西、贵州、云南等 12 个省区。从我国少数民族的实际分布而言，西部地区是少数民族最主要的聚居地区，又据 2010 年第六次全国人口普查统计表明，我国少数民族人口的 71.42% 分布在西部地区。基于这种认识，援助少数民族和民族地区经济社会发展、缩小民族地区与其他地区差距的重点是西部民族地区。因此，如何把普适的发展理论以及东部地区援助发展的经验与西部民族地区的特殊区情相结合，既是一个实践问题，又是一个重大的理论问题。本章在对西部民族地区发展现实条件考察的基础上，通过对浙江景宁的援助发展情况与新疆新和县相比较，探索西部民族地区援助发展的可行路径，力求发挥东部民族地区援助发展的成功经验对西北民族地区的启示和借鉴作用。

第一节　西部民族地区发展的现实条件

一个地区的经济社会发展是在诸多现实条件下各要素相互作用与相互影响的动态过程。对于西部民族地区而言，地理区位条件、自然环境资源、历史文化状况等内部要素以及国家政策扶持、经济援助等外生变量要素，相互交织构成一个复杂动力网络，共同作用于整个发展过程。因此，要对东、西部民族地区援助与发展予以比较分析，有必要全面考察西部民族地区不同于东部发展的现实条件。

一　西部民族地区发展的地理区位条件

地理区位条件是“指一个地区与周围诸社会经济事物关系的总和，包括位置关系、地域分工关系、地缘政治关系、地缘经济关系以及交通、信息关系等。区位条件对一个地区经济发展的影响主要是通过地理位置、交通、信息等相互作用、密切联系而发挥作用的，它们共同决定着一个地区的可接近性”①。就此，地理区位条件乃是决定一个地区经济增长和社会发展的决定性因素之一。

在经济版图中，西部民族地区地处中国西南和西北边陲，虽然地域辽阔，陆地面积宽广，但地形地貌极其复杂。我国的地形特征呈现东低西高的特点，东部地区主要以冲积平原为主，地势较为平坦，地理条件优越，交通便利发达，信息畅通。但西部民族地区位于我国地势的第一、二级阶梯上，地形极其复杂，以高原、山脉、盆地、沙漠、冰川为主，既有世界屋脊，也有世界最低的盆地，地貌种类多样，名山大川交错，恶劣地形众多。“西北黄土高原有沙漠、沙化地貌和黄土黏土荒漠地貌，西南的武陵山区和桂西北山区有喀斯特地貌，青藏高原和横断山区有寒冻风化地貌等。”② 这种复杂的地貌地

① 郑长德：《中国西部民族地区的经济发展》，科学出版社 2009 年版。

② 章慧霞：《从西部的地理特征研究其城市建设》，《新西部》2008 年第 4 期。

形条件使得西部民族地区交通通信基础设施建设难度大，尽管国家给予该类地区巨额的援建资金加强铁路、公路、通信等设施的建设，然而其交通运输线路密度仍远落后于我国东部地区。交通不便，信息不灵的地理区位劣势，阻隔了西部民族地区和国家经济、政治、文化中心的联系而成为国家的边缘地带，并直接制约各种生产要素的空间流动，经济发展的交易费用也相应升高，使其缺乏市场竞争力；同时深居内陆腹地的地理区位，与海洋距离较远，到最近海港的平均运输距离在1000公里以上，从表6－1列出的部分西部民族地区到最近的枢纽海港的距离和地缘政治因素就可以看出①。这也导致西部民族地区没有直接的海洋运输条件，制约着国际经济的合作与交流。

表6－1　　部分西部民族地区的区位情况

地区	天文位置	到最近海港的运输距离（公里）	边境线（公里）	邻国
内蒙古	北纬37°24′—53°23′ 东经97°12′—126°04′	天津（804）	4200	蒙古国、俄罗斯
广西	北纬20°54′—26°20′ 东经104°09′—112°04′	防城港（173）	637	越南
云南	北纬21°08′32″—29°15′08″ 东经97°31′09″—106°11′47″	防城港（1677）	4060	越南、老挝、缅甸
西藏	北纬26°50′—36°53′ 东经78°27′—99°06′	连云港（3931）	4000	印度、尼泊尔、缅甸、不丹、锡金
新疆	北纬34°25′—49°10′ 东经73°32′—96°23′	连云港（3651）	5400	蒙古国、俄罗斯、哈萨克斯坦、吉尔吉斯坦、塔吉克斯坦、阿富汗、巴基斯坦、印度

说明：到最近海港的运输距离指的是省会、首府到最近海港的铁路运输距离。

资料来源：郑长德：《中国西部民族地区的经济发展》，科学出版社2009年版，第82页。

从表6－1可以看出，西部民族地区大多处于边疆地区，在传统意义上处于区位劣势。但是很多地方相邻国家众多，则使其具备了将

① 郑长德：《中国西部民族地区的经济发展》，科学出版社2009年版。

区位劣势转变为区位优势的可能性。比如新疆，它同周边8个国家接壤，地处亚欧大陆地理中心，是丝绸之路经济带上的核心地区与重要节点，成为我国陆地通往东南亚国家和欧洲的主要通道，向西开放的桥头堡。因此，这类地区如果打通由东向西的开放通道，充分发挥陆上通道优势，则能将地理区位劣势转变为区位优势。

二　西部民族地区发展的自然环境资源条件

自然环境资源是指与人类社会发展有关的，是人类生存和生产所依赖的各种自然条件的总和，包括空气、水文、气候、太阳辐射等自然环境以及能被利用来产生使用价值的矿藏、土壤、动植物等自然资源诸要素。作为一种生产要素的自然环境资源是人类经济活动的基础条件，是一个地区经济社会发展的决定性变量。

我国西部民族地区地域广袤，自然环境复杂，蕴含丰富的自然资源。据统计，我国少数民族聚集的西部地区，土地面积681万平方公里，占我国国土面积的71%，南北跨越28个纬度，东西横贯37个经度。在我国面积最大的10个省区中，就有新疆、西藏、内蒙古和广西4个自治区，且新疆、西藏、内蒙古的行政区划面积均超过100万平方公里。然而，与东部民族地区温暖湿润的气候、优良肥沃的土壤、充沛足量的降水以及水土资源匹配较好的情况不同，西部民族地区虽然幅员辽阔，但自然环境又表现出极为明显的复杂性，大部分地区属于温带干旱、半干旱气候，日照充足，但雨水少，土地开发利用程度低；而青藏高原地区地势高峻，平均海拔超过3500米，属高寒气候，无霜期短，热量不足，土地生产力低。不仅如此，西部民族地区位于中国大江大河的上游，生态环境十分脆弱，而且趋向恶化。从西北地区看，干旱少雨，水源贫乏，森林稀少，沙漠戈壁面积大，黄土高原水土流失严重；而西南地区，山地多，坡度大，土层薄，土地的适宜性能单一，占土地面积很大的高寒区，土地利用难度大。尤其是，随着人口的不断增加，为了生存，人们被迫向原已脆弱的环境榨取微薄的生产资料，过度的垦殖和粗放型的生产方式，加剧了水土流失和草原沙化。[①] 总之，西部民族地区除云贵高原、四川盆地和陕西关中地区外，大部分地区自然环境恶劣，经济社会发展受到自然条件的制约严重。

在全面展示西部民族地区自然环境条件低劣和生态环境脆弱的同时，也需要客观地承认其拥有潜在的区域结构性自然资源优势，包括总量巨大、丰富多样的水资源、矿产能源资源和旅游资源等。首先从水资源来看，西部民族地区呈现出时空分布不均、拥有量高的特征。据统计，西部民族地区水资源拥有量为14441.6亿立方米，约占全国水资源总量的60%。就分布而言，西北民族地区3/4的部分都属于干旱或半干旱地区，降雨量少，但人均水资源为2585.04立方米，高于全国平均水平，仅新疆、青海的水资源量就约占西北地区水资源总量的2/3；西南民族地区除藏北外，虽然仅占全国总面积的26.48%，但拥有全国46.4%的水资源，人均水资源高达4902.66立方米。其次，西部民族地区的矿产能源资源也拥有显著优势。据有关统计，以民族地区为主的西部在全国已探明储量的156种矿产中有138种，在45种主要矿产资源中，有24种占全国保有储量的50%以上，另有11种占33%—50%，全部矿产保有储量的潜在总价值达61.90万亿元，占全国总额的66.10%。[②] 同时，我国大多数陆地能源资源，如煤炭、天然气、石油、风能、太阳能都集中在西部民族地区。其中石油储存量占全国的21%，煤炭保有量占全国总量的38.59%，天然气占全国的45.9%。另外，我国西部民族地区悠久的历史、丰富的自然景观孕育了极其独特的旅游资源，如壮丽的自然景观有世界屋脊喜马拉雅山、高原圣湖、大漠戈壁、黄土高原等，以及世界闻名的人文景观包括秦始皇兵马俑、敦煌莫高窟、万里长城遗址、轩辕黄帝陵、古丝绸之路和数不胜数的宗教文化场所等。但面对西部民族地区富饶的自然

① 把多勋、平惠敏：《制度变迁与东西部农村发展比较研究》，甘肃人民出版社2002年版。

② 文传浩、马文斌、左金隆等：《西部民族地区生态文明建设模式研究》，科学出版社2013年版。

资源，仍需要清醒地意识到自然环境条件对资源开发的制约以及资源过度的开采和粗放经营导致的生态破坏，避免陷入资源依赖型经济增长的陷阱。

三　西部民族地区发展的历史传统文化条件

不可否认，一个国家或一个地区的经济社会发展不仅和地理位势、自然环境资源等“硬”要素密切关联，而且以历史传统文化为核心内容的“软”变量的作用也不容忽视。历史传统文化主要包括伦理规范、道德观念、价值信念、风俗习惯、意识形态，“作为一种解释经济发展、制度变迁的变量，的确可以影响到经济发展速率、经济绩效、经济行为主体的态度、经济发展模式、社会成员对正式制度安排的容纳程度、制度实施的成本、制度的效力等各个环节”①。

检视改革开放以来我国东部地区经济社会迅速崛起的根源，可以发现，区域传统文化元素承载的价值观念和行为模式无疑是其重要的思想动因和智力支持。以浙江为例，浙商文化中那些符合市场经济特征的文化传统，如重利尚义的价值观念、敢闯敢试的冒险精神、个人自主的文化观念、以小搏大的务实作风、富而思进的责任意识等，乃是浙江经济社会发展的推动力量。与此形成鲜明对比的是，我国西部民族地区在数千年的历史变迁中，基本处于一种自给自足模式下的自然经济或半自然经济，市场经济意识淡薄，经济主体的思想观念和行为特质仍保留着浓厚的农耕社会之文化基因。虽然在经济全球化的浪潮下，传统文化或多或少发生了一定程度的现代化转型，但由于西部民族地区地理环境条件复杂、交通不便、通信不畅，导致人口流动较少、信息闭塞，外来文化和新思想的影响力和冲击力式微，传统文化的变迁表现出较强的依赖性，人们的思想观念仍较保守落后。

具体而言，相比较东部的文化模式，在经济社会发展的视阈下，

① 把多勋、平惠敏：《制度变迁与东西部农村发展比较研究》，甘肃人民出版社2002年版。

西部民族地区的历史传统文化主要表现出以下几方面特征：一是严重的重农轻商的小农经济意识。西部民族地区人口绝大多数以传统农耕为主，并且长期生活在封闭的环境中，劳动生产率不高，人们交往和流动的范围局限在家族之间与村寨之内，形成狭隘守旧、安于现状的小农意识，认为“金窝银窝不如自己的草窝”。商品交换少，“小富即满”、“温饱即安”，缺乏现代市场意识、竞争意识，排斥商业活动及其文化基础，抱残守缺，乐道安贫，不愿意接受新的事物和观念。二是浓厚的重义轻利观念。在义利关系上，“义”不仅是“利”的保障和条件，也是社会和谐与稳定的基础，但过度重义轻利也会产生消极影响，既容易忽视人们对利益的追求，又会扼杀人的主体精神。西部少数民族的传统义利观，主要表现为重义轻利取向，强调集体利益，并将其与个人利益相对立，崇尚超功利的精神人格，追求“先天下之忧而忧，后天下之乐而乐”的人生价值，塑造克制物欲的理想境界，背离现代市场经济对多元利益主体存在的需求。三是极端的群体至上观念。西部民族地区的传统伦理价值观念嵌入于农耕社会中的家族血缘关系，家族血缘网络是最重要、最根本的支持网络。群体的行为规范被规定为一种礼治秩序。而这种礼治秩序被完全伦理化，人伦关系网络成为一种唯一的存在，完全否认个人之间其他关系，包括以个体的独立性为前提的权益关系。个体一旦违背这种礼治秩序，就会遭受群体非议。这种群体至上的伦理价值取向是，将人的个性消解在贵贱有差、尊卑有序的名分关系之中，在某种意义上使个体失去了独立性，扼制了个体积极性的发挥，阻碍现代社会所倡导的自由、民主、平等的精神。四是强烈的平均主义价值取向。在西部民族地区长期贫困落后的生活状况下，为了求得共同生存和发展，群体成员之间形成了互帮互助、患难与共的传统习俗，形成了平均主义的分配和消费方式。现实的图景是：“一个村子里，一个人发了财，若不与其他村民们分享，可能被视为‘黑心’、‘缺德’。人们根据习惯理直气壮地要求‘分一杯羹’，若得不到满足，今后这人便处处受到打击；迫于习俗，发财人只好按习惯和道德形成的无形规则办事，与他人分享收入。"[①] 这种强烈的平均主义分配方式虽然在一定的意义上为人们战胜生活贫困和自然灾害提供了自我救助的保障，但随着历史的发展和社会的转型，这种分配的弊端暴露无遗，它不仅抑制自由竞争观念的形成，还容易滋生"搭便车"、"等、靠、要"的思想倾向，使得经济社会的发展缺乏精神动力。

四　西部民族地区发展的人口资源条件

现代经济发展表明，某一地区人口资源条件决定着该地区经济发展水平的程度。人口资源是指一定空间范围内具有一定数量、质量与结构的人口总体，系进行社会生产不可缺少的基本物质条件。在经济活动的各种要素中，人口是其中最活跃、最具创造力的资源。因为与自然物质资源不同，人口资源可以通过教育、培训、保健等的投资，进行无限潜力的开发，转变为生产力中的智力、知识与技能等人力资本存量，而成为推动经济增长的重要因素。

由于地理区域优势、良好的政策环境以及优越的经济文化条件，我国东部地区抢占了人力资源的制高点，拥有丰富、优质的人口资源条件。以人口所受教育程度为例，上海、江苏、浙江、福建、广东为代表的东部地区明显高于全国平均水平，根据第六次人口普查的有关数据统计列出的表 6－2 就可以看出，总体上东部地区五省市高中以上学历的比重均超过全国的平均水平，相反文盲率除了浙江之外均远低于全国水平。

表 6－2　　部分东部地区人均教育程度状况　　（单位：%）

省（区、市）	大专及以上	高中	初中	小学	文盲
全国	8.93	14.03	38.79	26.78	4.08
上海	21.95	20.97	36.46	13.54	2.74

① 把多勋、平惠敏：《制度变迁与东西部农村发展比较研究》，甘肃人民出版社 2002 年版。

续表

省（区、市）	大专及以上	高中	初中	小学	文盲
江苏	10.81	16.41	38.67	24.18	3.81
浙江	9.33	13.56	36.68	28.82	5.62
福建	8.36	13.88	37.89	29.80	2.44
广东	8.21	17.07	42.91	22.96	1.96

资料来源：根据第六次人口普查的有关数据统计得出。

然而，受历史传统、自然条件、经济发展状况等的制约，我国西部民族地区人口资源条件与东部地区存在较大差距，严重制约了该地区的经济、科技和社会发展，阻碍了自主发展能力的提升。其突出表现在：一是人力资源数量丰富，存量增长快，资源环境压力大。第六次人口普查数据显示，少数民族人口较多的内蒙古、新疆、宁夏、青海、西藏、广西、贵州、云南等8个省区总人口数量18818.9万，占全国总人口的14%。因此，从绝对数量来看，西部民族地区人口总量较大。另外，就人口增长速度而言，我国西部民族地区人力资源存量增长较快。比较第五次和第六次人口普查数据，可以发现，全国2000年至2010年间人口增长率为5.84%，虽然内蒙古、广西增长比率低于全国平均水平，甚至贵州还出现负增长，但西部地区总体增长比率达7.58%，明显高于全国的增长率（见表6－3)。这种较大的人口增长幅度，由于“人口分母效应”和自然资源的“有限性”，加大了西部民族地区自然与资源环境的压力。二是人口素质整体较低，文盲与半文盲比例高。西部民族地区人口的整体文化程度较低，与全国相比存在较大差距，文盲人口比率超过全国平均水平。第六次人口普查数据表明，除了内蒙古、新疆、广西略低外，其他地区都明显高于全国4.08%的文盲人口比率，其中西藏的比例高达40.69%，占了15岁及15岁以上人口的将近半数，青海的文盲率也是全国的2倍多(见表6－4)。三是人力资源开发利用率低，失业人数比例高。从城镇失业人数和失业率来看，西部民族地区的城镇登记失业率都明显高于全国的平均水平（见表6-5）。总体而言，西部民族地区的人口资源条件仍不利于经济社会持续发展的需要。

表6-3　部分西部民族地区人口增长情况

增长情况	全国	内蒙古	新疆	宁夏	青海	西藏	广西	贵州	云南
2000—2010 年人口增长数量（单位：万人）	7389	95	256	68	45	38	114	-50	309
2000—2010 年人口增长率（%）	5.84	4	13.11	12.1	8.69	14.5	2.54	-1.54	7.21

资料来源：根据2000年第五次、2010年第六次人口普查数据整理而来。

表6-4　西部民族地区人均教育程度

地区	全国	内蒙古	新疆	宁夏	青海	西藏	广西	贵州	云南
文盲率（%）	4.08	4.07	2.74	6.22	10.23	40.69	2.71	8.74	6.03

资料来源：数据根据第六次人口普查的有关数据统计得出。

表6-5　西部民族地区城镇登记失业人数和失业率

地区	全国	内蒙古	新疆	宁夏	青海	西藏	广西	贵州	云南
失业率（%）	3.3	3.7	3.4	4.2	3.4	2.6	3.4	3.3	4.0

资料来源：《中国人口和就业统计年鉴2013》，中国统计出版社2013年版，第26页。统计截止时间为2012年底。

第二节　西部受援者：新疆阿克苏的新和县

源于我国民族地区经济社会发展迟缓的客观事实以及构建全国各族人民共同繁荣局面的现实需要，如何实现民族地区跨越式发展、提升民族地区自主发展能力，不仅是民族地区民众的一致诉求，也是党和国家一直以来关注的重要议题。新中国成立后尤其是改革开放以来，各民族地区在多种外部力量的援助下，结合本民族发展的现实条件和基础，探索出了各具特色的发展路径，呈现出了各自独特的发展模式，并彰显着不同的发展图景和发展潜能。对于现实条件差异巨大的东西部民族地区，其发展模式和发展成效的不同尤其凸显。根据党中央和浙江省委文件精神，2010 年浙江省丽水市确立对口援助新和县，因此基于实证调查的便利性和案例选择的典型性考虑，本书以浙江省景宁畲族自治县和新疆维吾尔自治区阿克苏地区新和县为例，分别作为东部民族地区与西部民族地区的代表，考察它们各自援助发展的不同方式，展示其经济社会发展的境况，对比分析其援助发展的模式特征。

一 几近相同的援助与增长[①]

新和县，隶属于新疆维吾尔自治区阿克苏市，位于新疆维吾尔自治区西南部，地处天山南麓，塔里木盆地北缘。东与库车县隔渭干河相望，西以玉尔滚山为界与阿克苏市、温宿县相交，北依天山支脉却勒塔格山与拜城县毗邻，南与沙雅县英买力乡、二牧场接壤，地理坐标为东经 80°55—82°43′、北纬 40°45—41°45′。县境东西长 136 公里，南北宽 91 公里。县城东距乌鲁木齐市公路里程 794 公里（直线距离 484 公里）、距库车县公路里程 43 公里（直线距离 32 公里），西距阿克苏市公路里程 216 公里（直线距离 194 公里），南距沙雅县公路里程 43 公里（直线距离 34 公里），北距拜城县公路里程 146 公里（直线距离 64 公里）[②]。2013 年全县总人口 19 万人，有维吾尔、汉、回、哈萨克、柯尔克孜、满、土家、乌孜别克、东乡、壮、撒拉等 11 个民族，是一个以维吾尔族为主体的多民族聚居县。

新和作为南疆四地州（和田地区，阿克苏地区，喀什地区，克孜勒苏柯尔克孜自治州）贫困县，由于历史、自然、地理等诸多因素的影响，与内地相比，其经济与社会发展水平长期以来存在较大差距，因此，新中国成立以来新和县一直是国家重点援助发展的主战场。随

① 关于景宁援助发展的历程、成绩与经验前文已作详细论述，故在此不再赘述。

② 彭启光：《新和县志》，新疆人民出版社 1997 年版。

着国家扶贫发展战略和援疆政策的不断转型，新和县的发展模式也经历了若干不同阶段的演变。

（一）改革开放前的救济式援助阶段（1949—1978年）

综合考虑我国的生产布局、国防战备和战略资源开发的需要，新中国成立以后，中央政府、各部委、中央企业和各省市就开始着手扶持包括新和县在内的新疆发展，致力于改善生产，提高人们的生活水平。当时实行计划经济体制，国家正处于社会主义建设初期，贫困乃是属于全国的一种普遍现象，政府还没有专门针对援助新疆的专项政策，所以此时新和具有扶持意义的政策基本上是政府针对因灾致贫和战争伤残人口进行救济，大多采取社会救济、优抚救济和自然灾害救济等方式。根据《新和县志》记载，1971年、1974年、1975年、1976年，政府先后7次给新和镇发放救济款14140元、救济棉花50公斤和棉布200米。在国家救济的同时，集体拨出公益金1107元，救济68户196人；为群众拉救济柴49车。这一阶段城镇救济的方针是"自力更生，群众互助、互借和政府救济相结合"，救济的手段主要是款项拨付和实物供给（见表6－6）。

表6－6　部分年份新和县城镇救济情况统计表

年份	五保、困难户		救济款（元）	粮（公斤）	布（米）	棉花（公斤）	说明
	户数	人数					
1951				1200			
1956	84	129	1500	5975			粮系义仓粮（借出）
1957	123	295	1605				实救济111户，248人
1958	54	147	1565				城镇捐款1290元，衣服1335件，送库车灾民
1959	36	84	696				
1964	38	82	600		100	50	
1975	49	100	3156				
1976	42	88	2764		200	50	其中1107元由公社拨款
1978				11150			农业税减免折款3000元

资料来源：彭启光：《新和县志》，新疆人民出版社1997年版，第229—230页。

对于新和县广大农村地区来说，此时党和政府根据自身的力量，主要采取生产自救、群众互助、发放救济款、减免农业税、借贷义仓粮等办法，帮助遭遇天灾人祸的农民度过困境。以1961年为例，是年4月大尤都斯公社阿恰大队遭受风暴袭击，890亩包谷、316亩棉花、747亩冬小麦、14亩大麦、130亩油菜、26亩胡麻、38亩蔬菜、8亩瓜被沙掩埋，其他各地也有程度不同的灾情。当年拨出救济款24750元、衣物466件、毯子993条、帽900顶、锅200口。当年救济阿恰大队现金150元、毡18条、毯105条、帽50顶、靴118双、布100米、皮大衣6件、锅6口。进入70年代后，全县风、雹、旱、病虫害不断发生，致使部分灾民处境困难，政府除发动群众生产自救外，还下发救济款、减免农业税帮助灾民抗灾救灾。1974—1981年，共减免农业税271万公斤，折款91万多元[①]（具体见表6－7）。

表6－7　　部分年份新和县农村救济情况统计表

年份	困难户		其中五保户		国家救济				集体救济（含捐赠）			说明
	户数	人数	户数	人数	款（元）	粮食（公斤）	布（米）	其他	款（元）	粮食（公斤）	其他	
1956	689	2010			7944	5975					面粉45公斤	国家救济粮是借出义仓粮
1958	696	2211	241	330	2963					7204	衣179件	
1960	181	483		256	6450			衣毡710件	1000			
1962	1124	4696		557	2446	36000	319	布票27400米				
1964	1299	6632	285	545	34920		4500	衣毡4106件，棉花150公斤				实救济1014户，3653人
1966					106000							农业税减免8.5万元
1973	1515	5069	176	268	10000		1500	棉花50公斤	4242			农业税减免5.6万元

资料来源：彭启光：《新和县志》，新疆人民出版社1997年版，第234—235页。

① 彭启光：《新和县志》，新疆人民出版社1997年版。

从总体上来说，国家在这一时期对新和县的援助是在总体经济社会发展水平较低、普遍贫困落后的宏观背景下开展的，以平均分配、社会救济为主要特征。这种在高度计划经济体制时期实施的援助战略，一方面保障了普遍贫困状态下新和民众的基本生存需要，另一方面这种“输血式”的扶持只能暂时缓解穷人生活上的困难，难以真正提高自主发展能力，无法从根本上最终摆脱贫困。这固然是特定历史阶段一种迫不得已的选择，但它毕竟为新和县下阶段的发展作出了重要的铺垫。

（二）改革开放后救济与开发并举援助阶段（1978—1996 年）

十一届三中全会以后，国家转变扶贫思路，着手从体制改革入手，推行农村家庭联产承包责任制，激活人们生产的积极性，释放农村活力。对此，政府推出了多项改革措施，如提高农产品收购价格、培育发展乡镇企业、允许农村人口流动等。这些举措极大地解放了农村生产力，缓解了贫困，但由于资源环境、政策环境和区位条件的差异，地区间经济社会发展水平的差距逐步扩大，区域发展不平衡的问题开始凸显，而且贫困人口仍有有相当一部分难以维持基本的生存需要。面对这一事实，国家及时调整扶贫策略，采取有针对性的援助方式，1986 年国务院成立了专门的反贫困机构——“贫困地区经济开发领导小组”，负责规划和指导全国反贫困工作。同年，全国人大六届四次会议将扶持“老、少、边、穷”地区发展作为一项重要内容，并列入国民经济“七五”发展计划。其后，1994 年为了进一步解决贫困问题，缩小东西部地区差距，全面解决贫困人口的温饱问题，公布实施了《国家八七扶贫攻坚计划》，标志着我国扶贫工作进入攻坚阶段。这一时期，政府主要采取开发式扶贫的基本方针，鼓励贫困地区广大干部、群众发扬自力更生、艰苦奋斗的精神，在国家的扶持下，以市场需求为导向，依靠科技进步，开发利用当地资源，发展商品生产，解决温饱进而脱贫致富。①

① 国务院：《国务院关于印发国家八七扶贫攻坚计划的通知》，1994 年 4 月 25 日，中国政府公开信息整合服务平台（http：//govinfo. nlc. gov. cn/ahsfz/zfgb/199405/201104/t20110414_ 705221. shtml？ classid = 456）。

随着国家援助战略的调整，改革开放后新和县的援助发展方式相应发生转变，援助力度加大。由原来单一的通过救济的方式解决贫困人口的温饱问题转向救济与改善生产条件、加强基础设施建设相结合。一方面，新和县仍然沿袭以往救灾救困的方式，对城镇和农村贫困户给予货币和物质的援助。据有关文献资料统计，1985—1988 年，国家下拨全县城镇救济款 74302 元，573 户次、1573 人次获得救济。90 年代救济力度进一步加大（见表 6 – 8）。这一阶段农村地区仍然是国家救济的重点，以 70 年代末为例，全县农村有国家救济户 1865 户，96 户五保户，五保农民 129 人，176 户困难户，7132 个困难人，年发放救济款 67179 元。这从表 6 – 8 也可见一斑。另一方面，政府开始意识到传统救济方式的局限与不足，逐渐把援助的方向转向生产发展与基础设施建设上。根据《新和县志》记载表明，1980 年国家转移支付全县扶贫款 8 万元，主要用于扶持人均纯收入在 50 元以下的生产队购买中小型农具。其后 1981 年，新和县重新修订了扶贫工作规划（草案），争取国家重点扶助和落实扶贫资金，解决了当地的资金困难。当年，全县各地援助方式主要是减免欠款、帮耕帮种、分给扶贫地（每户 1 亩左右）、借给扶贫羊。仅大尤都斯公社就帮助贫困户建造房屋 16 间（合计 1920 元），购买扶贫羊 101 只、棉花 268 公斤、柴 276 车，总计折合金额 2667 元。1982 年，国家下拨扶持款项 1 万元，重点用于大尤都斯公社的贫困生产队，总共援助了 31 户、135 人，购买了 15 头牛、23 头驴、15 只羊、17 辆车、1420 公斤粮食，以及被子、毡子、皮衣等生活用品 43 件，建房 2 间。截至 1988 年年底，国家共计下拨全县援助款 34 万元（包括有偿贷款 13.6 万元），扶持贫困户达 2557 户。创建扶贫经济实体 7 个，举办缝纫技术培训班，35 名贫困户子女参与培训。1980—1988 年，帮助贫困户建造房屋 653 间，援助 438 户贫困户脱贫致富。（见表 6 – 9）另外，为了进一步提高农民生产自救的能力，1990 年新和县采取民办公助的方式建立救灾扶贫互助储金（粮）会，全县 6 乡 1 镇共建立 14 个储金（粮）会，共有 17666 户、91886 人参加储金，全年储金高达 645.3 万元，14540 户、79086 人参加储粮，当年储粮为 212615 公斤（见表 6 – 10）。

表 6－8　1990—1995 年新和县城镇救济情况统计表

年份	五保、困难户		救济款（元）	粮（公斤）	布（米）	棉花（公斤）	说明
	户数	人数					
1990	30	81	13000				发动富裕户捐款、捐柴、捐煤
1991	60	180	14000	3000			富裕户捐煤 10 吨
1992	110	300	13000	3000			富裕户捐煤 10 吨
1993	112	360	13000	2500			
1994	112	380	14000	3000	500	500	
1995	35	90	14300	17200	2000	60	

资料均来源：彭启光：《新和县志》，新疆人民出版社 1997 年版，第 230 页。

表 6－9　改革开放以后部分年份新和县农村救济情况统计表

年份	困难户		五保户		国家救济		集体救济（含捐赠）			说明
	户数	人数	户数	人数	款（元）	其他	款（元）	粮食（公斤）	其他	
1979	1911	7347	69	129	81501	棉花 450 公斤	3678	45366	5595 个工	农业税减免粮 54.39 万斤
1982	1770	6366	151	225	62927		37388			农业税减免 8.5 万元
1988	1072	4824			512000					其中自然灾害救济 50 万元
1991	842	3224			370000					其中抚恤 2 万元、社救 7 万元、自然灾害救济 22 万元
1993	1266	4458			200000					其中抚恤 3 万元、社救 6 万元、自然灾害救济 8 万元
1995	2807	10302			450000					

资料均来源：彭启光：《新和县志》，新疆人民出版社 1997 年版，第 230 页。

表 6－10　1990 年代新和县救灾扶贫互助储金（粮）会情况统计表

项目／乡镇	农村人口		储金会					储粮会				
			参加数		储金额（万元）			参加数		储粮数（公斤）		
	总户数	人口	户数	人口	个人	国家周转资金	小计	户数	人口	个人	国家下拨周转	小计
玉奇喀特乡	2811	15561	2697	15029	5	—	5	2697	15020	50000	—	50000
塔什力克乡	3236	16267	3159	16200	490	—	490	3300	17000	64000	3750	67750

续表

项目 乡镇	农村人口		储金会					储粮会				
	总户数	人口	参加数		储金额（万元）			参加数		储粮数（公斤）		
			户数	人口	个人	国家周转资金	小计	户数	人口	个人	国家下拨周转	小计
尤鲁都斯巴格乡	3028	14921	2842	14421	31. 5	—	31. 5	2942	14596	13145	—	13145
新和镇	457	2316	810	1358	114. 8	0. 2	115	301	1308	3620	—	3620
依其力克乡	3845	20234	3370	18968	3. 4	0. 4	3. 8	2950	17702	71000	7100	78100
渭干乡	2360	13471	2350	13460	—	—	—	2350	13460	—	—	—
排先巴扎乡	2525	12867	2438	12450	2	—	—	—	—	—	—	—
合计	18262	95637	17666	91886	644. 7	0. 6	645. 3	14540	79086	201765	10850	212615

资料均来源：彭启光：《新和县志》，新疆人民出版社 1997 年版，第 230 页。

不难发现，这一时期新和县的援助发展一方面表现出国家援助、集体援助与民众互助相结合的特征，有效地发挥了各方在发展援助中的作用，充分调动了国家、集体和个人参与扶贫的积极性；另一方面表现出的一个显著特征是救济式援助与开发式援助同时并进，这不仅保障了民众的基本生活需求，也在一定程度上推动当地生产的发展和自主能力的提升。正是这样，经过这一阶段的不懈努力，到 90 年代中期，新和县的扶贫工作取得了巨大的成就，绝对贫困状况得到了极大的缓解，当地的基础设施明显改善。在温饱问题基本解决的基础上，开发出各种特色产品，且农村产业结构日趋合理。当然，我们在看到成效的同时，也应该清醒地注意到这期间扶贫方式存在的问题。这一时期，虽然政府改变了过去单一的救济式援助，注意到改善生产条件、扶持地方产业发展的重要性，但总体而言，“输血”仍然是援助的主要手段，因此新和县的地方“造血”功能并不强。另外，因为国家反贫困战略追求的是全国范围内所有贫困地区整体经济水平的增长，所以中央政府按照“公平原则”分配扶贫资金，采取千篇一律的援助方式。然而事实上，全国各地尤其是像新和县这类西部民族地区的贫困状况、致贫原因和反贫困条件等都存在较大差别。其结果是，不仅容易导致援助方式的“水土不服”，援助力度也难以满足当地摆脱贫困的需要。

（三）大规模“对口援疆”的特别援助阶段（1997年至今）

基于新疆经济社会发展的状况与建设新疆的特殊需要，党中央历来重视新疆的发展。新中国成立以后尤其是改革开放以来，中央及部分省市倾情关注新疆，认真总结历史经验，并探索发展出了一种对口支援新疆的特殊援助政策模式。通常认为，对口援疆模式萌芽于20世纪50年代初，50年代中后期开始实施，至1979年中央下发52号文件，以国家政策的方式把对口支援的方式确定下来[①]。但直到1990中期才真正正式拉开“对口援疆”序幕，1996年3月，江泽民同志主持召开中共中央政治局常委会议，专题讨论新疆稳定工作，下发了《中共中央关于新疆稳定工作的会议纪要》，作出了“培养和调配一大批热爱新疆，能够坚持党的基本理论、基本路线和基本方针，正确执行党的民族宗教政策的汉族干部去新疆工作”的决策部署[②]。按照部署，1997年开始实施“干部援疆”工作，截至2002年，各省市、部分中央直属机关和国家部委先后派驻四批援疆干部，总计1739人。为了进一步加大对口援疆的力度，创新援疆模式，2003年11月，中办〔2003〕32号文件就加强新疆干部与人才队伍建设作出了明确要求，并对推进干部与人才交流机制问题提出了具体的措施。2004年4月，中发〔2004〕11号文件制定了“稳疆兴疆、富民固边”战略，并把新疆作为西部大开发的重点。2007年9月，国务院下发《关于进一步促进新疆经济社会发展的若干意见》，明确：“要进一步加大对新疆对口支援的工作力度。鼓励更多省市、企业向新疆提供人才、资金、项目援助，加强经贸合作交流，形成全国支援新疆发展的格局。”2009年，新疆乌鲁木齐“7·5”事件后，对口援疆进入新的阶

① 刘向晖：《援疆工作十四年回顾与展望》，《新疆地方志》2011年第3期。

② 付玉翡：《对口援疆政策的回顾与思考——以1997—2010年间政策实践为例》，《兵团党校学报》2012年第6期。

段。2010年3月和5月，全国对口支援新疆工作会议、中央新疆工作座谈会相继在北京召开，就新一轮对口援疆工作提出了更高要求。随后，每年召开一次全国对口支援新疆工作会议，根据新疆的新形势不断调整援建的策略，作出新的部署。自此，中央、各部委、央企和省市对口援疆工作全面展开，其中有19个省市与新疆12个地州以及兵团12个师建立了对口支援关系。

为了积极响应党中央号召，浙江省作为沿海经济发达省份，从2010年5月开始启动对口支援阿克苏地区，开展了新一轮的援疆行动。同时浙江省10个地市分别与阿克苏1市、8县、1师结成对口帮扶。在这一背景下，丽水市与新和县形成了对口援助关系，按照以民生改善为重点，以产业发展为亮点，以促进新和县跨越式发展和长治久安为落脚点的总体思路，构建了以产业援疆、项目援疆、智力援疆和文化援疆为重点的全方位综合援建新和的格局。自2010年以来，丽水市围绕“中央有精神、丽水有能力、新和有需求”的指导思想，有序推进了一系列项目建设，力求以项目为载体，开展多种类型的援助形式，并成为新和经济社会发展的主要外部援助力量（见表6－11）。

表6－11　2010—2014年丽水市对口援助新和县的项目清单

序号	项目名称	项目内容	援助资金（万元）	建设地点（实施单位）	项目类别	时间（年度）
1	新和县浙江丽水维吾尔医医院一期	建筑面积8205平方米，病床位201张	2200	新和县城	全额投资	2010—2011
2	新和县尤鲁都斯巴格镇卫生院病房楼	建筑面积1423平方米，病床位71张	347	尤鲁都斯巴格镇	全额投资	2010—2011
3	新和县渭干乡卫生院病房楼	建筑面积1277平方米，病床位57张	300	渭干乡	全额投资	2010—2011
4	新和县塔什艾日克敬老院	建筑面积1336平方米，病床位50张	294	塔什艾日克乡	全额投资	2010—2011
5	新和县乡镇卫生院救护车配置	救护车10辆	215	县医院、乡镇医院	设备器材	2010—2011
6	新和县灾害性天气预测预防项目	建筑面积1005平方米，固定炮点5个区域自动气象站设备5套等	450	新和县相关乡镇	资金补助	2010—2011

续表

序号	项目名称	项目内容	援助资金（万元）	建设地点（实施单位）	项目类别	时间（年度）
7	新和县社区阵地建设项目	建筑面积 1973 平方米	100	新和县县城	资金补助	2010—2011
8	新和高级中学教学区一期	建筑面积 2.56 万平方米，主要为教学楼、科技楼、实验楼、行政楼	600	依其艾日克乡	资金补助	2010—2011
9	新和县加依村新农村及龟兹文化展示中心建设项目	龟兹文化展示中心建筑面积 1691.6 平方米、农房改造及基础设施建设	500	依其艾日克乡	资金补助	2010—2011
10	新和县“安居富民”工程	农村安居房 2386 户	2386	新和县各乡镇	资金补助	2010—2011
11	新和县“村舍光明”接电入户工程	解决 288 户无电户及输变电设施	165	依其艾日克乡	资金补助	2010—2011
12	新和县食用菌示范推广项目	生产食用菌 60 万袋规模及温室大棚、加工设备、技术培训	100	新和县各乡镇	资金补助	2010—2011
13	新和县万亩红枣特色林果业培育项目	果树滴灌面积 10000 亩及电力设施架设、灌溉系统	500	新和县各乡镇	资金补助	2010—2011
14	新和县自主性智力援助项目	党政干部赴丽水挂职锻炼、开展“专家行”活动、“双语强化培训”中学生夏令营等 8 个子项目	219	新和县、丽水市	智力帮扶	2010—2011
15	安居富民工程	建设农民安居房 3880 户	3880	新和县各乡镇	资金补助	2012
16	新和高级中学教学区一期	建筑面积 25629 平方米，包括教学楼、实验楼、科技楼、行政楼	750	依其艾日克乡	资金补助	2012
17	食用菌示范推广营销项目	食用菌总规模达到 60 万袋及设施设备	20	新和县有关乡镇	资金补助	2012
18	自主智力帮扶项目	开展两地摄影、书画交流展出、出版新和外宣画册等文化援疆活动	54	新和县、丽水市	智力帮扶	2012
19	村镇规划编制	编制 35 个村庄建设规划（援助 10 个村庄）	80	新和县	资金补助	2012

续表

序号	项目名称	项目内容	援助资金（万元）	建设地点（实施单位）	项目类别	时间（年度）
20	统分结合智力援助项目	139名基层干部赴浙轮训、220名基层卫生人员培训和3名青年科技英才培养	185	阿克苏、丽水市	智力帮扶	2012
21	安居富民工程	建设农民安居房3880户	3298	新和县相关乡镇	资金补助	2013
22	自主智力帮扶项目	丽水专家新和行、新和县高级人才赴丽水研讨班、中青年干部培训班等	53	新和县组织部、丽水援疆指挥部	智力帮扶	2013
23	村镇规划编制	编制25个村建设规划，援助其中14个村庄	100	新和县住房和建设局	智力帮扶	2013
24	基层组织阵地建设	新建渭干乡、依其艾日克乡、尤鲁都斯巴格镇3个基层组织阵地设施，总建筑面积2363平方米	90	新和县组织部	资金补助	2013
25	食用菌产业发展培育	新建核心示范基地2个，生产大棚20个，保鲜库1个，发展农户30户及技术培训，食用菌总规模达到70万袋以上	50	新和县农业局	资金补助	2013
26	地区统计信息化建设	6乡2镇1农场及6个社区的统计信息网建设	13	新和县统计局	资金补助	2013
27	产业援疆扶持资金	2011—2012年引进援疆企业的标准化厂房建设一次性补助	50	新和县援疆指挥部	资金补助	2013
28	2013年青年科技英才培养	选派新和县青年科技人员4名赴浙培训半年	12	丽水援疆指挥部、新和县相关部门	智力帮扶	2013
29	2013年基层干部赴浙轮训	按培训54人、挂职6人开展基层干部赴浙轮训	69	丽水援疆指挥部、新和县组织部	智力帮扶	2013
30	食用菌产业发展培育	新发展“庭院经济”30户，新增食用菌60万袋	70	丽水援疆指挥部、新和县农业局	资金补助	2014

续表

序号	项目名称	项目内容	援助资金（万元）	建设地点（实施单位）	项目类别	时间（年度）
31	新和县2014年产业招商引才工作	赴丽水开展新和招商推荐会活动；“丽商新和行活动”；组织参加浙洽会等	100	丽水援疆指挥部、新和县招商局	资金补助	2014
32	新和县加依村“天籁加依”景区游客接待中心建设项目	建设游客接待中心754.05平米；景区东大门停车场换乘中心等	650	丽水援疆指挥部、新和县旅游局	资金补助	2014
33	新和县劳动力市场建设项目	建设集中的劳动力服务市场，主要包括职业介绍大厅1500平方米	390	丽水援疆指挥部、新和县人保局	全额投资	2014
34	新和县玉奇喀特乡卫生院病房楼工程	建筑面积1492平方米及其配套设施	398	丽水援疆指挥部、新和县卫生局	全额投资	2014
35	新和县2014年“安居富民”工程	新建或改造农村安居房3880户，每户补助8500元	3298	丽水援疆指挥部、新和县住建局	资金补助	2014
36	新和高级中学建设项目	续建教学区（一期）工程，总建筑面积25629平方米	1000	丽水援疆指挥部、新和县教育局	资金补助	2014
37	新和县医院医疗设备采购项目	各类紧缺急需器材，中央监护站	150	丽水援疆指挥部、新和县人民医院	设备器材援助	2014
38	职高帮扶结对	依托丽水职高、职技院结对帮扶载体，提高新和职高管理水平、教学水平和专业水平	20	丽水援疆指挥部、新和县教育局	智力帮扶	2014
39	干部异地挂职	组织10名新和县党政干部赴丽水挂职锻炼	30	丽水援疆指挥部、市委组织部	智力帮扶	2014
40	青年后备干部异地挂职	组织30名后备干部赴丽水培训	43	丽水援疆指挥部、市委组织部	智力帮扶	2014
41	乡镇党政干部能力提升班	组织30名党政干部赴丽水能力提升	30	丽水援疆指挥部、市委组织部	智力帮扶	2014

续表

序号	项目名称	项目内容	援助资金（万元）	建设地点（实施单位）	项目类别	时间（年度）
42	领导干部网络学院平台维护	领导干部网络学院平台 2014 年租赁、维护	15	丽水援疆指挥部、新和县委组织部	智力帮扶	2014
43	教育系统“5+1”结对模式	深化两地教育系统“5+1”结对模式，开展两地教师互派挂职锻炼	30	丽水援疆指挥部、新和县教育局	智力帮扶	2014
44	组织丽水专家新和行活动	邀请丽水卫生、教育领域高层次专家人才来新和县开展短期培训	20	丽水援疆指挥部、新和县委组织部	智力帮扶	2014
45	“丽水共建杯”五佳评选、丽水援疆杯农牧民运动会	联合举办两会	25	丽水援疆指挥部、新和县委宣传部	智力帮扶	2014
46	组织开展“新和风丽水情”文化交流活动	组织丽水摄影家、文化名人、民间艺术家赴新和采风，增进两地文化交流	30	丽水援疆指挥部、新和县委宣传部	智力帮扶	2014
47	协办《渭干河文艺》专刊	协办《渭干河文艺》，展示两地文学文艺创作作品，促进两地文化交流	20	丽水援疆指挥部、新和县委宣传部	智力帮扶	2014
48	依其艾日克乡红光村文化礼堂试点建设项目	新建文化礼堂、文化体育活动中心等	90	丽水援疆指挥部、新和县委宣传部	资金补助	2014

资料来源：根据丽水援疆网（www. lsnews. com. cm/yj）发布的有关信息整理

在这一时期，新和县受惠于丽水市对口帮扶的同时，各级政府垂直性的财政扶贫工作也在加速推进。根据新和县政府公开的信息表明，2001—2010 年，新和县的 35 个扶贫开发重点村累计获得各种扶贫资金 3430. 93 万元，包括财政扶贫资金 1460. 56 万元、扶贫培训资金 95 万元、贴息贷款资金 1527 万元以及定点帮扶资金 348. 37 万元。另据有关资料显示，仅 2013 年 3 月，新和县获中央财政专项扶贫项目资金 420 万元，其中，270 万元用于补助 270 户困难群众购买生产牲畜、家禽，发展养殖业；120 万元用于补助 240 户困难群众发展庭院经济；30 万元用于排先拜巴扎乡阿热买里村修建防渗渠，改善该村 492 户农民群众灌溉用水条件。[1] 从上述各类援助措施可知，由于中央财政扶持和丽水市对口援疆，这一阶段新和县获得了大量的援助资金和援建项目，极大地改善了区域内尤其是农村的民生基础设施，有力地推动了地方经济发展转型，对新和的发展和稳定产生了深远的影响。

二　显著的发展效应

一直以来，国家重视和关心民族地区尤其是边疆民族地区的发展问题，把援助边疆贫困地区作为国家扶贫工作的重中之重。在这一背景下，新和县获得了来自各方面的多种形式的扶持，并深刻改变着县域内经济社会的面貌。

（一）经济发展的综合实力显著增强

近些年来特别是开展对口援疆工作以来，新和县经济发展的综合实力逐年提升。根据 2015 年新和县政府工作报告显示，2014 年县内完成地方生产总值 31.4 亿元，同比增长 10.9%；完成固定资产投资 27.1 亿元，同比增长 23.2%；实现地方财政收入 4.695 亿元；公共财政预算收入 3.61 亿元，同比增长 5.53%；金融机构人民币存款余额达到 29 亿元，贷款余额达 23 亿元；社会消费品零售总额 3.8 亿元，增长 15%[2]。另外，从近 5 年县内生产总值的变化来看，新和县保经济发展持着较高的增长总量和较快的增长速度（见图 6－1 和图 6－2）

图 6－1 可以看出，2010—2014 年期间地方生产总值年均增长 13.96%，而根据国家统计局发布的《2014 年国民经济和社会发展统计公报》表明，同期 5 年我国国内生产总值年均增长仅为 8.58%，新和县的增长速度超过全国增长率的 5.38%。

---

① 记者：《新和获中央扶贫项目资金 420 万》，《阿克苏日报》，2013 年 4 月 11 日。

② 新和县政府：《2015 年新和县政府工作报告》，2015 年 2 月 12 日，中国新和县人民政府网（http：//www.xjxinhe.gov.cn/info/1038/14758.htm）。

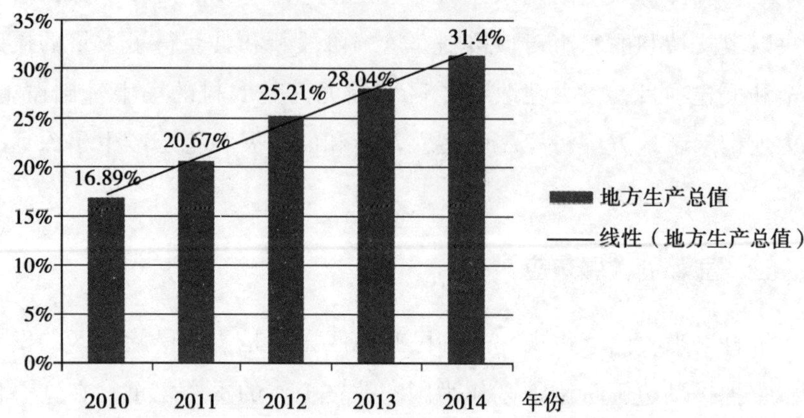

图 6－1　2010—2014 年新和县地方生产总值变化情况

资料来源：新和县统计局：《新和统计年鉴 2010—2013》、《新和县 2014 年国民经济和社会发展统计公报》，内部资料。

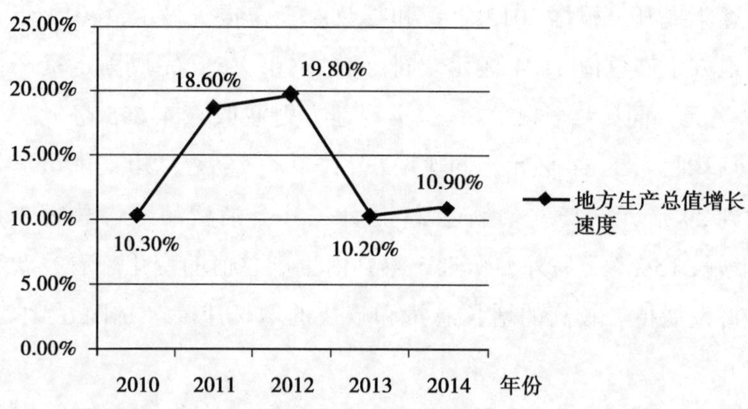

图 6－2　2010—2014 年新和县地方生产总值增长速度

资料来源：新和县统计局：《新和统计年鉴 2010—2013》、《新和县 2014 年国民经济和社会发展统计公报》，内部资料。

（二）人民生活不断改善

在外部力量的援助和新和人的共同努力下，新和人民的生活水平不断提高。仍以 2014 年为例，全年累计地方财政总支出达 160181 万元，比 2013 年增加支出 8933 万元，增长 5.9%。其中财政支出的

81%用于民生建设。另外，城乡居民收入显著提高。2014 年城镇居民人均可支配收入达到 21300 元，比上一年增加 1487 元，同比增长 7.5%；农民人均纯收入 11058 元，比上一年增加 1031 元，同比增长 10.28%。同时，2010—2014 年间城乡居民收入增长情况可以反映出新和县人民生活明显改善（见表 6－12）。

表 6－12　　2010—2014 年间新和县城乡居民收入增长情况

年份	城镇居民人均可支配收入（元）	城镇居民人均可支配收入增长比例（%）	农民人均纯收入（元）	农民人均纯收入增长比例（%）
2010	13200	10.3	6169	23.55
2011	15214	15.3	7270	17.8
2012	17502	15	8626	18.6
2013	19956	14	10027	16.2
2014	21300	7.5	11058	10.28

数据来源：新和县统计局：《新和统计年鉴 2010—2013》、《新和县 2014 年国民经济和社会发展统计公报》，内部资料。

此外，自国家扶贫开发工作开展以来，新和县低收入（人均收入 785—1067 元）人口数逐年减少。以 2005—2010 年为例，2005 年全县总户数 41394，总人口 147389，其中剩余低收入人口数为 7499 户，36119 人，分别占总比例的 18%、24.5%，到 2010 年全县总户数 46994，总人口 166847，其中剩余低收入人口数为 1987 户，8462 人，分别占总比例的 4%，5%，约为 2005 年的 1/5。2005—2010 年间剩余低收入人口数变化情况见图 6－3。

（三）城乡基础实施建设不断增强

加强基础设施建设，对于民族地区经济的发展和人们生产生活状况的改善具有重要的支撑作用，由此也一直是援助发展的中心工作。经过多年的扶贫开发，新和县的城乡基础实施建设不断增强，综合服务能力不断提升。仅 2014 年，完成城市基础设施投资 5260 万元，村镇基础设施建设投资 1050 万元，完成廉租房建设 768 套、公租房建

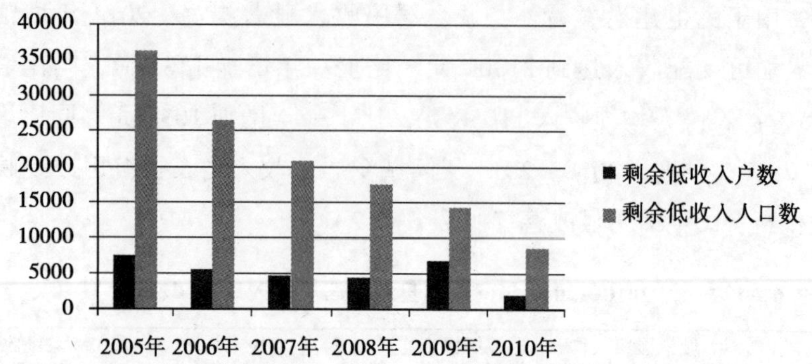

图 6-3 新和县 2005—2010 年新和县剩余低收入人口数变化情况

数据来源：新和县统计局：《新和统计年鉴 2010—2015》。

设 604 套、棚户区改造 1090 户，新增天然气入户 1800 户，为 1860 户低收入家庭提供免费天然气，城市供水普及率、污水处理率和垃圾处理率均实现 100%，集中供热率达 95%；新增园林绿地 6.2 公顷；新建改建城乡公路 66 公里，建成农村公路公交站台 28 座。①

从动态变化来看，新和县基础设施建设的步伐不断加快，人均拥有各类基础设施的数量迅速增长，以 2005—2013 年境内公路里程、住宅电话年末用户数、互联网拨号上网用户、医院（卫生院）床位数等为例就可见一斑（见表 6-13）。

表 6-13 2005—2013 年新和县境内公路里程、住宅电话年末用户数、医院（卫生院）床位数变化情况

年份	境内公路里程（公里）	移动电话年末用户数（户）	互联网拨号上网用户（户）	医院（卫生院）床位数（个）
2005	120	15618	570	318
2010	120	20750	840	362
2011	1069.5	91263	2000	615
2012	1070	131532	2849	685

① 新和县政府：《2015 年新和县政府工作报告》，2015 年 2 月 12 日，中国新和县人民政府网（http://www.xjxinhe.gov.cn/info/1038/14758.htm）。

续表

年份	境内公路里程（公里）	移动电话年末用户数（户）	互联网拨号上网用户（户）	医院（卫生院）床位数（个）
2013	1130.6	114897	4100	678

数据来源：新和县统计局：《新和统计年鉴 2010—2013》。

（四）工农业经济稳步增长

《新和县2014年国民经济和社会发展统计公报》显示，新和县2014年农业（农林牧渔业）总产值269233万元，比2013年增长7.91%，增加值12.2亿元，较上一年增长6.2%。其中种植业总产值220003.5万元，同比增长7.34%，林业总产值4124.4万元，增长7.9%；畜牧业总产值29747.3万元，同比增长12.25%；渔业总产值501.24万元，增长58.93%。2014年粮食总产量达125106吨，其中棉花产量116421吨，小麦产量72993吨，蔬菜产量47600吨。另外，以红枣、核桃为代表的特色果树面积达39.2万亩，总产量12.52万吨，仅红枣面积18.1万亩，核桃面积达17.5万亩。2014年末全县牲畜存栏头数29.08万头，同比增长7.98%，出栏头数16.85%，同比增长10.64%。水产品产量400吨，同比增长50.38%。

同时，农业生产条件获得极大改善。2014年末农业机械总动力19.93万千瓦，比上一年增长6.07%。拥有大、中、小型拖拉机4180台、4822台，分别增长13.53%、下降5.6%，化肥用量3.32万吨，增长42.7%。

工业方面，2014年全年完成工业总产值16.4亿元，累计完成工业增加值4.46亿元，比上一年增长16.5%。其中，采矿业完成工业增加值0.4亿元，增长36.7%，纺织业完成工业增加值0.36亿元，增长20.6%，农副产品加工业完成工业增加值1.71亿元，增长7.7%，电力、水、天然气生产和供应业完成工业增加值0.4亿元，增长6%。

从2010—2014年近5年工业变化情况来看，县域内工业增加值一直保持较快增长，平均每年增长38%（见图6-4、图6-5）。

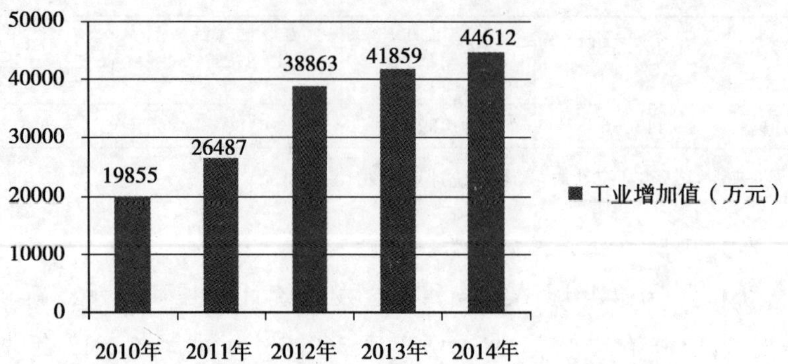

图 6－4　2010—2014 年新和县工业增加值变化情况

数据来源：新和县统计局：《新和统计年鉴 2010—2013》、《新和县 2014 年国民经济和社会发展统计公报》。

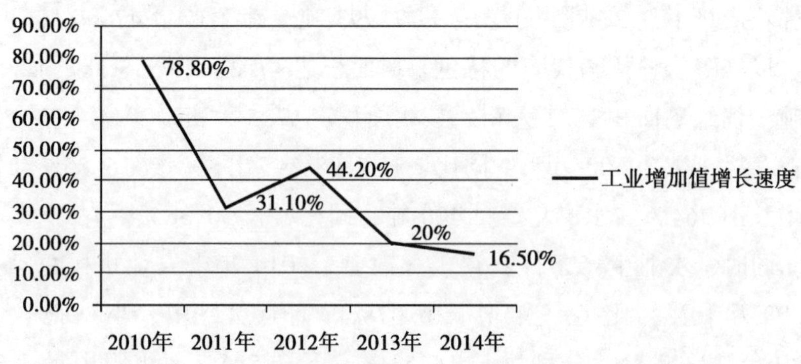

图 6－5　2010—2014 年新和县工业增加值增长速度情况

数据来源：新和县统计局：《新和统计年鉴 2010—2013》、《新和县 2014 年国民经济和社会发展统计公报》。

第三节　东西部的个案比较：景宁与新和

景宁与新和同为我国两个民族地区，并同样经历了较长时间的援助发展过程，当前其收入水平基本相当，2014 年景宁城镇居民可支配收入 26152 元，农民人均纯收入 12432 元，同期新和两项数据分别为 21300 元和 11058 元。但前者位于东部地区，后者属于西部边疆民族地区，两者无论在援助发展的环境条件、援助发展的路径，还是援助发展的潜在影响等方面均有差异。

一　两地援助发展的基础条件比较

景宁行政隶属浙江省，是华东地区唯一的少数民族自治县和唯一的畲族自治县，地处浙闽两省结合部，毗邻宁德、温州、丽水，距省会杭州仅为 259 公里，距丽水市区 80 公里。自 2013 年云景高速公路建成通车，景宁即融入了浙江省四小时交通圈。首先，就周边区域环境而言，浙江和福建均为我国改革开放的前沿阵地，民营经济发展的重镇，经济发展水平位居我国前列，市场经济建设起步较早，而杭州、温州、宁德又为浙闽两省较为发达地区，市场经济活跃，商业氛围浓厚。这些周边地区虽然对于景宁在产业发展、人才资源、公共资源、产品市场等方面形成一定的竞争，但它不仅有利于景宁共享周边发达地区的优势资源，也有利于招商引资、人才流动、技术引进等，推进多元接轨，进而形成后发优势。同时，与周边地区相比较，经济社会发展落后的现实压力也为景宁加快自身发展提供了强大的动力，造成了“我要发展”的强烈心理态势。其次，从文化环境来看，一方面，在长期自给自足的自然经济条件下，景宁畲族同胞“日出而作，日落而息”，因循守旧、安于现状，缺乏“敢为天下先”的勇气，不敢探索和创新，商品经济起步较晚，并受“重农轻商、重本抑末”的封建思想观念影响深厚，“轻商思想长期占据统治地位，‘无商不奸’、‘经商可耻’的陈旧观念至今还有不少的市场”。① 但另一方面，景宁位居浙江，长期浸淫在影响深远的浙商文化之中，与浙江商帮进行频繁的往来与互动。正是由此，景宁的族群文化与浙商文化产生了相互碰撞与交流，并引发了景宁地域文化的转型与变迁，在畲族原著文化中嵌入了浙商文化中“经世致用”、“务实创新”的文化

① 雷弯山：《思维之光，畲族文化研究》，天津人民出版社 1997 年版。

因子，注入了浙江“小手工艺与小贸易”式的工商文化传统。景宁颇具特色的遍布全国各地的“三小经济”（小超市、小水电、小宾馆）或许正是这种文化的生动实践。再次，就外部援助主体和援助力度而言，作为浙江省欠发达地区的景宁，一直以来是浙江省重点扶持对象，特别是浙委〔2008〕53号文件即《关于扶持景宁畲族自治县加快发展的若干意见》发布以来，景宁获得了来自省委省政府、各有关部门以及同级地区的多种形式的援助。这不仅是旨在促进民族地区的发展繁荣，也是实现浙江省全面建设小康社会和基本公共服务均等化的现实需要。这种援助的力度是空前的，例如《关于扶持景宁畲族自治县加快发展的若干意见》就明确指出：“2008年至2012年，省财政在保持年度专项补助的同时，每年再安排5000万元专项资金。”毋庸置疑，对于景宁的大量资金援助和浙江省强大的经济实力不无关系，以2014年为例，根据《中国统计年鉴2014》数据显示，浙江省国内生产总值为40153.6亿元、公共财政收入4121.17亿元，居列全国31省市第四、第五位。最后，从资源环境条件而言，景宁地貌以深切割山地为主，属中亚热带季风气候，雨量充沛，温暖湿润，四季分明，冬夏持续时间长，热量资源丰富，且耕地土质条件优越，土壤结构好，适合农作物生长。另外，景宁是浙江省重点林区县、具有生物多样性的典型县，也是瓯江、飞云江两大水系的发源地之一，以及浙江省重点生态屏障，拥有丰富的森林资源，其森林覆盖率达85%以上，且由于水资源丰富，境内海拔高低悬殊，地势落差大，适宜水电开发，由此也被誉为“中国农村水电之乡”。不仅如此，景宁作为全国唯一的畲族自治县和革命老区，传统文化蕴涵深厚，山水风光秀丽迷人，旅游资源丰富，旅游家誉之为“神奇畲乡，休闲胜地”，又称之为“浙江的西双版纳”、“华东的香格里拉”①。

新和县辖六乡两镇，地域辽阔，资源丰富，全县东西长136公里，总面积为5820.46平方公里，其中耕地45.5万亩，林地48.86

① 编写组：《景宁畲族自治县概况》，民族出版社2007年版。

万亩，草场174万亩，水面2.8万亩，沙地199.29万亩，沼泽洼地5.74万亩，山地160.74万亩，其他596.07万亩。县域内石油、天然气储量丰富，境内英买力、羊塔克、玉东三个区块为“西气东输”主气源地，已探明含油面积155.6平方公里，探明原油质地储量2600万吨；天然气地质储量656.28亿立方米。位于境内的英买力油气群作业井97口，年产天然气25亿立方米、凝析油50万吨、液化气4万吨，承担着向阿克苏市、新和县、沙雅县、温宿县、阿拉尔市供应天然气的重任。同时，新和县是国家优质棉基地县，也是自治区粮食生产基地之一。全县已形成年产230万担优质皮棉的生产能力，棉纺、种子产业发展潜力巨大；以红枣、核桃为主的特色林果面积达40万亩，年产12.52万吨，红枣、核桃等产品远销国内外。另外，新和历史、人文、旅游资源丰富，是古“龟兹国”繁锦之区，享有“汉唐重镇”、“龟兹故里”、“班超府治”的美誉。境内有托乎拉克艾肯石窟、夏合吐尔遗址（唐柘厥关）、玉奇喀特古城、通古斯巴西城址等宝贵历史文化遗产65处，通古斯巴西城址和托乎拉克艾肯石窟是第六批全国重点文物保护单位，已建成龟兹博物馆、龟兹书画院等历史人文保护机构。新和民间艺术文化丰富，麦西莱甫、歌谣、谚语、乐器、斗鸡、斗羊等都显现出新和独具特色的民间艺术魅力，塔什艾日克乡被文化部授予“中国民间艺术之乡”称号，新和已成为龟兹旅游的理想目的地[①]。县境地貌可分为平原和山地两大类型，其中平原占总面积的85.8%。新和县远离海洋，地处亚欧大陆深处，属于大陆性温暖带干旱气候，空气干燥，蒸发量大，降水量少，光照充足，晴天多，热量资源丰富，无霜期长，夏季干热，冬季干冷，昼夜温差太。春季天气多变，影响升温，秋季冷空气频繁入侵，降温较快。年平均气温约为10.5℃，年际变动在9.8℃—11.3℃之间，年最热为7月，平均气温24.8℃，年最冷为1月，平均气温为-8.3℃。

① 新和县政府：《新和县情简介》，2013年8月2日，新和县政府网（http：//www.xjxinhe.gov.cn/info/1015/7236.htm）。

新和县日照时间长，太阳辐射强，光热资源丰富，年日照 2894.6 小时。其中 2 月日照时数最少，为 186.9 小时；7 月最多，为 303.7 小时。但水资源缺乏，地面水仅有渭干河，且三县分用，新和分水量约年均 5.45 亿立方米，有效灌溉面积约 137 万亩。地下水动储量为 2.38 万亿立方米。虽然土地资源丰富，总面积为 1189.7 万亩。但耕地面积受制于水源，难以扩大，仅 46.3 万亩①。就经济发展的文化环境而言，新和由于受农耕文化的影响久远，传统观念沉积深厚，且交通不便，信息相对闭塞，新思想、新观念冲击和影响较小，形成落后、保守、狭隘、封闭的小农意识，缺乏现代市场意识、竞争意识，商业文化氛围不浓，甚至还严重存在"温饱即安"、"小富即满"的保守观念和"等、靠、要"思想。另外，从外部援助主体情况来看，由于新疆自身的经济实力不强，同样以 2014 年为例，新疆区内地区生产总值为 9264.1 亿元、公共财政收入 1282.65 亿元，均居全国 31 省区市第 25 位，因此新和获得来自区内的财政援助有限。也正是如此，给予新和的援助基本来自中央财政和外省的对口援助。

从上述景宁和新和援助发展的基础条件可以看出，作为东西部民族地区的典型代表，无论是地理区域环境、经济发展的文化环境、外部援助主体环境，还是区域内资源环境都存在较大差异（见表 6－14）。

表 6－14 景宁、新和援助发展的基础条件比较

发展基础条件	景宁畲族自治县	新和县
地理区域环境条件	地处浙闽两省结合部，毗邻宁德、温州、丽水；交通便利，有利于资源共享与交流；周边经济发达地区有利于形成后发优势	隶属新疆维吾尔自治区阿克苏市，毗邻库车县、温宿县、拜城县、沙雅县；交通不便，资源共享与交流难度大；周边地区多属贫困地区，经济辐射影响有限
经济发展文化环境条件	畲族文化中因循守旧、安于现状的文化传统与浙商文化中"经世致用"、"务实创新"的文化因子同时并存，在长期的往来互动过程中，后者逐渐成为主导文化	农耕文化的影响久远，传统观念沉积深厚，新思想、新观念冲击和影响较小，形成落后、保守、狭隘、封闭的小农意识，缺乏现代市场意识、竞争意识，商业文化氛围不浓

① 彭启光：《新和县志》，新疆人民出版社 1997 年版。

续表

发展基础条件	景宁畲族自治县	新和县
外部援助主体环境条件	经济实力较强的浙江省委省政府、省内同级地区是援助的主体，中央财政特殊援助较少	中央财政、省外地区（丽水市）是援助的主体，经济实力较弱的新疆财政援助较少
区域内资源环境条件	属中亚热带季风气候，雨量充沛，温暖湿润，有利于农作物种植；拥有丰富的森林资源、水资源和文化旅游资源	属于大陆性温暖带干旱气候，空气干燥，蒸发量大，降水量少，耕地面积较少；石油、天然气储量较大；历史、人文、旅游资源丰富

二　两地援助发展的路径比较

景宁、新和同为民族地区和贫困地区，均是国家重点扶持区域，但在援助发展的历程中，各自表现出不同的发展模式与路径，呈现出独特的发展逻辑与特点。

（一）援助发展的动力要素系统比较

民族地区援助发展的动力系统是指推动、引导、参与、支持民族地区发展，并按一定发展规律在一定时期内共同作用的各种内外部动力要素的总和。纵观民族地区援助发展的历史，主要包括中央、上级政府、对口支援力量等外部动力要素以及受援地的政府、基层组织、当地民众等内部动力要素。由于授援力量扶持发展理念、策略等不同以及受援方历史、文化、环境等的差异，诸多民族地区在援助发展的实践中都会关涉各异的动力要素以及各要素之间不同的相互作用关系与联结方式。景宁和新和援助发展的动力要素表现出的差异性就是典型代表。

景宁畲族自治县自成立以来就为“老少边穷”县，1984 年全县工农业产值 5106 万元，人均纯收入 148 元，全县农业人口 163842 人 35798 户，远远低于人均 200 元的贫困线。[①] 因此，1985 年就被列为国家重点扶持对象，自此景宁的发展受惠于各种外部动力因素的援

① 编写组：《景宁畲族自治县概况》，民族出版社 2007 年版。

助。回顾景宁扶贫的历程，20 世纪 80、90 年代中央政府和省级政府是当时最主要的授援主体，据有关资料显示，1985—1990 年，全县共投放“以工代赈”配套资金 7018.7 万元，其中国家下拨开发资金 2554.66 万元、地方安排开发资金 3248.58 万元、地方自筹资金 902 万元、利用外资 213.46 万元、其他 100 万元[①]，其中国家资金和地方资金分别占 36%、46%。国家民委于 1991 年、1992 年给予景宁“温饱工程”资金分别 80 万元和 125 万元。1994 年国务院制定《国家八七扶贫攻坚计划》，景宁被列入国家“八七”扶贫攻坚计划的贫困县。此后，国家加大了扶持的力度，据统计，“八五”、“九五”期间，国家投入扶贫开发资金 49477.7 万元，其中农业 9557.3 万元、工业 4734 万元、交通运输 6678.4 万元、商业饮食服务 149 万元、文教卫生 967.8 万元、水利工程 27391.2 万元[②]。在中央政府增强扶贫力度的同时，基于贯彻落实国家扶贫精神以及实现共同富裕的愿景，浙江省级政府也增加了帮扶的投入。2000 年，浙江实施“百乡扶贫攻坚计划”，其中景宁 8 个乡镇被列入重点扶持对象、4 个乡镇被列入适当扶持对象。2000—2003 年，这些乡镇共获得各类扶持资金 5575.9 万元。之后，2003 年浙江省扶贫办制定了《浙江省农村扶贫开发规划（2003—2010 年）》，景宁 12 个乡镇列入欠发达扶持乡镇，2003—2004 年，投入扶持资金 2236.2 万元。时至 2005 年，当时担任浙江省委书记的习近平作出“景宁要跟上时代步伐，必须给予特别的扶持”的批示，也自此景宁不仅作为浙江省 6 个重点欠发达县之一，而且当做省内唯一的民族自治县给予特殊扶持。从这一时期开始，省级政府、省直各部门、丽水市委市政府成为景宁援助发展的最主要动力因素。2008 年和 2012 年，省委、省政府相继出台了《关于扶持景宁畲族自治县加快发展的若干意见》、《关于加大力度继续支持景宁畲族自治县加快发展的若干意见》，同时省直各部门根据自

① 编写组：《景宁畲族自治县概况》，民族出版社 2007 年版。

② 同上。

身职能出台专项扶持政策。除此之外，以宁波鄞州区为代表的对口支援力量是景宁援助发展的又一重要外部动力因素。自 1985 年以来，景鄞两县就建立了结对扶贫关系，先后采取了救济式扶贫、入地开发扶贫与异地开发扶贫的援助发展战略，其中异地开发扶贫是一直延续至今的成功尝试，它不仅是景宁财政收入的重要的来源渠道，而且增强了“体外造血”，促进了“体内循环”，让少数民族走出山区，更新了观念，开拓了思想。

为了提高扶贫的效能，更好对接授援力量，景宁各级政府、基层组织和当地群众积极参与区域内的援助发展，充当地方发展的动力主体。早在 1985 年，为了加强扶贫工作领导，景宁县政府就颁布了《关于成立县扶贫资金落实办公室的通知》，成立县扶贫开发工作领导小组，建立扶贫组织机构网络，形成扶贫工作责任制。县政府明确把扶贫工作作为政府的中心工作，层层建立责任关系，县向省政府签订脱贫致富“责任书”，县直部门根据各自职责采取分级负责，分片包干，把援助发展的任务层层落实到乡镇、村，并将扶贫工作列入各部门、乡镇、村干部年度业绩考核的一个重要内容。不仅如此，在景宁的援助发展实践中，当地群众始终都是地方发展的主体，成为动力系统中决定性要素。前述景宁发展的案例均能看出，从援助目标的制定，援助项目的确立、实施、监督与评估到项目收益的分配，广大民众无不发挥着主体作用，彰显着参与式援助发展的特色。

和景宁援助发展的动力系统相似，新和在扶贫的实践中，也受援于中央政府、对口支援力量等外部动力要素。首先，中央政府无疑是新和援助发展的最主要的主体之一。自 1965 年开始，中央政府就着手扶持新和县，当年制定了五年扶贫计划，国家投入 79 万元，集体投入 14 万元，国家投入占总投资的 85%。虽然“文化大革命”期间，中央政府的扶贫工作一度中断，但十一届三中全会后，扶贫工作重新启动，1979 年中央颁发 52 号文件，尤其是 1997 年全面援疆工作正式实施，中央政府以国家政策的形式确定了对口援疆的战略部署。此后，中央政府的援疆政策不断完善，在此背景下，对包括新和在内的新疆援助力度不断加大，扶持的内容与形式不断丰富。据统计，1950 年到 2008 年，中央在新疆的投资达 3862.3 亿元人民币，占同期新疆总投资的 25.7%；从新疆维吾尔自治区成立的 1955 年到 2008 年，中央给新疆的财政补助累计达 3752.02 亿元，特别是 2000 年以来，随着西部大开发战略的实施，中央给新疆的财政补助逐年增长，年均递增 24.4%，在新疆财政支出中，中央财政补助占到了约 2/3，仅 2008 年就达 685.6 亿元[①]。2005—2009 年，国家给予新和的扶贫资金达 2178.25 万元，其中 2009 年就高达 1406 万元。为了进一步加强民族团结，促进新疆的和谐稳定，2010 年 3 月在北京召开第一次全国对口支援新疆工作会议，开启了中央新一轮援疆工作，确立了全国 19 个支援省市、国家各部委和中央大企业集团对口支援新疆 82 个县市以及生产建设兵团的 12 个师。自此，对口援疆力量成为新和援助发展的主要动力要素。在浙江省委、省政府的布置安排下，丽水市和新和县建立了全面对口帮扶关系。根据丽水援疆网公布的数据，2010—2014 年丽水市共投入的援建项目资金 23489 万元，包括产业项目资金、智力帮扶项目资金、技能培训项目资金等。

但与景宁不同的是，新疆省级政府在新和扶持发展过程中，并未承担浙江省级政府所发挥的援助功能。从我们所收集的资料来看，既未见新疆出台专项扶持新和的文件，也未有倾斜性的资金投入和优惠政策。根据国务院扶贫开发领导小组公布的国家扶贫开发工作重点县名单，新疆有 27 个贫困县（市）名列其中，加之另外 3 个自治区扶贫开发重点县，新疆共有重点扶持的 30 个重点县（市），但新和县未列入名单之中。这或许正是新和援助发展的动力系统中，省级政府的主体地位没有体现的主要原因。据新疆财政年鉴和扶贫办资料显示，2001—2007 年间新疆全部财政扶贫资金、以工代赈资金以及扶贫贴息贷款中的 87.05%、85.70%、45.46% 投向 30 个贫困县（市），而包括新和在内的其他县（市）的投入则捉襟见肘。另外，根据我

① 陈宏：《论新中国成立以来的援疆政策》，《新疆师范大学学报》2012 年第 6 期。

们对丽水援疆干部的访谈得知，前述援建项目的确立、实施、监督与评估的所有环节中，新和民众参与积极性和参与率普遍不高。

（二）援助发展的运作逻辑与路径比较

景宁和新和援助发展模式的差异不仅表现在授援动力系统的构成要素上，还体现在授援动力系统的运作逻辑与援助发展的路径上。

1984 年景宁畲族自治县成立以来，作为民族地区和贫困地区一开始就是中央政府援助的对象。80 年代，景宁生产力发展水平十分低下，人们生活仍然较为贫困，1984 年人均纯收入 148 元，仅为我国当年人均纯收入 355.33 元的 2/5，全县贫困人口数量众多。因此，1980 年中后期，中央政府主要实行生活救助和生产救助，国家将大量的生活生产必需品与财政资金下拨给贫困地区，地方政府依据国家划定的贫困线标准，并结合地方贫困的实际情况，将政府的援助物资与款项平均分配给贫困人口。在这种援助发展的运作逻辑下，包括景宁在内的大多数贫困地区的贫困状况获得较为明显的改观，但由于各贫困地区和贫困人口的自然资源条件与人口素质的差异性，所以仍存在较高的贫困发生率，贫困人口的绝对数量仍然很大。景宁的情况即是如此，经济发展的能力并未取得切实的提高。90 年代，国家改变了扶贫战略，开始实施以开发式扶贫为主要方式的反贫困战略，采取了区域开发、信贷扶贫、以工代赈等多种形式。随着国家扶贫战略的转变，景宁生产生活的基础实施条件大为改观，为其进一步发展创造了有利的条件。然而，开发式扶贫是以贫困地区而不是以贫困人口为扶贫重点，因此这种扶贫模式并没有实质性地提高景宁当地人口的素质，也没有有效提升地方自主发展能力。伴随扶贫进程的推进，景宁授援的核心主体发生转变。新世纪，在和谐社会和全面小康社会建设目标确立的宏观背景下，浙江把缩小区域内发展差距和提供均等的公共服务作为重要的战略任务，实施了一些列援助景宁发展的实践举措，也变革了景宁援助发展的运作逻辑与路径。具体而言，景宁发展的动力源泉来自景宁区域内部，起点是景宁民众的诉求与创新精神。前文所叙述的茶林、惠明寺案例中，茶林茭白产业与惠明寺惠明茶产业的兴起与发展，都源自当地农民和地方精英。在茶林，正是农民通过技术模仿，引种茭白获得初步效益的基础上，地方政府积极介入，及时将茭白产业作为重点扶持项目，从省扶持款项中予以资金支持，注重培育农民的创新能力。在茭白产业初具规模后，地方政府密切关注发展动态，引导农民延伸产业链条，拓展产业类型，衍生出了茭鱼养殖业和旅游产业。惠明茶虽然是惠明寺的传统农作物，但多年来并未形成产业规模。其同样得力于地方政府敏锐意识到农民茶叶种植技术的优势，把惠明茶产业发展作为县域经济发展的重要引擎，制定了“茶竹富农、茶山竹海”战略，适时给予政策支持，通过资金补贴、贴息贷款、税收减免等方式扶持产业发展和相关企业创办，扩大产业规模，提高品牌影响力。这既充分尊重农民的首创精神，又引导了农民的技术创造，提升了农民自主发展能力（见图6－6）。

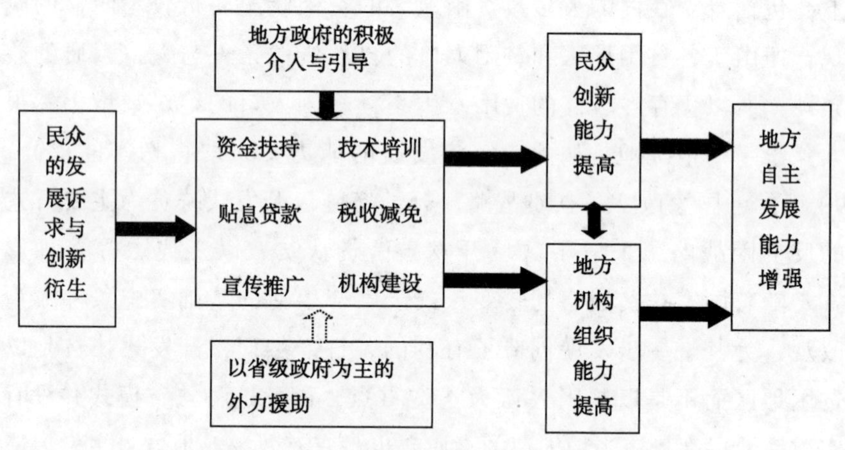

图6－6 景宁援助发展的运作逻辑与路径

新和援助发展的运作逻辑与路径在20世纪80年代和90年代类似于景宁，基本上受援于中央政府自上而下的救济式扶持以及行政命令式开发扶贫。进入21世纪，随着国家援疆力度的不断加大，中央政府以及国家动员下的对口援疆地区对新和予以了史无前例的援助。但由于新疆自身经济实力不强以及新和在新疆具有的经济比较优势，所以新疆的省级援助仍没有成为新和援助发展的主力，并进而决定着新和援助发展的独特逻辑和路径。与景宁不同，新和援助发展的源动力来自党和国家对新疆团结稳定的重视，胡锦涛在2010年5月召开的中央新疆工作座谈会上强调，“新疆工作在党和国家工作全局中具有特殊重要的战略地位。新疆发展和稳定，关系全国改革发展稳定大局，关系祖国统一、民族团结、国家安全，关系中华民族伟大复兴”①。为了实现新疆长治久安，中央政府予以了新和资金的援助和政策的帮扶，同时在党中央的号召下，丽水市作为授援地区与新疆建立了全面的对口援疆关系并在实际工作中发挥着援助的主导作用。授援地区为了履行政治任务与实现援疆的目标，将本地区经济社会发展的成功经验推广运用于受援地区的经济、文化、科技与教育发展领域。例如，在2010—2104年丽水市对口援助新和县的实施项目中，作为丽水市特色农业产业的食用菌种植就是多年重点帮扶项目，对此，丽水援疆指挥部联合新和县政府出台了一系列政策。一是引进龙头企业，向农户提供发菌好的菇棒，并与农户签订香菇每公斤8元、平菇每公斤5元的最低保护价收购合同。二是在资金上，给予发展食用菌“庭院经济”的农户以每棒2元的补助。三是在技术上，通过激励机制建立起以“援疆技术人员、新和县乡镇农业技术人员、企业技术人员”三重技术辅导机构，为食用菌“庭院经济”发展提供技术支撑②。新和这种自始至终由外部援助力量主导的发展模式，虽然在一定程度上和一定时间范围内促进了农民增产增收，但它忽视了农民在项目选择、规划、实施与监督等环节中的主体地位，没有充分认识到农民参与援助发展的积极意义，其结果是难以有效提升地方的自主发展能力（见图6－7）。

---

① 邹声文、顾瑞珍：《中共中央国务院召开新疆工作座谈会》，2010年5月21日，新华网（www. xin huanet. com）。

② 本网记者：《丽水援助新和发展食用菌“庭院经济”助农民增收》，2013年7月3日，中国新疆网（http：//www. chinaxinjiang. cn）。

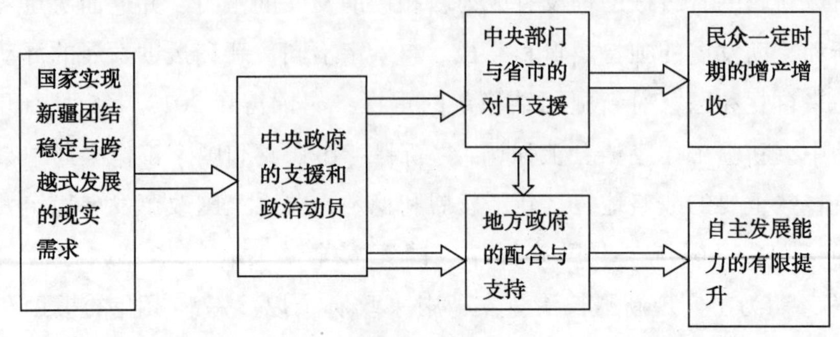

图 6－7　新和援助发展的运作逻辑与路径

三　两地不同援助模式下的发展潜能比较

发展潜能即是要保持增长和提高，主要涉及经济子系统、社会子系统和民众能力子系统，因此采取经济子系统发展潜能、社会子系统发展潜能和民众能力发展系统潜能来反映经济社会的发展潜能程度。在经济发展潜能方面，主要采用能够反映发展水平、发展活力以及发展合理性方面的经济指标，利用人均 GDP、第三产业比重、人均财政收入作为评价经济子系统发展潜能的基本指标。其中人均 GDP 通常作为衡量区域经济发展状况的指标，而第三产业比重与消费结构、投资结构以及消费水平相关，因此在一定程度上可以反映区域经济发展合理性，另外人均财政收入和产业发展密切相关，在一定程度上能够反映区域经济发展活力。这三项指标均为正向指标，指标数值与经济发展潜能呈正相关关系，数值越高，发展潜力越高。在社会发展潜能方面，主要考虑文化、医疗、通信等方面的发展，选取千人公共图书馆藏书、千人医院床位数、千人移动电话用户作为社会子系统发展潜能的基本指标，此指标仍为正向指标。另外，在民众能力发展潜能方面，主要通过人力资本投资水平来评价，选取人均教育文化和医疗卫生的支出额度作为衡量民众能力子系统的评价指标，支出额度越高，说明人力资本投资水平越高，将来收益可能更大，民众能力发展潜力越大。

本书选取 2005 年、2011 年、2012 年、2013 年上述指标数据，主要从指标数值与动态变化趋势两个方面对景宁、新和两县发展潜能予以考量。其中指标数值以后三年加总平均数为参考，动态变化趋势以 2005 年作为参照值，利用近三年平均值予以比较。如果指标数值越大、年均增长幅度越大，表明未来发展潜能越大，反之亦然。所选取的数据均来自各年度《景宁统计年鉴》和《新和统计年鉴》。

（一）经济发展潜能比较

根据《景宁统计年鉴》的统计数据分析可以看出，2011 年、2012 年、2013 年三年人均 GDP、人均财政收入都保持较快的增长水平，第三产业占地区生产总值的比例均较大，且总值发展速度较快。（见表 6－15）从三年平均值来看，人均 GDP 为 20519 元，比 2005 年增长 1.5 倍，第三产业比重 46.5%，比 2005 年增长 4.7%，人均财政收入 5215 元，比 2005 年增长 2.9 倍。

表 6－15　景宁人均 GDP、第三产业比重、人均财政收入

年份	人均 GDP（万元）	第三产业比重（%）	人均财政收入（元）
2005	8220	41.8	1340
2011	18786	46.1	4647
2012	20433	46.6	5491
2013	22339	46.7	5508
近三年均值	20519	46.5	5215

说明：人均 GDP、人均财政收入均以当年户籍人口数为准计算得出。

根据《新和统计年鉴》的统计数据计算得出，新和 2011 年、2012 年、2013 年三年人均 GDP 平均值为 14188 元，第三产业比重平均值为 41.1%，人均财政收入平均值为 3314 元。相比较景宁的三项统计数据，新和均存在较大差距，分别低 6331 元、5.4%、1901 元。这充分说明新和经济发展的能力普遍不足，而景宁相对较强。但从动态变化趋势来看，由于近些年对口支援的力度不断加大，近三年新和依然保持较快增长速度，较 2005 年人均 GDP 增长 1.7 倍，第三产业比重增加 13.9%，人均财政收入增长 15 倍。这说明新和虽然当前经济发展能力仍显不足，但处于发展进步的趋势之中（见表6－16）。

表6－16　新和人均GDP、第三产业比重、人均财政收入

年份	人均GDP（万元）	第三产业比重（%）	人均财政收入（元）
2005	5258	27.2	205
2011	12189	38.3	3974
2012	14603	39.6	3002
2013	15771	41.9	2965
近三年均值	14188	41.1	3314

说明：人均GDP、人均财政收入均以当年户籍人口数为准计算得出。

（二）社会发展潜能比较

从表6－17、表6－18可以看出，景宁和新和在三项反映社会发展潜能的数据指标方面都取得了较快的增速。其中，景宁千人人均公共图书馆藏书近三年的均值为398册，较2005年增长46.3%，千人医院床位数增长57.1%，千人移动电话用户数增长36%。新和千人人均公共图书馆藏书增长48.7%，千人医院床位数增长超过5倍。

相比较两地的情况，近三年景宁千人公共图书馆藏书均值比新和多242册，千人移动电话用户数多63户，仅千人医院床位数较新和少。因此，总体而言，新和社会发展能力增长速度虽然较快，但当前发展水平仍不高。

表6－17　景宁千人人均公共图书馆藏书、千人医院床位数、千人移动电话用户数

年份	千人公共图书馆藏书（册）	千人医院床位数（张）	千人移动电话用户数（户）
2005	272	1.4	526
2011	339	2.0	743
2012	404	2.0	839
2013	450	2.5	883
近三年均值	398	2.2	822

资料来源：《景宁统计年鉴》、《新和统计年鉴》以及历年国民经济和社会发展统计公报。

表6－18　新和千人人均公共图书馆藏书、千人医院床位数、千人移动电话用户数

年份	千人公共图书馆藏书（册）	千人医院床位数（张）	千人移动电话用户数（户）
2005	121	0.6	—
2011	112	3.6	619
2012	177	3.9	813
2013	180	3.6	846
近三年均值	156	3.7	759

资料来源：《景宁统计年鉴》、《新和统计年鉴》以及历年国民经济和社会发展统计公报。

（三）民众能力发展潜能

从表6－19、表6－20可以看出：景宁近三年平均教育支出29497万元，人均1703元，比2005年394元增长3.3倍；医疗卫生支出10688万元，人均617元，比2005年增长4.6倍。而在新和，近三年平均教育支出29060万元，人均1670元，比2005年增长5.2倍，但支出总量和人均水平低于景宁437元、33元；医疗卫生支出10534元，人均578元，比2005年增长8.3倍，增长速度明显高于景宁，但支出总量和人均水平仍不及景宁，分别低685元和39元。总之，新和和景宁一样近年来人力资本投资都保持了较快的增长速度，但新和当前的人力资本投资水平仍较低，这说明景宁更有利于生产出素质较高的劳动者，更能提升地方自主发展能力。

表6－19　景宁人均教育支出、人均医疗卫生支出

年份	教育支出		医疗卫生支出	
	总量（万元）	人均水平（元）	总量（万元）	人均水平（元）
2005	6992	394	1957	110
2011	22173	1280	11857	685
2012	32297	1866	10753	621
2013	34021	1962	9453	545
近三年均值	29497	1703	10688	617

资料来源：《景宁统计年鉴》、《新和统计年鉴》以及历年国民经济和社会发展统计公报。

表 6－20　新和人均教育支出、人均医疗卫生支出

年份	教育支出		医疗卫生支出	
	总量	人均水平	总量	人均水平
2005	4326	294	917	62
2011	24886	1467	9599	566
2012	29697	1716	10003	578
2013	32598	1827	10534	590
近三年均值	29060	1670	10045	578

资料来源：《景宁统计年鉴》、《新和统计年鉴》以及历年国民经济和社会发展统计公报。

第七章

经验总结与启示

作为东、西部民族地区代表的景宁和新和长期以来受惠于外部力量的援助，由于援助系统的构成要素、联结方式与运作逻辑的差异，两地经历了不同的援助发展模式。时至今日，两地经济社会均取得了较快发展，人民生活有了极大的改善。景宁在省级政府的政策扶持与政治动员下，基层政府结合地方资源优势主动对接，并充分调动当地民众参与援助的积极性，不仅提升了经济发展系统、社会发展系统的潜能，且有效地提升了民众能力发展系统的潜能。而新和在中央政府和对口援疆力量的共同帮扶下，经济社会发展获得了前所未有的进步，近年来经济发展系统、社会发展系统和民众能力发展系统的潜能明显增强。但由于援助发展模式与地方民众参与发展程度等的不同，新和由上述系统决定的可持续发展能力相比较景宁仍存在较大差距。因此，回顾两地援助发展的路径与成就，反思援助发展的战略举措，总结援助发展的经验与教训，无疑为进一步推进两地抑或我国民族地区繁荣发展提供有益的借鉴与启示。

第一节　协同模式：景宁经验的凸显

改革开放30多年来，我国经济社会发展取得举世瞩目的成绩，极大地提高了人民尤其是发达地区人民的生产生活水平。然而，民族地区与其他地区之间发展的差距不断扩大，民族地区仍面临发展动力不足，自我发展能力低下的矛盾与问题，且成为当前区域协调发展的制约因素。对此，国家实施以“多予少取”为原则，以“外部援助”为主要动力的扶持战略，积极推进民族地区发展。国家的这种积极介入，使得民族地区贫困落后的状况获得了一定的改观，公共设施、工业发展基础水平不断加强。但这种外部援助主导下的发展模式不可能根本地改变制约民族地区发展的内源性障碍，难以提升民族地区自主发展的能力，甚或造成“援助依赖”的不良后果。于是，要实现民族地区全面可持续发展，需要在加强外部力量援助的同时，更加注重培育自我发展能力，充分发挥区域内行动者参与的作用，增强“造血”能力。毕竟“自我发展能力是内因，是发展的根本所在，是持续发展的真正动力。外因最终要通过内因起作用”①。

一 实践逻辑梳理

2008 年以来，景宁畲族自治县实现了发展方式的转型，尝试推行参与式援助，使得援助方式与当地县情相适应，与当地自主发展相协调，各项事业发展达到了历史最高水平并呈良性循环的发展态势，已跻身全国县域经济竞争力提升速度最快的百县（市）行列，自我积累和自主发展能力得以提升。

（一）上下政策衔接：协同发展的基础

优惠政策无疑是民族地区发展的重要引擎，外部援助的基本依托。基于这种考虑，景宁政府部门和区域内民众长期以来对援助性政策文件的执行和落实情况保持密切的关注，景宁县委县政府倾其所能，组织全县力量进行全面对接，最大限度发挥主观能动性，有关部门和乡镇积极争取配套政策，主动加强与省直有关部门的沟通对接，形成了助推跨越发展的强大合力。近年来，浙江省直主要部门的主要领导纷纷深入该县开展各类文件的对接和调研指导工作，如省发改委、省财政厅、省建设厅等 18 个部门为该县制定实施了 200 余条帮扶措施。

① 郑长德：《中国民族地区自我发展能力构建研究》，《民族研究》2011 年第 4 期。

为有效落实、省政府援助政策，景宁制定出台《贯彻落实省委、省政府专项扶持政策责任分工表》、《贯彻落实省委、省政府专项扶持政策实施方案》，将专项扶持政策中6大方面21条意见的落实、衔接等责任一一分解落实到副县以上领导以及对应部门、乡镇，并就特色产业培育、畲族文化发展等重大领域32个重大项目逐一进行规划，绘制出了建设“全国民族自治十强县”的蓝图，为经济的快速增长创造了条件。

（二）项目要素配套：协同发展的依托

景宁县改变等、靠、给的被动援助态度，变“给我援助”为“我要援助”，主动对接省市有关部门，统筹规划，争取更多的项目落地，改善发展条件。一方面，建立结对帮扶协同机制，实现了省、市、县三级结对帮扶“全覆盖”。省发改委、省财政厅等12个省级单位结对帮扶景宁县61个低收入农户集中村，2008年来共提供帮扶资金2471.66万元、项目263个；市委书记等5名市领导和市农办、市水利局等13家单位，结对帮扶该县30个低收入农户集中村，2008年来共到位扶持资金690.95万元、实施项目101个；全县副县以上领导31人、90个县直单位共计结对135个低收入农户集中村，2008年来共扶持资金1208.41万元、项目385个。省发改委和省财政厅已与景宁建立结对帮扶挂钩联系，并建立了与景宁干部互派挂职和学习锻炼机制，积极帮助景宁争取国家政策的支持。自中央增加4万亿元投资以来，省发改委等部门共为景宁争取新增中央预算内投资项目20个，计划投资5752万元。省民宗委先后两次修订完善了《扶持少数民族经济社会发展的实施意见》，不断加大对民族聚居区发展的投入，实施少数民族帮扶项目百余个。鄞州、温岭等对口扶持区县也采取各种帮扶举措，帮助景宁加快发展。另一方面，落地配套协同，确保援建项目有序开展。县两办负责总协调，发改局编制基本建设计划，县考核办定期考核，注重项目的配套和协同。（见表7－1、表7－2）

表 7－1　　2008—2012 年景宁基本建设项目投资表　（单位：万元）

年份	总投资	资金来源				
		国家、省补助	县财政安排	单位自筹	银行贷款	其他
2008 年	81405	16772	9775	22800	14050	18008
2009 年	143065	22654	11808	19500	29000	60103
2010 年	165552	14205	13072	21950	32800	83525
2011 年	208163	35300	13083	121230	32800	5750
2012 年	249151	33349	20188	57701	46160	91753
总计	847336	122280	67926	243181	154810	259139
占比	14.43%	8.02%	28.70%	18.27%	30.58%	

资料来源：景宁畲族自治县发展和改革局资料。

表 7－2　　2008—2012 年基本建设政府投资项目结构分析

（单位：万元）

年份	总投资	交通类	农林水类	城市建设类	社会发展类	能源类	产业
2008 年	26547	9200	5302	4840	6985	220	0
2009 年	34462	13600	5720	3650	5892	4100	1500
2010 年	27277	12900	3870	3272	4895	1340	1000
2011 年	48383	0	23801	11883	8699	0	4000
2012 年	53537	12956	17171	9100	12060	650	1600
总计	190206	48656	55882	32745	38531	6310	8100
占比	25.58%	29.38%	17.21%	20.26%	3.32%	4.25%	

资料来源：景宁畲族自治县发展和改革局资料。

从表 7－1 看，该县 2008—2012 年总投资达 847336 万元，基本建设投资呈逐年增加的趋势，投入力度逐年加大；从投资比例看，中央、省补助占少数，仅用 14.43% 的投入，就能撬动地方 60 多亿的投入，效果相当好。从表 7－2 政府投资结构看，其比例从高到低投资顺序是农林水、交通、社会发展、城市建设、产业和能源，主要是为了解决“三农”问题、社会发展的民生问题、改善交通和城市基础实施；从项目生存状况和效益看，没有产生投资依赖和政策依赖，项目运行维持也没有负债和拖欠工资问题。

（三）民众有序参与：协同发展的关键

重点项目建设是一项政策性强，群众性强的工作。为了顺利推进项目建设，省县两级政府引入项目管理的参与式发展模式，在项目实施中，探索和实践政府、项目施工方与群众的共同参与和协同。当地党委政府高度重视政策处理工作，将群众参与政策处理作为重点项目推进的着力点和突破口。如 2013 年度县重点项目——角耳湾村 120 亩土地开发，浙北—福州特高压交流输变电工程等重点工程建设进度快、变化大，显著成效。他们的主要做法：一是层层发动，宣教结合，通民心。通过召开乡干部、村两委会、村民代表会，将项目建设要求、利益导向和优惠政策告知群众，强化机遇意识，明确目标任务，克服畏难情绪，为重点工程建设提供良好舆论支持；充分利用广播、宣传栏等宣传媒介，大力宣传补偿政策阳光操作情况，同时树立正反典型进行宣传教育，大力表彰工程建设支持者，严肃处理有意刁难建设的有关人员；针对不理解、不支持政策处理工作的群众，主动上门进行宣传，以谈心的方式，动之以情，晓知以理，做好群众思想工作。二是调查摸底，协调衔接，达民意。召开群众座谈会、意见征询会，尊重群众意见，将群众的现实状况和今后发展问题摆在重要位置，共同探讨政策处理方案；主动深入项目涉及村走访农户，掌握各村存在主要困难和群众思想动态，倾听老百姓利益诉求，梳理群众反映的问题，积极协调有关部门给予认真解决；定期召开重点项目建设分析会，分析工程建设进度，政策处理的重点、难点和突破点，部署下阶段工作，细化量化工作任务，确保项目进度的落实；落实一线工作法，对政策处理不理解的群众，主动上门说明情况，取得群众的理解与支持，做到问题出现一个，及时处理一个。三是公平公正，操作规范，得民心。凝聚乡村干部力量，形成合力，化解矛盾、消除不和谐因素，让相关村干部参与政策制定和项目建设政策处理工作，提高政策处理工作透明度。土地丈量登记过程中，做到“三到场”，即户主到场、村委班子到场、征地工作组到场，建立由户主指认、村组证明、工作组确认的工作机制，确保公开、公平、公正操作；测量后，第一时间进场开展具体政策处理工作，确保征地补偿款及时足额兑现。

二　外援激发内生发展

浙江省援助景宁的工作之所以能取得丰硕成果，源于浙江省委、省政府高度重视民族工作，能从创新援助机制入手，在经济、政治、文化、社会发展等各方面帮扶景宁，从而加快景宁发展各项事业，促进浙江区域发展的均衡化和各民族的共同繁荣进步。景宁发展经验可以概括为以下方面。

（一）达成共识，注重援助的顶层设计

景宁经济社会发展滞后，与全省发展水平差距不断拉大之现实，始终是省委主要领导的一个关注焦点。2005 年 12 月 25 日，时任浙江省委书记的习近平在全省民族工作会议暨第三次全省民族团结进步表彰大会上明确指出，认真做好民族工作，加快民族地区经济社会发展，逐步缩小发展差距，实现区域协调发展，最终实现各族人民共同富裕，是浙江省贯彻落实科学发展观的重要内容，也是浙江省的民族政策的根本出发点和归宿。要把扶持省内民族地区加快发展摆到更加突出的战略位置。① 2006 年，习近平两次深入景宁调研视察，并就扶持景宁加快发展作出重要批示："在全面建设小康进程中，景宁作为全省唯一的少数民族自治县如何跟上时代步伐，应重点研究并采取进一步的举措，予以支持。"接任的省委书记赵洪祝曾 5 次深入景宁调研指导，17 次就景宁的相关工作作出批示，并亲自联系景宁。在省委、省政府的高度关注下，2008 年以来，政府各部门主要领导纷纷深入景宁调研，制定并落实资金、政策、项目等各种帮扶方案，在此基础上，省发改委、财政、建设等部门被省政府列为景宁的对口联系

① 习近平：《干在实处，走在前列——推进浙江新发展的思考与实践》，中共中央党校出版社 2006 年版。

部门。为确保帮扶工作制度化，省政府出台了多项政府文件，如《关于扶持景宁加快发展的若干意见》，以及《关于加大力度继续支持景宁加快发展的若干意见》。

（二）确立目标，明确援助的指向

目标是前进的方向，航行的灯塔。浙江省援助景宁的总体要求是：着眼景宁县情，遵循统筹安排、缺什么补什么之原则，增强其自主发展能力，保持可持续发展，追求经济效益和社会公平的最大化。为此，浙江省委2008年出台的文件《关于扶持景宁加快发展的若干意见》中提出了发展援助的明确目标，并在历经5年援助并卓有成效的基础上，2012年浙江省委后继提出了《关于加大力度继续支持景宁加快发展的若干意见》，明确此后5年扶持景宁以及景宁发展的目标是：全面贯彻"绿色发展、生态富民、科学跨越"要求，积极推动景宁集聚发展、特色发展、和谐发展和生态发展，着力增强景宁内生发展能力，支持景宁努力在推动科学发展、促进社会和谐、增加民族团结上走在全国民族自治县前列。到2017年，景宁经济发展主要指标增速高于全省平均水平，人均地区生产总值与全省平均水平的差距明显缩小，在全国120个民族自治县中综合实力继续向前移位，率先实现全面小康社会目标。①

（三）创新方式，构建立体化援助网络

浙江省对景宁的援助能立足实情，有的放矢，施行灵活、多样的援助方式：（1）财政转移支付。省政府将财政转移支付制度作为政府援助的主要方式，将景宁列入"两保两挂"县，狠抓收支管理，深化财政管理改革，坚持不搞赤字预算，确保年度财政收支平衡。至2012年，该县连续18年年度财政收支平衡，持续保持地方财政收入较快增长。与此同时，省财政还大幅提高对景宁的补助：在农业税停征、农村税费改革、调整收入分配政策等专项转移支付补助方面，均

① 中共浙江省委、浙江省人民政府：《关于加大力度继续支持景宁加快发展的若干意见》，2012年10月23日，浙江省民族宗教事务委员会网站（http：//www.zjsmzw.gov.cn）。

给予其最高档次补助。在确定一般性转移支付补助方案时，在权重上对景宁县总人口按加倍计算给予照顾。（2）税收优惠。省委、省政府免除景宁在地方收入增收环节上缴省里的部分，除按“分税制”上交中央部分之外，全部由地方留用，2008—2012 年间共向省里累计免交 5649 万元。（3）专项资金特别扶持。2011 年，景宁县被列为全省重点扶持的欠发达县，连续三年每年享受 2 亿元特扶资金。省财政加大了对其发展资金的安排力度，从 2008 年的 150 万元增加到 2013 年的 490 万元。在其他扶贫专项资金方面，省财政对景宁也给予了特别倾斜，重点支持景宁开展农业综合开发基地和基础设施等项目建设。同时，对景宁教育的支持力度也在不断加大，2005 年起设立了省民族教育专项资金，从 2008 年的 230 万元增加到 2013 年的 350 万元，5 年来，共安排民族教育专项资金 1850 万元，使得景宁办学条件得到明显改善，教育质量逐步提高。

（四）打开突破口，首创“飞地”帮扶模式

在异地搭建平台、建立扶贫援助基地，这是一种创新。实践证明，这种“飞地”帮扶模式是富有成效的。（1）跨区域设立经济开发区。1985 年，根据浙江省委、省政府的统一部署，本着“优势互补、注重扶贫、共同发展”的原则，宁波市鄞州区（当时为鄞县）与景宁正式建立结对扶贫关系。1992 年下半年，两县签订合同，鄞县在其黄金地段梅墟经济开发区无偿划地 72 亩，建立“景宁梅墟工业基地”。1994 年 8 月，该基地被省政府批复为“浙江景宁梅墟扶贫开发区”（即现“浙江景鄞扶贫经济开发区”），至 2003 年底，开发区注册企业达 130 家，税收 32758 万元，成为景宁县财政收入的重要来源之一，提升了景宁财政支付能力，一定程度上支撑了景宁经济社会的发展。（2）特殊政策培育工业园区。为扶持景宁发展，丽水市于 2008 年作出决定，在市区划出 3.8 平方公里的“飞地”设立了具有“东部环境，西部政策”特征的浙江丽景民族工业园区。它属于国家民委扶贫开发试验区，给予西部大开发的税收优惠待遇，同时享受欠发达地区的特殊扶持政策。进入园区的新办工业企业，从投产三至五年时间内，15%—25%的企业增值税由财政转由企业发展资金，同时5年内免征由地方征收的企业所得税。土地供应采取差别地价优惠政策，且对大型投资企业采取“一企一策”。景宁异地工业园建设，为民族地区经济社会发展和生态保护的统筹发展开辟了一条有效路径。

（五）改善条件，突出发展基础的地位

基础设施落后是制约民族地区社会进步、经济发展的一个关键因素。鉴此，浙江省将改善基础设施建设列为援助的一个重点，着力在道路交通、水电建设、环境整治和生态保护上重点投入。2006年，根据省委书记习近平的批示精神，常务副省长章猛进牵头召开专题协调会，听取景宁县工作汇报，并就该县提出的建议和要求做了明确答复，形成了涵盖交通、电力、教育基础设施、旅游经济等方面的10项帮扶政策。省各有关部门合力帮扶景宁，其中，省发改委和省财政厅被确定为重点联系部门对景宁县进行帮扶。在规划编制上，投入经费超过3000万元，先后完成了县域总体规划、县城总体规划等22项重点规划，构建了较为完善的城乡规划体系，彻底改变了景宁长期以来规划水准低下的局面。在城市建设方面，按照“拉框架、强功能、创特色、出亮点”的要求，累计投入约11亿元城市建设资金，不断改善城市面貌。实施了自治县有史以来最大的自主投资项目——外舍防护工程，使县城规划区面积由3平方公里扩大到了8.45平方公里。完成了县城第二水厂、污水处理厂、旧城改造、复兴路畲族风情街区改造、鹤溪河景观带改造等重点项目，“数字城管”建设全面投入运行。另外，省委、省政府以新农村建设为依托，大力推进景宁农村发展：一是实施下山移民工程，优化人口分布结构。截至2013年8月，累计投入资金5.88亿元，建成下山移民和地质灾害避险安置小区（点）39个，完成农民异地转移2724户10714人，占全县总人口6.4%。二是实施美丽乡村建设工程，优化人居环境。整合资金1.3亿元，开展特色村寨整治，建成“美丽乡村·魅力畲寨”22个、中心村23个、绿化示范村36个。

（六）扶持科教，提升人力资本存量

百年大计，教育为本。基于教育在社会发展中的特殊意义，浙江省对景宁的教育扶助更是不遗余力。近5年来，省教育厅进一步提高省民族教育专项资金总量和用于景宁的比例，积极帮助景宁发展职业教育，重点支持景宁优化中小学教育布局。一是给予景宁独有的“高考优惠政策”。自2008年起，普通高校招收新生时，对景宁籍的学生给予享受5分的优惠政策，到2012年，累计共有2120名考生得到加分，其中88人提高了一个批次，有395位考生录取到更加理想的大学。二是加大教育基础设施建设资金扶持力度。2008年以来，累计投入资金达到3亿多元。该县坚持一年兴办一所学校，先后完成了城区教育资源优化整合、“一扩两迁四建”七大工程。实现了全县小学、初中、高中城区就学率分别达到79.6%、85.3%、100%，再造了一个“景宁教育”。此外，在教师素质培训、对口援教等方面也给予了大力扶持。三是科技、人才支撑力度得到加强。在科技投入上，2010年省科技厅向景宁增派科技特派员，使省级科技特派员从原来的12名增加到了22名，占了全省2010年派遣的220名中的1/10，成为全省唯一实现省级科技特派员乡镇全覆盖的县。2008年至2012年，科技特派员共争取特派员专项68项，争取项目资金340万元。大力推进科技富民强县行动计划、农业特色产业技术推广项目等，截至2012年5月，景宁县共争取上级各类科技项目102项，争取到项目资金1644万元。在人才支撑上，省委组织部、省人事厅对景宁的人才引进和公务员、专业技术人才等培训实行政策倾斜，形成多层次、多渠道、多类别的人才帮扶机制。省人力社保厅连续4年为景宁县举办欠发达地区公务员培训班，培训科级干部200名；省、市委党校在安排培训对象时，给予景宁县大力支持，共安排300多名科级干部参加省市委党校主体班培训。同时，根据景宁经济社会发展重点领域、特色优势产业和重点学科的实际需求，为景宁县免费举办“茶叶制作与栽培”、“旅游酒店管理”等培训班14期850余人次。此外，实施151人才结对帮扶活动，12名省151高级人才与景宁县12名拔尖人才结对帮扶，通过名师带徒的形式，提升景宁拔尖人才的能力和水平。

三 案例反思

当然，在肯定取得的成绩和总结提炼发展经验的同时，必须冷静对待这种模式概括。就参与式这种援助技术而言，景宁畲族自治县在外援支持下逐步发育的自主发展模式并不是有意按照参与式发展的技术要求开展的。客观上讲，景宁畲族自治县的发展进程中，总是有些经验和经历符合经典的参与式发展干预的某些特征。例如，在外援支持发展的前提下，地方政府注重当地居民对发展的参与，并且总体上意识到发展的根本还在于当地群众发展能力的提升。这种特征上的符合，让我们暂且可以将参与式发展这种视角拿来观察景宁畲族自治县的发展历程，进而梳理出发展经验以及可能存在的问题及风险。

景宁畲族自治县之所以能够将外部援助逐步转化为内生发展动力，关键还在于省市县等层面对援助指向、效益等方面的思考。在学界讨论和官方政策中，都有许多援助方面的内容，特别是对援助效果不佳以及援助依赖等问题的关注，激发了现实的减贫工作中的反思和创新。对于民族地区发展而言，中央及地方政府都给予高度关注。从全局来看，各级政府不会减少对民族地区的援助，但援助效益不佳等问题不仅直接关系到高投入、低产出的资源浪费，更重要的是，一旦民族地区与其他地区的发展差距进一步扩大，对民族团结和社会问题造成的影响就难以估量。在案例讨论中我们可以发现，各种形式的援助项目在实施过程中，受援方的参与较为普遍。这是因为援助方和受援方都希望避免产生援助依赖等问题，至少援助方也有强烈的主观意愿来改变单纯输血的援助方式。长期的援助实践中培养的某种共识和默契也从客观上增进了受援方在这方面的配合。

尽管景宁畲族自治县是整个华东地区唯一的民族自治县，但畲族在当地却是散杂居的少数民族。鉴于这种客观原因，援助方和受援方在执行援助项目时，通常没有将汉族与少数民族严格区别开。多数情况下，各种援助资金和项目都客观上同时惠及了少数民族和汉族群众。即使是在项目实施决策中，也没有严格划出民族的界限，基本上都获得了均等的参与机会。在当地，参与是各个民族的共同参与，提能是不分民族的发展能力提升。可见，当地的民族政策执行得很到位，并且呈现出各民族共同团结、繁荣的良好局面。以民族自治地方身份获得的各类援助，在很大程度上促进了当地畲族与汉族的融合。畲族在涉及发展方面的问题时，往往会采取开放的态度。加上身处经济先发的省份，尽管经济基础不好，发展起步较晚，但从当地群众的反映看，无论是畲族还是汉族，对发展都不排斥。城乡居民追求发展的愿望非常强烈，并在援助发展的过程中，民族之间的界限与隔阂不明显。

需要注意的是，景宁畲族自治县在探索提升援助效益的时候，也不容回避地存在一定的问题。对照参与式发展的核心要素可以发现，尽管当地注重居民对发展的参与，并确实在实践中提升了一些城乡居民的自我发展能力。但多数情况下，援助项目的规划设计和实施都缺少专业化指导，也不同程度地造成了援助资源的浪费。从这个方面来看，景宁的经验除了在发展理念上为中西部民族地区的发展提供借鉴，在援助的技术层面，难以提供充分的专业化援助技术借鉴。在今后的发展中，像景宁畲族自治县这种发展态势较好的民族地区应在深入理解参与式发展的前提下，注重开发一系列专业化发展干预的技术指标。在这方面，上级援助部门也应派出专门力量帮助地方在技术层面提炼一批指标和操作规程，为全国层面提高援助效益提供指导。

第二节　超越内生与外生：问题与改进

外生发展战略和内生发展战略皆呈现出各自的优势与缺陷，抑或任何一种发展战略都难以真正有效实现民族地区自主发展能力的提升。那么，如何超越外生和内生发展战略？

一　内外协同发展：民族地区援助发展的战略转型

基于景宁、新和两地援助发展的实践，我们认为，需要整合两地发展战略的优势，集结两地发展模式的经验，以“协同发展”作为未来提升民族地区发展水平的战略选择，不同于传统意义上的外生发展战略与内生发展战略，它主张民族地区的援助发展是地方内外发展系统（含政府行政系统、外部资源系统、地方行动者系统）相互作用、协同推进的动态过程，经此构建协同增效的联盟关系，实现外部资源要素与民族地区内部资源要素的有效对接。在这一过程中各个发展系统都呈现出独特的运作逻辑（见表7－3）。

表7－3　不同发展战略观点下的民族地区发展系统

发展系统	系统构成要素	外生发展战略	内生发展战略	协同发展战略
政府行政系统	政府权力机构、国家制度法规；现代技术要素；量化目标	国家自上而下官僚化控制和干预是民族地区发展决定性力量	反对国家行政化干预，认为它弱化了地方自主发展的能力，且管理成本过高、效率低下	承认政府行政系统在资源分配中的作用，但反对过于直接、微观的干预
外部资源系统	中央或省级财政资源；政府动员下的对口援助；优惠政策（税收、金融等）	外部援助是脱贫致富的主要手段，且大部分资源通过政策和管理部门直接分配给受援对象和改善物质条件	外部资源输血式援助可短时间扶持发展，但埋下以后发展不平衡和不可持续的祸根	强调外部资源系统的援助，但主张资源分配应运用于地方资源开发与利用
地方行动者系统	地方行动者追求发展的意愿、能力；地方发展机构	忽视地方行动者发展过程的参与和机构的建设，“黑箱化”其能动性	地方行动者的参与是发展的关键因素，通过参与实现赋权提能；发展过程本地控制；地方精英操纵地方发展	地方发展机构是政府援助与地区发展的重要纽带，有助于资源配置、地方信息处理与激发地方行动者创新精神

（一）国家行政系统的有所为有所不为

与外生和内生发展相比较，协同发展战略尽管依旧承认政府干预和支持性政策供给是我国消除民族地区贫困的突出特点和独特优势，但它改变了对民族地区发展主体的认识，强调发展的主体是当地民众，目的是区域的可持续发展和自主能力提升，反对国家行政系统过于直接、微观的干预，主张政府介入与民众参与上下联动。具体而言，首先它对援助对象的知识、技能和能力给以客观认可和充分尊重，赋予他们参与地方发展的权力，在援助政策的选择、发展项目的规划实施以及现代技术要素的引入等方面，充分体现“问计于民，问需于民”的思想理念和工作方法，积极探索有效科学的民主决策参与机制。其次，真正实现政民互动需要在“赋权”的同时注重“提能”。协同发展战略不仅承认民族地区民众拥有发展的决策权，而且意识到民族地区由于传统文化观念、现代技术水平和经济发展基础等影响，民众参与能力普遍较低。对此，协同发展战略始终把能力建设作为发展的重要目标，将民众的参与意识、参与技能以及市场经营和技术创新能力培养置于项目管理运行、生产发展和村庄治理之中。必须注意，协同发展战略绝不是一种非此即彼的选择，允许和支持民众参与地方发展并非忽视或反对政府外部力量的援助，而是力求在政民互动的逻辑实践中实现国家行政系统由自上而下的垂直向度向上下双向互动转向，减少和消除政府包揽性援助战略的消极影响，提高政府援助的绩效。

（二）外部资源系统的合理配置利用

在协同发展战略的框架中，关注的重点不再是外部资源系统中资源要素的存量，认为民族地区发展目标的实现不能仅仅依赖于扶贫资金和援助性政策的输入，而应转向加强资源要素的合理配置利用。当前，产业扶贫是扶贫开发“一主两翼”的重要内容，是推进民族地区发展的有效途径，换言之“要想从根本上助农民脱贫，就必须进行产业化扶贫，培养农村的‘造血’功能，仅靠国家拨款‘输血’是远远不够的”①。由此可知，要实现民族地区的脱贫致富和可持续发展，需要把农业结构调整和产业化经营作为外部资源系统的发力点。

---

① 贡保草：《论西部民族地区环境资源型产业扶贫模式的创建》，《西北民族大学学报》2010 年第 3 期。

基于此种考虑，应根据民族地区自然资源丰富、区域气候差别大、土地类型多样的特点，因地制宜开发优势资源，优化产业结构，将援助资金与帮扶政策等国家援助资源要素向地区资源开发利用和地方特色产业发展倾斜，加大对特色产业发展项目的扶持力度，实现局部重点突破和民族地区整体均衡协调发展。但是，当援助资源向地方资源开发利用转向成为协同发展新战略的要点，乃不是偏废民族地区人力资源、技术创新、发展机构等其他内源要素的培育，而仅是主张以资源开发利用和特色产业发展为平台或突破口，将其他发展事项集结于此，最终实现民族地区的全面发展。

(三) 地方行动者系统的纽带连接功能

协同发展战略认为，民族地区发展问题的焦点不应囿于发展过程由外部控制还是本地控制的争论之中，而是如何在地方行动者和外部要素间建立有效的联系网络。在此，属于地方行动者系统的地方发展机构扮演了重要的角色，例如基层自治组织、扶贫开发组织、特设产业发展组织，是外部援助与地区发展之间的桥梁和纽带，既具有较强的权威性和公信力，又拥有了解和掌握区域情况和民众需求的优势，有助于信息流动与处理，继而推进发展过程中的资源优化配置和激发地方行动者创新精神。于是，一方面，要加强地方发展机构的能力建设，切实提高机构人员队伍学习创新能力、市场经营能力和产业发展能力，形成脱贫致富的中坚力量，发挥典型示范和表率带头作用；另一方面，要强化地方发展机构的制度建设，促进民族地区基层工作科学化和规范化，建立和健全诸如“村规民约”、“村民选举制度”等基层自治制度，确保信息公开，规范工作程序，实行民主管理和民主监督，避免机构运行过程中的暗箱操作和权力寻租，防止“地方能人”操控地方发展。

概言之，协同发展作为实现民族地区全面可持续发展的一种战略转型或路径选择，力求消解外部援助系统与内部发展系统之间的边界，构建上下呼应和内外对接的联动格局。当然，这种战略转型，并不是对内生和外生发展战略的简单批判和否定，而是对它们的整合与超越，试图为民族地区的再发展提供一种新的方向和出路。

二　参与式援助：民族地区援助发展的必然选择

“参与式”作为一种扶贫的方法和工作手段，由于它具有系统化与规范化的实践程序以及显著的扶贫效果，备受世界各国的关注，将其运用于民族地区援助发展的实践即为参与式援助。就本质而言，参与式援助是指授援方（政府、企业、社会组织等）通过给予一定数量的资金，以受援地为平台，为受援对象创造表达诉求的机会，赋予受援对象知情权、参与权和监督权，并调动他们的参与意愿，鼓励群众参与援助项目的决策、规划、实施和监督过程，从而提升受援对象的人口素质与自我发展能力，最终实现受援地的可持续发展，从根本上解决贫困问题。参与式援助与以往传统援助发展模式不同：其一在援助理念上，坚持“以人为本”的原则，强调人文关怀，尊重文化的差异性，致力于改善贫困人口的生存状况和生活环境；其二在决策机制上，改变过去自上而下的命令式和集权式援助，坚持自下而上的原则，主张权力下放，赋权于民，实现授援方和受援方的双向互动和利益共享；其三在工具和方法上，通过实地调查，即援助项目工作者需要亲历调查研究，例如采取召开村民大会、访谈以及问卷调查等手法，详细掌握受援地区的真实情况，提高援助的科学性和可操作性。基于对比分析景宁、新和两地援助发展的模式与效应的分析，要充分发挥参与式在民族地区援助发展的效能，需要建立和完善参与式援助模式的运行机制。

（一）建立平等民主的参与决策机制

与传统援助发展模式比较，参与式援助最显著的特点是将受援对象定位于援助发展的主体地位，在援助项目的选择和决策上激发鼓励群众充分参与，利用多种渠道，广泛听取群众的意见。首先可以通过召集地方精英代表，采取座谈会形式，凭借他们拥有丰富的乡土知识的优势，向他们初步了解受援地的整体情况，包括贫困人口的确定、文化风俗习惯、环境资源条件等。同时发动他们的影响作用，动员广大群众参与援助发展的主动性和积极性。然后，可以通过召开全员代表大会，对受援地情况作出进一步的把握，分析诊断地方发展滞后的原因，并初步提出项目规划方案，引导群众参与讨论，在此基础上对规划方案不断修正调整。最后，组织全体受援对象，召开全员大会，确定项目规划方案。值得一提的是，在整个决策环节中，一方面，作为参与主体，应确保妇女、儿童和贫困对象等弱势群体作为受援主体拥有充分表达需求的机会，注重培养弱势群体的自主发展能力，使之满足参与式援助的基本条件；另一方面，要加强援助发展组织的建设，有效发挥其发动和组织的先导作用。

（二）形成多元参与的管理运行机制

"理论上，发展规划并不会在某一点（包括时间和空间）就结束，而是一个持续不断的过程。在发展项目执行计划制定后，发展活动的实施与管理是整个发展规划过程中不可缺少的组成部分。"① 在援助发展方案制定后，为确保方案的有序推进，保证预期援助效果的实现，参与式援助要求受援对象在方案实施的整个过程予以参与式的、全方位的、科学有效的管理，以高效利用有限的援助资源，推进项目成功建设。对此，一方面项目管理部门要结合当地情况制定项目管理的规章制度，包括组织管理制度、物资管理制度、资金预算与管理制度、项目文件管理制度等。这是因为项目的管理不仅涉及多个参与主体，而且还涉及人、财、物等多个层面，同时还需控制和协调项目实施目标与多变的地方实际情况之间的关系。另一方面要坚持受援对象共同参与管理的原则。根据参与式援助的理念，需要充分认识到受援对象是项目组织者管理过程中的合作者，保证他们参与的机会并赋予其权利。最后，要加强项目的后续管理，确保项目可持续运行。在明确各项目的所有权、管理权、使用权后，建立人才、资金、技术滚动发展和资源永续利用的机制。在后续管理的过程中，要充分发挥基层组织和受援对象的主体作用，注重培育和增强基层干部、项目受

① 叶敬忠、刘燕丽、王伊欢：《参与式发展规划》，社会科学文献出版社 2005 年版。

益对象的管理能力。

（三）构建以受援对象为主体的监督机制

援助项目监督是根据发展目标体系对援助项目实施过程、效率、效益等进行系统客观的分析与评判，它对于保障计划顺利、有效的实施及改进调整计划的实施等都起到至关重要的作用。与传统的援助项目监督不同，参与援助模式下的监督完全由外部人员全权负责实施，它要求援助项目的目标群体要全部参与到项目的监督全过程之中。为了有效发挥参与式监督的功能，需要建立全方位的监督机制。首先，援助项目管理机构要建立信息公开制度，积极主动发布和公开援助项目的相关信息，例如项目资金使用情况、项目实施进展情况、招标采购情况等，切实保障受援群众的知情权。阳光是最好的防腐剂，公开和透明有利于加强来自群众的监督，可以使援助项目的建设与运行更具民意，使项目信息为民众所知，为民众所用，使援助资源得到更加合理高效的配置。其次，要提高受援群众的参与意识和监督意识，使他们充分认识到维护自己的知情权、参与权和监督权的价值意义。受传统臣民文化以及长期等靠要思想的影响，受援群众普遍存在对政府畏惧心理以及严重的依赖思想，认为扶贫援助应由政府大包大揽。因此，受援群众难以主动地对援助项目进行监督。再次，要拓宽受援群众参与监督的途径。多元畅通的参与渠道是切实保障受援群众民主监督权利的基础条件，对此，可以应从实际出发，建立完善多种监督途径，如口头意见陈述、建议、协商、书面意见建议与论证报告等。

三　赋权提能：民族地区援助发展的关键所在

自 20 世纪 70 年代以来，人们对欠发达和贫困的原因给予了不同的解释，但在发展研究中普遍将穷人定义为排除在社会参与以外的缺少权能的边缘化群体。这样一来，发展策略的制定者和计划者一致认为援助发展就是要进行权力的再分配和培育穷人知识、技能和能力，最终达成社会发展的公平、公正以及让目标群体受益。就此而言，赋权提能乃是民族地区援助发展的关键点。“赋权（empowerment）是赋予权力或权威的过程，是把平等的权利通过法律、制度赋予对象并使之具有维护自身应有权利的能力。透过这一过程，人们变得具有足够的能力去参与影响他们生活的事件和机构，并且努力地加以改变。”[①]而“提能”在本书即民族地区民众自主发展能力的提升，其中自主发展能力是指受援对象作为一个独立的社会个体依靠自身素养能够自主决策、自主参与及自主发展，进而使家庭经济实力不断增强，生活生产水平不断提高，并最终不断提高自身的发展潜能。就此理解，赋权与提能具有内在的一致性：赋予权利不仅有利于能力的提升，而且赋权的过程本身就是能力提升的过程，反过来“提能”又有助于个体维护和利用自己权利，增强权利意识和政治参与。援助发展民族地区，需要投入大量的资源，创造促进经济社会发展的条件，更需要充分利用各种途径增强广大民众的权能，发挥他们的创造性、主动性和积极性。

（一）注重扶持民族地区人力资本的培育

“人力资本，是指体现在每个劳动者身上的、以劳动者的数量和质量表示的非物质资本。”[②] 民族地区民众现有的知识、技能以及健康状况等构成其当前的人力资本，由此也成为衡量其自主发展能力的一个重要指标。然而，人力资本理论认为，教育投入是人力资本积累的重要动力，教育的投入水平决定人力资本存量的大小。从这个意义上理解，民族地区劳人力资本的积累即可视为教育的产出和知识的积累。据此，要增强民族地区人力资本，把教育援助放到更加重要和突出的位置。具体而言，一方面应根据区域教育事业协调发展的需要加大公共教育的投入，增加教育援助资金，优化教育支出结构，构建重心下移的教育投入体制，将教育投入向基础教育领域倾斜，尤其要确保穷人接受基础教育的机会，减轻其教育负担，重视公共教育资源和

---

① 郑广怀：《伤残农民工：无法被赋权的群体》，《社会学研究》2005 年第 3 期。

② 费菊瑛、王裕华：《民工人力资本、可行能力与生活满意度》，《财贸经济》2010 年第 8 期。

外部教育援助在基础人力资本积累中的作用；另一方面要按照地方人力资源需求的状况，加强职业技术教育扶持，培育当地产业发展需要的技能人才，完善职业教育扶贫机制，建立以培养职业技能为重点的职业教育扶贫体系。另外，要发挥非正规教育的作用，大力倡导和推行农村实用技术培训。因为对于“经济不发达地区，特别是民族地区，农民实用技术培训则是农村经济发展，农民致富的主要途径，是引导贫困地区农村经济尽快走上依靠科技进步轨道致富的关键”①。由此，在民族地区的援助发展中，可以通过异地人才的交流，引进与培训新型技术，同时利用优惠政策引导和补偿等手段推广农民自发创新的实用技术。

（二）加强扶持民族地区经济合作组织发展

发展实践表明，在民族地区当前最主流的经济合作组织形式则是农民专业合作社。它“是指在农村家庭承包经营的基础上，同类农产品的生产经营者或者同类农业生产经营服务的提供者、利用者自愿联合、民主管理的互助性经济组织”②。在民族地区的援助发展中，通过扶持专业合作社的建设，广大民众由分散的“原子化状态”转变成了规范的“组织化状态”，并成为受援目标群体的权利的保障和自主发展能力提升的重要载体。其一，合作社有利于改变受援目标群体在市场交易中的弱势地位。民族地区在市场经济体制建设的进程中被卷入了市场经济的漩涡，可是民族地区民众尤其是农民在市场交易中却被压抑在无组织的分散状态，在和实力强大的有组织的对手博弈时，几乎没有谈判权力，无奈只能“贵买贱卖”。“合作社就是在市场交易中本来没有或者缺乏谈判权力的群体争取和创造自己的谈判权力的一种有效的组织形式。合作社是对市场交易中谈判权力垄断者的

① 刘勇、刘红雨：《少数民族地区实用技术培训展望》，《农村经济》1995 年第 10 期。

② 韩国民、高颖：《西部地区参与式扶贫与农民专业合作社发展的互动研究》，《农村经济》2009 年第 10 期。

抗衡力量。"[①] 通过合作社发挥了组织的集体行动效应，降低了组织成员的市场风险，提高了其市场竞争的能力。其二，通过合作社，分散脆弱的受援目标群体实现的自由联合有利于推进民族地区政治民主化进程。这是因为，在合作社中，贫困人口可以获得平等参与合作社事务的讨论与决策的权力，由此他们可以从自己的自由民主表决中体会到社会成员的尊严和人与人间的平等，进而不断增强自信心以及激发自身潜能，而这正是赋权提能所需要的极为重要的载体。然而，在民族地区，合作社建设虽取得一定的成效，但处在发展的初级阶段，其运作机制和外部环境对合作社的发展还有很大的制约作用，普遍存在筹资困难、人才缺乏、管理不善等突出问题。于是，在民族地区援助发展过程中，既要加大援助资金对合作社建设的扶持力度，有效整合援助资源，又要对其运行管理加强指导，同时也要警惕政府的过度干预，充分发挥受援目标群体的主体地位，激发参与建设的积极性和主动性。

（三）大力扶持民族地区公共服务建设

"公共产品是农民发展能力形成与发展的重要辅助，尤其是对农民经济发展能力的形成与发展而言。"[②] 事实证明，民族地区现代意义的贫困不仅表现在经济发展水平和人们的收入水平上，更反映在政府提供的公共文化、医疗教育、社会保障等基本的公共服务上。公共服务供给的严重失衡，使民族地区民众尤其是贫困群体难以获得最基本的公共服务，其结果是他们最基本的生存权和发展权得不到有效的保障，并直接限制了民族地区人口素质的全面提高和自我发展能力的提升。基于这样的认识，民族地区援助发展的重要任务之一则是大力扶持民族地区公共服务建设，实现基本公共服务均等化，通过满足广大民众对公共文化、公共教育、公共医疗、社会保障等公共产品的需求，从根本上增强他们获取生存和发展的机会、提高能力素质，从而

---

① 唐宗焜：《合作社功能和社会主义市场经济》，《经济研究》2007 年第 12 期。

② 曾艳华：《农民发展能力的问题与对策》，《改革与战略》2006 年第 6 期。

从根本上脱离贫困。为此，一方面，要加大对民族地区公共服务的财政援助。“受历史、自然、人口分布等因素的影响，我国大部分民族地区公共服务供给的成本过高，地方财政无法提供与全国大体均衡的社会公共服务。”① 因此，提高民族地区公共服务的水平，需要国家加大财政转移支付的力度，同时调整财政支出结构，设立公共服务财政支出红线，优先保障公共服务所需的财政支持。另一方面，完善对口支援政策，帮助提高民族地区的公共服务水平。在对口支援中，授援地要将推进民族地区经济发展和基本公共服务体系建设有机地结合起来，将公共服务列入重点援助内容，充分利用支援主体的资源优势，推广公共服务产品生产与供给的有益经验，提高民族地区公共服务供给的能力。另外，要激发民族地区民众参与公共文化服务建设。在充分认识到民族地区基本公共服务的差异性和多元性的基础上，允许和鼓励民众表达对公共文化服务的需求，通过协商与对话，确定公共服务供给的内容与方式，提高公共服务的认同感，降低各民族在享受公共服务时所面临的语言文化、传统习俗甚或宗教信仰等障碍。

第三节 援助中的问题与对策建议

回顾景宁发展的历史轨迹，在肯定取得的成绩和总结提炼发展经验的同时，必须清醒地认识到发展中存在的缺失，积极探寻进一步提升外部援助与内生动力，优化驱动发展的协同模式，为景宁经济社会发展注入新的活力。

一 援助方的视角

上级政府多数从政治责任感的角度，加大对民族地区的援助力度。这些援助对于地方经济社会发展，赶上广大汉族地区的发展起到

① 成艾华：《财政转移支付提升民族地区基本公共服务的均衡效应评价》，《中南民族大学学报》2010 年第 4 期。

了关键作用。然而，不光是专门针对民族地区的援助资金难以统计，而且效益更无从审查。上级政府一定程度上尽了义务，但援助单位对后续效益考察不多。具体分析如下：

一是没有专设援助机构，统筹协调援助工作薄弱。浙委〔2008〕53号文件和浙委〔2012〕115号的出台后，县委县政府高度重视，组织力量，主动加强与省直有关部门的沟通对接。据不完全统计，省委53号文件出台不到一年，县领导、乡镇部门负责人到省直有关部门对接达102次432人[①]。看起来主动积极，但实际上存在对接效率不高，而对接成本较高的问题。还有，各个单位前瞻性谋划研究和推进项目建设的深度不一，项目衔接契合度不高，画地为牢，各自为政，项目招投标管理、标后合同管理以及概算管理中存在的一些问题，直接影响项目建设进度，投资保增长后劲不够有效。这些问题的根本原因在于缺少专业化的援助，因此建议由上级政府购买第三方服务，由专门社会机构提供援助，并由专门机构负责效益评估。

二是政府援助法制化缺失，援助资金来源缺少法定保障。政府对民族地区的援助高度重视，给政策，给资金，给项目，还派干部挂职帮扶，这一切对民族地区发展起到强有力的拉动作用。但是，这些措施，毕竟仅是停留在政策层面上，没有纳入法制化的轨道和用地方性规章来保证政策的实施，难免存在政府援助的随意性、多变性，缺乏稳定性、持续性。

三是援助方式不够灵活，政府财政支持较为单一。首先是生态补偿缺失。该县是浙江省重点林区县，地处飞云江、瓯江源头，生态区位极为重要，是下游地区的绿色屏障。流域范围属中亚热带季风气候，林地：156788.58公顷，占80.88%，森林覆盖率达85%以上。境内有三个较为集中的高山湿地群，望东洋高山湿地、大仰湖湿地、仰天湖湿地，总共湿地面积约1200多亩。动植物资源丰富，以望东洋湿地保护区最为突出，全县有植物178多科，691多属，1552余

① 于新东：《景宁呈现新发展的背后》，《浙江经济》2009年第9期。

种。植被以马尾松、杉木等会叶林为主，夹杂着阔叶林和针阔混交林、竹林、灌丛、草甸等。林相多种，其中有国家重点保护植物伯乐树、南方红豆杉、鹅掌楸、福建柏、香果树、银杏、厚朴等30多种。全县野生动物有国家一类保护动物黑麂、白颈长尾雉、云豹、金雕、短尾猴等44种。由于流域内工业经济欠发达，基本上没有任何的人为工业污染，瓯江、飞云江两大水系及许多小支流水质均达国家一级饮用水标准。由于生态公益林建设实现了严格的禁伐，减少了林木砍伐，直接影响了林农的收入和偿还贷款的能力。而上级政府至今没有建立有效对应的生态补偿机制。其次是公共投资政策缺失。地方政府未能通过公共投资政策给予民族地区特别支持，没有按高于全省政府投资的平均水平对民族地区进行开发投资，也没有按政府财政收入的一定比例规定援助欠发达的民族地区。再次是投资补贴缺乏。浙江省制定了“财政转移支付细则”，以实行规范制度，但存在“一刀切”，没有区别情况，应对民族自治县给以特殊的投资补贴倾斜，以调动投资民族地区的积极性。

二 受援者的视角

景宁县政府在实施项目时，有意无意地注意到了当地居民的参与，但这种参与往往停留在潜意识层面，并没有形成广为人知的实践知识，因此还会出现一些因为居民参与较少而失败的项目。同时，即使有所参与，也多停留在目的层面，没有深入探讨参与的效果。因此，应将参与更多视为手段，在技术上更多借鉴国外经验，形成自下而上的发展模式。好在景宁地方发展愿望很强烈。这种参与就是要在激发地方发展愿望的前提下，推进干预的科学性和合理性。具体分析如下：

一是没有专设受援机构，受援与援助对接效能低。浙委〔2008〕53号文件出台后，县委县政府高度重视，组织力量，主动加强与省直有关部门的沟通对接。受援方主动积极，频频对接，但实际上存在对接效率不高而成本较高的问题。

二是重大产业项目少，产业发展对经济支撑偏弱。《景宁国民经济和社会发展第十一个五年规划纲要》终期评估报告指出，“列入《纲要》的主要经济社会量化指标共有25个，7个指标基本完成，15个指标超额完成，工业总产值、外贸自营出口、人口自然增长率等3个指标与目标要求有差距”。其中，工业总产值2010年仅完成26.64亿元，与《纲要》提出的35亿元目标差距较大，主要是受土地、资金、交通环境等要素制约影响，产业层次不高、产业结构低小散的局面没有根本性改变。投资结构不合理，仍然以政府性投资、基础性投资为主，民间投资、产业投资薄弱，2009年限额以上投资中，政府性投资、基础设施投资比例分别高达86.8%、64.9%。始终缺乏一些战略性、引领性的重大产业项目，已建成项目中没有投资超过10亿元的制造业项目，致使具有区域特色和持久竞争优势的产业集群没有形成。如丽景民族工业园2013年1—9月企业项目共完成投资2.7亿元，累计完成投资6.5亿元。其中，最大的投资项目是景宁娃哈哈饮料有限公司的饮料生产项目及总部经济项目。该项目一期完成投资25213万元，于2013年2月底正式投入生产，截至9月累计完成产值6364万元。

三　改进与提高

参与的直接目的就是要通过居民和受援方表达发展需求，通过科学手段，提供更加符合当地需求和发展趋势的援助。在援助过程中，各级政府对参与的目的不甚清楚，因此需要利用当地资源，提高当地居民的经济发展能力、政治参与能力，进而为今后的内生发展创造环境和条件。

（一）援助层面

概括来说，在援助层面，浙江省应进一步健全和完善援助机制，促进景宁更加有效地统筹自主发展与政府援助，将其建设成为东部民族自治县中科学发展的典型。具体而言：

第一，加强援助机构建设，提高统筹协调能力。援助工作是一项系统性很强的工程，针对存在的问题与困惑，政府援助需要与受援方做好对接，及时下情上达、上情下传；对内，要统筹安排，有序推进援助各项工作，避免投入重复或缺失，杜绝多头反复对接，减轻基层负担和节约行政成本；同时，需要做好调查研究，为省委、省政府提供信息和决策参考意见。因此，援助工作要确定专职人员，建立统筹协调机构，确保援助工作有序高效。

第二，推进政府援助法制化，确保援助资金稳固化。国际经验表明，政府援助的法制化水平是避免政府援助随意性的有效举措。如在德国，《联邦改善区域结构共同任务法》就以法律的形式确定了联邦和州对落后贫困地区的援助责任和援助预算比例。再如美国，为加大对落后地区的援助，从20世纪60年代开始美国颁布了一系列重要法律文件：《地区再开发法》（1961年）、《加速公共工程法》（1962年）、《阿巴亚契亚地区开发法》（1965年）、《农村开发法》（1972年）。同时，西方各国或者通过设立专门资金的方式，或者用法律形式保障援助资金有稳固的来源渠道。如1975年欧共体就设立了“欧洲地区发展基金”，意大利政府成立了“南方发展基金”，巴西设立了“亚马逊投资基金”等专门援助欠发达区域发展的非营利性机构。另外，西方各国还通过增加对欠发达地区的政策性低息贷款或专项贷款来促进其经济发展。① 2005年12月25日，时任浙江省委书记的习近平在全省民族工作会议暨第三次全省民族团结进步表彰大会上明确指出：要坚持和完善民族区域自治制度，支持景宁充分行使宪法和民主区域自治法赋予的各项自治权利，用自治法促进发展、促进改革、促进和谐，将浙江省的民族工作纳入法治化轨道。② 作为社会主义国家，我国具有体制和能够集中力量办大事的政治优势，因此，我国政府，尤其是东部沿海发达省份客观上具备将民族自治县援助政策上升

① 杜伟：《西方国家对欠发达地区进行政府援助的经验和对我国西部大开发的启示》，《国土经济》2000年第5期。

② 习近平：《干在实处，走在前列——推进浙江新发展的思考与实践》，中共中央党校出版社2006年版。

为法律的条件，应通过出台民族自治县开发条例、投资促进办法、财政转移支付规定等地方性规章，使援助纳入法制化轨道，确保援助资金的法定来源。

第三，实现政府援助方式多元化，提升援助的经济社会效应。西方国家欠发达地区成功发展的经验表明，对民族地区的开发发展这样一个系统工程，地方政府要发挥主导作用，实施多元化的援助方式，只有这样，民族地区的发展才有可能获得突破性的发展。景宁援助发展的实践启示：一是加大基础设施投资力度。加强铁路、高等级公路、通讯以及河道治理和公益性项目建设，改善民族地区基础条件，为大项目和优势产业开发创造良好条件。二是实施投资补贴政策。国家可将人均 GDP 和农民年人均收入低于东部沿海省份平均水平的民族地区列为扶贫重点，鼓励该省加大对民族地区扶持力度，对投资民族地区的给予投资补贴，实现东部民族地区跨越式发展，提前实现全面小康，以引领和带动其他民族地区科学发展。三是采取灵活多样的政府援助方式。加大财政转移支付力度，尤其是要建立生态补偿机制，加大对民族地区的生态补偿。制定税收优惠政策，充分发挥财政政策的扶持效应。四是建立专门基金，为民族地区发展提供稳定可靠的资金支持。五是赋予民族地区对外开发的自主权，扩大招商引资和招才引智的规模，以大开放引进大项目，以大项目带动大发展。六是实行财政奖励制度。对东部民族地区的国家财政转移支付可以采用中央出政策、地方出资金的政策，在确保中央有限经费集中高效使用的前提下，充分发挥东部发展较快省份的积极性。对超过国家规定的扶持经费，可按全额之半或全年抵缴国库；对率先实现现代化的民族自治县，对所在省份实行表彰、奖励。

（二）受援层面

概括来说，景宁要深化参与式援助的协同模式，更加有效地统筹自主发展与政府援助，实现自主科学发展。发展并不仅仅是经济的增长，外部力量主导对民族地区的援助不会实现可持续的发展，因为发展的关键在于地方行动者的赋权与自主发展能力的提升。基于对近年来景宁援助发展模式的考察，给予我们的启示是：要真正实现民族地区的发展，必须转变思路，创新援助方式，推行参与式援助的协同模式。与外部力量主导的援助模式不同，参与式援助的协同模式在发展主体、发展重点和发展动力等方面都发生重大转向。

第一，发展主体转向上倡导地方政府和民众的充分参与。基于传统发展模式反思，参与式援助强调“地方”是援助发展介入的核心，发展的主导者应由指令性的外来行政权威向拥有地方知识的能人、民众等各利益相关群体转变，赋予他们影响和控制涉及地方发展的决策以及相应资源。政策执行是一个需要不断变化和调整的动态过程，因此政策执行者就要依据政策的原则和自己所处的条件不断选择和决定自己的行动措施。[①] 地方政府作为区域内公共权力部门和公共服务的提供者，具有一定的公信力和权威性，了解和掌握本地区情况和民众需求，而且受援工作本身是一项系统性很强的工程，在通盘考虑前提下，需要统筹、协调、指导和服务，可以见得，在执行外部援助政策的过程中，地方政府具备结合本地区特点和条件制定切合实际的实施措施的优势。因此，要切实提高民族地区援助的效率，需要地方政府的积极参与，发挥下情上达、上情下传的作用，努力形成长效的受援工作机制，以地方政府为纽带构建多方合作互动、协同推进的良性运行格局。

可以说，凡是有公共生活的地方，就有公民参与的领域。有效的民众参与是实现公民权利的基本途径，是民众主体地位的主要表征，有利于推进公共政策科学化和民主化，提高政府社会治理的效能，因为离开公众的参与，行政人员或专家往往无法获得制定政策所需的全部信息，甚至得不到正确的信息。[②] 无疑，民族地区发展的终极目的是改善民众经济社会生活状况，提高公共服务水平，因此外部力量的

① 王国红：《地方政府的政策规避与政策创新辨析》，《政治学研究》2007 年第 2 期。

② 郁建兴、徐越倩：《从发展型政府到公共服务型政府——以浙江省为个案》，《马克思主义与现实》2004 年第 5 期。

援助应遵循需求导向援助，实现自上而下的垂直向度向上下双向互动转向，还政于民，赋予民众更多参与权、表达权、知情权和监督权，发挥民众的主体性作用。

第二，发展重点转向上考虑对地方行动者的赋权增能。社会工作理论认为，赋权增能即帮助个人、家庭、团体和社区提高个人的、人际的、社会经济的和政治的能力，从而达到改善自己状况的目的的过程。[①] 显然，赋权增能的核心在于强调权力的赋予和能力的提升，赋权的目的是为增能，反过来增能也有助于赋权，彼此密切联系。事实证明，发展不足，自我发展能力低，自生能力弱，是民族地区经济社会发展面临的重要的内源性制约因素。[②] 由此，推进民族地区经济社会持续快速协调发展，在争取优惠扶持政策的同时，应把发展的重点转向包含地方政府和民众在内的地方行动者的造血功能，通过赋权增能，培育和提升自我发展能力。

对于地方政府而言，其社会治理效率影响民族地区援助的总体功能发挥，因为援助项目的落实配套和区域内基础设施建设及公共服务供给都和地方政府的能力密切相关，其中最为关键的乃是政府的财政自给力。对此，为了增强地方政府的财政自给能力，我们认为，一方面要强化产业定位。主导产业定位在民族地区一直没有很好解决，必须立足于民族地区的环境、资源、人文、区位等特点和优势，研究规划具有比较优势的主导产业，能使产业特性与本地土壤有机融合，形成持久的产业增长力和竞争力。另一方面要实施精准招商。紧紧围绕战略主导产业，立足于培育优势产业集群，充分运用企业投资和税收的优惠政策，促进招商的产业化、专业化和精细化。要按照“大项目—产业链—产业群—产业基地”的路径，着力引进行业龙头企业，实现引进一个、带动一批、形成集群的连带效应。

---

① Robert L. Barker：The Social Work Dictionary（4th ed.）. Washington，D. C.：NASW Press，1999.

② 郑长德：《中国民族地区自我发展能力构建研究》，《民族研究》2011 年第 4 期。

不可否认，区域内民众是民族地区发展的目标群体，民众的权力体现和能力建设是实现发展、改变贫困的决定性因素，正如阿玛蒂亚·森所言，“造成贫困人口陷入贫困的原因是他们获取收入的能力受到剥夺（capability deprivation）以及机会的丧失”。[①] 因此，在援助发展的过程中，首先需要还权于民，将区域内发展的决策权赋予民众，由他们决定项目的开展，参与项目的管理与运行，通过赋权增强他们自我组织、自我管理的能力。除此之外，加强能力建设，还需要加大民族地区的人力资本投资，进一步加快基础教育、职业教育和技能培训教育，提高个人的发展能力。

第三，在发展动力转向上注重行政组织间的协同互动。在当代国家权力体系中，行政组织间的协同机制与互动关系是影响国家治理和经济社会发展的重要变量，其中如何发挥地方政府的地方性角色，建构多维协同的动力机制成为行政改革和政府发展的重要主题。在民族地区发展援助的语境中，最大效率地利用外部援助的力量，实现民族地区全面可持续发展，同样需要依托行政组织间有效对接的联动动力。

根据不同层级行政组织在援助发展中的权责的不同，参与式援助的协同模式主张：一方面，上级政府部门应实行倾向性的优惠政策、加大财政转移支付的力度，为民族地区发展提供强有力的政策和资金保障。立足民族地区财政收入的现实差距和基础设施建设的客观需要，创新转移支付机制，优化转移支付的结构。同时，积极引导发达地区对民族地区的帮扶，本着优势互补、互惠互利、长期合作、形式多样、共同发展”的原则，鼓励发达地区以项目援助、企业合作、人才交流等方式全方位地对民族地区进行援助与合作。另一方面，行政组织间应建立援助发展的共同利益联结机制。利益关系是政府间关系中最根本、最实质的关系。[②] 因此，行政组织间能否打破各自的利益，

---

① 转引自蔡荣鑫《国外贫困理论发展述评》，《经济学家》2000 年第 2 期。

② 谢庆奎：《中国政府的府际关系研究》，《北京大学学报》2000 年第 1 期。

展开理性的利益协调与利益重组，实现各自利益最大化，是决定援助发展成败的关键所在。从纵向联结来看，对国家等上级政府部门而言，实现区域间协调发展，构建和谐的民族关系是其援助民族地区发展的利益所在，但这还须各级地方政府的充分合作和有效作为。与此同时，地方政府作为行政区域内公共服务的供给者、公共事业的建设者，其自身履职不到位，导致发展的滞后性，在一定程度上仍需上级政府的支持与援助。为此，上下级政府间应建立援助发展的协商对话机制，实现下情上达、上情下传，最终达成各自的利益目标。从横向联结来看，以“对口援助”为代表的地区间横向扶持是当前民族地区援助发展的主要形式之一，因此，如何构建援建方与受援方合作的长效机制有着重要的现实意义。基于横向联结的现实困境，我们认为，可以通过区域间利益分配机制、利益协调机制以及利益补偿机制的建立，形成彼此间互动、互补、互惠的合作格局。

参考文献

一　英文文献

1. A. Banerjee and E. Duflo, *Poor Economics: A Radical Rethinking of the Way to Fight Global Poverty*. New York: Public Affairs, 2012.

2. A. Fiszbein and N. R. Schady, *Conditional Cash Transfers: Reducing Present and Future Poverty*. Washington, D. C.: World Bank Publications, 2009.

3. A. Fiszbein and P. Lowden, *Working Together for a Change: Government, Business, and Civic Partnerships for Poverty Reduction in Latin America and the Caribbean*. Washington, D. C.: World Bank Publications, 1999.

4. A. Goldstein, *Poverty in Common: The Politics of Community Action During the American Century*. Durham: Duke University Press, 2012.

5. A. J. Auerbach, D. E. Card and J. M. Quigley (eds.), *Public Policy and the Income Distribution*. New York: Russell Sage Foundation, 2006.

6. A. O' Connor, *Poverty Knowledge: Social Science, Social Policy, and the Poor in Twentieth – Century U. S. History*. Princeton: Princeton University Press, 2002.

7. A. Sumner and R. Mallett, *The Future of Foreign Aid: Development Cooperation and the New Geography of Global Poverty*. Basingstoke: Palgrave Pivot, 2012.

8. A. Wimmer, *Ethnic Boundary Making*: *Institutions*, *Power*, *Networks*, Oxford: Oxford University Press, 2013.

9. Alice McIntyre, *Participatory Action Research*, Thousand Oaks: SAGE, 2007.

10. Ananya Roy, *Poverty Capital*: *Microfinance and the Making of Development*, London and New York: Routledge, 2010.

11. Anisur Rahman, *People' s Self – Development*: *Perspectives on Participatory Action Research*, London: Zed Books, 1993.

12. B. I. Page, J. R. Simmons and J. R. Simmons, *What Government Can Do*: *Dealing With Poverty and Inequality*. Chicago: University of Chicago Press, 2002.

13. Barbara A. Israel, Eugenia Eng, Amy J. Schulz and Edith A. Parker (eds.), *Methods for Community – Based Participatory Research for Health* (2nd edition), Hoboken: Jossey – Bass, 2012.

14. Ben Ramalingam, *Aid on the Edge of Chaos*: *Rethinking International Cooperation in a Complex World*, Oxford: Oxford University Press, 2013.

15. Bryan Tilt, "*Local Preceptions of ' Quality of Life' in Rural China*: *Implications for Anthropology and Participatory Development*", Journal of Anthropological Research, Vol. 67, No. 1, 2011.

16. C. L. Wijeyesinghe and B. W. Jackson (eds.), *New Perspectives on Racial Identity Development*: *Integrating Emerging Frameworks* (2nd edition), New York: New York University Press, 2012.

17. C. M. Duncan, *Rural Poverty in America*. New York: Praeger, 1992.

18. Caroline M. Robb, *Can the Poor Influence Policy?*: *Participatory Poverty Assessments in the Developing World* (2nd edition), Washington, D. C.: World Bank Publications, 2002.

19. Caru Bowns, "*Facilitating the Production of Place – Based Knowledge for Participatory Community Development in Rural Pennsylvania*", Chil-

dren, Youth and Environments, Vol. 21, No. 1, 2011.

20. D. Craig and D. Porter, *Development Beyond Neoliberalism? Governance, Poverty Reduction and Political Economy*. London and New York: Routledge, 2006.

21. D. Dollar, S. Devarajan and T. Holmgren (eds.), *Aid and Reform in Africa*. Washington, D. C.: World Bank Publications, 2001.

22. D. Hulme, *What Works For The Poorest?: Poverty Reduction Programmes for the World's Ultra – Poor*. Bourton – on – Dunsmore: Practical Action, 2010.

23. D. Narayan and L. P. S. Kapoor, *Moving Out of Poverty: Success from the Bottom Up*. Washington, D. C.: World Bank Publications, 2009.

24. Deepa Narayan (ed.), *Empowerment and Poverty Reduction: A Sourcebook*, Washington, D. C.: World Bank Publications, 2002.

25. E. A Brugger, *Endogenous development: A concept between Utopia and reality* In: Bassand, M. et al. *Self – Reliant Development in Europe – Theory, Problems, Actions Gower*. Brookfield, Vermont, 1986.

26. G. Falk, *The Temporary Assistance for Needy Families (TANF) Block Grant*. Hauppauge: Nova Science Publishers, 2008.

27. G. Hancock, *The Lords of Poverty: The Power, Prestige, and Corruption of the International Aid Business*. Washington, D. C.: Atlantic Monthly Press, 1994.

28. G. MacDougal, *Make a Difference: A Spectacular Breakthrough in the Fight Against Poverty*. New York: St. Martin' s Griffin, 2005.

29. Gullette, Gregory S., "*Transnational Participatory Development: Economic And Cultural Flows In Oaxaca, Mexico*", Urban Anthropology and Studies of Cultural Systems and World Economic Development, Vol. 38, No. 2/3/4, 2009.

30. Guy Bessette (ed.), *People, Land and Water: Participatory Development Communication for Natural Resource Management*, London and

New York: Routledge, 2006.

31. H. Holmén, *Snakes in Paradise: NGOs and the Aid Industry in Africa*. Boulder: Kumarian Press, 2009.

32. Irene Guijt and Meera Kaul Shah (eds.), *The Myth of Community: Gender Issues in Participatory Development*, Bourton – on – Dunsmore: Practical Action, 1998.

33. J. Murdoch, *Networks – a new paradigm of rural development?* Journal of Rural Studies, 16/2000, 407 – 419.

34. J. Murdoch, *Networks – a new paradigm of rural development?* Journal of Rural Studies , 16/2000, 407 – 419.

35. J. Brinkerhoff, S. C. Smith and H. Teegen, *NGOs and the Millennium Development Goals: Citizen Action to Reduce Poverty*. Basingstoke: Palgrave Macmillan, 2007.

36. J. Foreman, *Aiding and Abetting: Foreign Aid Failures and the 0.7% Deception*. London: Civitas, 2012.

37. J. Iceland, *Poverty in America: A Handbook (3rd edition)*. Oakland: University of California Press, 2013.

38. J. Iceland, *Poverty in America: A Handbook*. Oakland: University of California Press, 2012.

39. J. Sachs, *The End of Poverty: Economic Possibilities for Our Time*. London: Penguin Books, 2006.

40. Jacques M. Chevalier and Daniel J. Buckles, *Participatory Action Research: Theory and Methods for Engaged Inquiry*, London and New York: Routledge, 2013.

41. Jan Servaes, Tom Jacobson and Shirley A White (eds.), *Participatory Communication for Social Change*, Thousand Oaks: SAGE, 1996.

42. John F. Forester, *The Deliberative Practitioner: Encouraging Participatory Planning Processes*, Cambridge: The MIT Press, 1999.

43. John Mw Makumbe, *Participatory Development: Case of Zimbabwe*,

Harare：University of Zimbabwe Publications，1997.

44. Josephine Syokau Mwanzia and Robert Craig Strathdee，*Participatory Development in Kenya*，Farnham：Ashgate，2010.

45. Julie McCarthy，*Enacting Participatory Development*：*Theatre - based Techniques*，London and New York：Routledge，2004.

46. Julio Cammarota and Michelle Fine（eds.），*Revolutionizing Education*：*Youth Participatory Action Research in Motion*，London and New York：Routledge，2008.

47. K. Gibson，*Too Much Aid Not Enough Help.* Dublin：Columba Press，2011.

48. Khan，Abdul Rashid，Zainab Bibi，"*Women's Socio - Economic Empowerment Through Participatory Approach*：*A Critical Assessment*"，Pakistan Economic and Social Review，Vol. 49，No. 1，2011.

49. Korf，Benedikt，"*The Geography of Participation*"，Third World Quarterly，Vol. 31，No. 5，2010.

50. Kyamusugulwa，Patrick Milabyo，"*Participatory Development and Reconstruction*：*a literature review*"，Third World Quarterly，Vol. 34，No. 7，2013，1265 - 1278.

51. L. Brainard，C. L. Graham，N. Purvis，S. Radelet and G. E. Smith，*The Other War*：*Global Poverty and the Millennium Challenge Account.* Washington，D. C.：Brookings Institution Press and the Center for Global Development，2003.

52. L. C. A. Hosono，H. Kharas and J. Linn eds.，*Getting to Scale*：*How to Bring Development Solutions to Millions of Poor People.* Washington，D. C.：Brookings Institution Press，2013.

53. Leonard A. Jason，Christopher B. Keys，Yolanda Suarez - Balcazar，Renee R. Taylor and Margaret I. Davis（eds.），*Participatory Community Research*：*Theories and Methods in Action*，Washington，D. C.：American Psychological Association，2004.

54. Louise Fortmann (ed), *Participatory Research in Conservation and Rural Livelihoods: Doing Science Together*, Hoboken: Wiley - Blackwell, 2008.

55. M. B. Katz, *The Undeserving Poor: America's Enduring Confrontation with Poverty* (2nd edition). Oxford: Oxford University Press, 2013.

56. M. J. Esman, *Ethnic Politics*, Ithaca: Cornell University Press, 1994.

57. Margaret Ledwith and Jane Springett, *Participatory Practice: Community - Based Action for Transformative Change*, Bristol: Policy Press, 2009.

58. Matt Andrews, *The Limits of Institutional Reform in Development: Changing Rules for Realistic Solutions*, Cambridge: Cambridge University Press, 2013.

59. Nalini Visvanathan, Lynn Duggan, Nan Wiegersma and Laurie Nisonoff (eds.), *The Women, Gender and Development Reader* (2nd edition), London: Zed Books, 2011.

60. Narayanan, Pradeep, "*Empowerment through Participation: How Effective Is This Approach?*", Economic and Political Weekly, Vol. 38, No. 25, 2003.

61. Nici Nelson, and Susan Wright, *Power and Participatory Development: Theory and Practice*, Bourton - on - Dunsmore: Practical Action, 1995.

62. Nina Lilja, John Dixon and Deborah Eade (eds.), *Participatory Research and Gender Analysis: New Approaches*, London and New York: Routledge, 2010.

63. Norman Thomas Uphoff, *Learning from Gal Oya: Possibilities for Participatory Development and Post - Newtonian Social Science*, Ithaca: Cornell University Press, 1992.

64. Norman Uphoff, *Agroecological Innovations: Increasing Food Production with Participatory Development*, London and New York: Rout-

ledge, 2001.

65. OECD, *Development Co – operation Report* 2013: *Ending Poverty* (*Development Co – Operation Report*: *Efforts and Policies of the Members of the Development Assistance Committee*. Paris: Organization for Economic Cooperation and Development, 2014.

66. P. Edelman, So Rich, *So Poor*: *Why It's So Hard to End Poverty in America*. New York: New Press, 2013.

67. P. H. Werhane, S. P. Kelley, L. P. Hartman and D. J. Moberg, *Alleviating Poverty through Profitable Partnerships*: *Globalization*, *Markets*, *and Economic Well – Being*. London and New York: Routledge, 2009.

68. P. Ray Lowe, C. Ward, N. Wood, D. Woodward, R. *Participation in Rural Development*: *A Review of European Experience*, CRE, University of Newcastle upon Tyne , 1998.

69. P. Singer, *The Life You Can Save*: *How to Do Your Part to End World Poverty*. New York: Random House Trade Paperbacks, 2010.

70. P. Steele, N. Fernando and M. Weddikkara, *Poverty Reduction that Works*: *Experience of Scaling Up Development Success*. London and New York: Routledge, 2008.

71. P. Kurien, *A Place at the Multicultural Table*: *The Development of an American Hinduism*, New Brunswick: Rutgers University Press, 2007.

72. Parfitt, Trevor, "*The Ambiguity of Participation*: *A Qualified Defence of Participatory Development*", Third World Quarterly, Vol. 25, No. 3, 2004.

73. Patrick Barron, Rachael Diprose and Michael Woolcock, *Contesting Development*: *Participatory Projects and Local Conflict Dynamics in Indonesia*, New Haven: Yale University Press, 2011.

74. Ponna Wignaraja and Akmal Hussain, *Participatory Development*: *Learning from South Asia*, Oxford: Oxford University Press, 1992.

75. R J. M. osenfeld and B. Tardieu, *Artisans of Democracy*: *How Ordinary*

People, Families in Extreme Poverty, and Social Institutions Become Allies to Overcome Social Exclusion. Lanham: University Press of America, 2000.

76. R. Bauman, *Race and the War on Poverty: From Watts to East L. A..* Norman: University of Oklahoma Press, 2008.
77. R. Eversole (ed.), *Here to Help: NGOs Combating Poverty in Latin America.* New York: M E Sharpe Inc, 2003.
78. R. Eyben, *Relationships for Aid.* London and New York: Routledge, 2006.
79. R. G. Hubbard and W. Duggan, *The Aid Trap: Hard Truths About Ending Poverty.* New York: Columbia University Press, 2009.
80. R. Sobhan, *Challenging the Injustice of Poverty: Agendas for Inclusive Development in South Asia.* Thousand Oaks: SAGE, 2010.
81. Robert Chambers, *Ideas for Development*, London and New York: Routledge, 2005.
82. Robert L Barker: *The Social Work Dictionary* (4th ed.), Washington, D. C.: NASW Press, 1999.
83. Robert Potter, Rob Potter, Tony Binns, David W. Smith, Jennifer A Elliott and Jennifer A. Elliott, *Geographies of Development: An Introduction to Development Studies* (3rd edition), London and New York: Routledge, 2008.
84. Robin McTaggart, *Participatory Action Research: International Contexts and Consequences*, Albany: State University of New York Press, 1997.
85. S. H. Danziger, and D. Weinberg (eds.), *Fighting Poverty: What Works and What Doesn't.* Cambridge: Harvard University Press, 1987.
86. S. Zhang and D. McGhee, *Social Policies and Ethnic Conflict in China: Lessons from Xinjiang*, Basingstoke: Palgrave Macmillan, 2014.
87. Samuel Hickeyand Giles Mohan (eds.), *Participation - - From Tyr-*

anny to Transformation?: Exploring New Approaches to Participation in Development, London: Zed Books, 2005.

88. Sara Kindon, Rachel Pain and Mike Kesby (eds.), *Participatory Action Research Approaches and Methods: Connecting People, Participation and Place*, London and New York: Routledge, 2008.
89. Sekhar Das Purnendu, *Decentralized Planning and Participatory Rural Development*, New Delhi: Concept Publishing, 2006.
90. Shirley A. White, *Participatory Communication*, Thousand Oaks: SAGE, 1994.
91. Simon, David, Duncan F. M. McGregor, Kwasi Nsiah - Gyabaah and Donald A. Thompson, "*Poverty ElimInation, North - South Research Collaboration, and the Politics of Participatory Development*", Development in Practice, Vol. 13, No. 1, 2003.
92. Stephen Kemmis, Robin McTaggart and Rhonda Nixon, *The Action Research Planner: Doing Critical Participatory Action Research*, New York: Springer, 2013.
93. Susan E. Keefe (ed.), *Participatory Development in Appalachia: Cultural Identity, Community, and Sustainability*, Knoxville: University of Tennessee Press, 2009.
94. W. Easterly, *The Tyranny of Experts: Economists, Dictators, and the Forgotten Rights of the Poor.* New York: Basic Books, 2014.
95. Ward, Paul, "*Participatory Development in Jamaica: Does It Work In Practice?*", Social and Economic Studies, Vol. 59, No. 4, 2010, 167 - 196.
96. World Bank, *Poverty Reduction Support Credits: An Evaluation of World Bank Support.* Washington, D. C.: World Bank Publications, 2010.
97. X. d. S. Briggs, S. J. Popkin and J. Goering, *Moving to Opportunity: The Story of an American Experiment to Fight Ghetto Poverty.* Oxford:

Oxford University Press, 2010.

二 中文著作

1. 把多勋、平惠敏：《制度变迁与东西部农村发展比较研究》，甘肃人民出版社 2002 年版。
2. 编委会：《景宁畲族自治县志》，浙江人民出版社 1995 年版。
3. 编写组：《景宁畲族自治县概况》，民族出版社 2007 年版。
4. 布和朝鲁：《西部民族地区自然资源禀赋与经济可持续发展》，民族出版社 2011 年版。
5. 陈思堂：《参与式发展与扶贫：云南永胜县的实践》，商务印书馆 2012 年版。
6. 陈威：《公共文化服务体系研究》，深圳报业集团出版社 2006 年版。
7. 戴庆中，王良范等：《边界漂移的乡土——全球化语境下少数民族的生存智慧与文化突围》，中国社会科学出版社 2008 年版。
8. 国家统计局：《中国全面建设小康社会进程统计监测报告》，2011 年 12 月 19 日。
9. 国家统计局：《中国统计年鉴 2013》，中国统计出版社 2013 年版。
10. 国务院人口普查办公室：《中国 2010 年人口普查资料》，中国统计出版社 2012 年版。
11. 何俊、周志美、杨晏平：《参与式农村社区综合发展：云南少数民族社区的实践经验》，中国农业出版社 2011 年版。
12. 靳薇：《西藏援助与发展》，西藏人民出版社 2011 年版。
13. 康晓光：《中国贫困与反贫困理论》，广西人民出版社 1995 年版。
14. 雷明亮：《在畲乡工作的回忆》，载丽水市政协文史资料委员会《畲族文史》，中国文史出版社 2012 年版。
15. 雷弯山：《思维之光，畲族文化研究》，天津人民出版社 1997 年版。
16. 李莉：《中国—东盟合作背景下的西南民族自治地方经济发展自

主权研究》，经济管理出版社 2012 年版。
17. 李盛刚：《中国西部民族地区农村发展：基于自我发展能力研究》，民族出版社 2010 年版。
18. 厉以宁：《民族贫困地区发展过程中的文化资源整合：以楚雄彝族自治州为例》，经济科学出版社 2013 年版。
19. 刘永功：《参与式扶贫规划与项目管理》，中国农业大学出版社 2007 年版。
20. 刘永佶：《民族地区经济发展方式转变研究》，中国社会科学出版社 2012 年版。
21. 卢洪友：《中国基本公共服务均等化进程报告》，人民出版社 2012 年版。
22. 吕立汉：《丽水畲族古籍总目提要》，民族出版社 2012 年版。
23. 马戎：《中国少数民族地区社会发展与族际交往》，社会科学文献出版社 2012 年版。
24. 《毛泽东选集》（第 1 卷），人民出版社 1960 年版。
25. 彭启光：《新和县志》，新疆人民出版社 1997 年版。
26. 荣尊堂：《参与式发展：一个建设社会主义新农村的典型》，人民出版社 2006 年版。
27. 世界银行：《1997 年世界发展报告：变革世界中的政府》，中国财政经济出版社 1997 年版。
28. 孙丽坤：《民族地区文化旅游产业可持续发展理论与案例》，中国环境科学出版社 2011 年版。
29. 王列生、郭全中、肖庆：《国家公共文化服务体系论》，文化艺术出版社 2009 年版。
30. 王松华：《非物质文化遗产保护与开发的经济学研究》，西南财经大学出版社 2009 年版。
31. 文传浩、马文斌、左金隆等：《西部民族地区生态文明建设模式研究》，科学出版社 2013 年版。
32. 吴建强：《畲乡景宁实录》，载陈海峰《亲历畲乡交通的变化篇》，中国文史出版社 2011 年版。

33. 吴明永、曾咏辉：《马克思主义视域下西南少数民族地区社会发展研究》，中国社会科学出版社 2013 年版。

34. 武昌：《畲乡六载系深情》，载丽水市政协文史资料委员会：《畲族文史》，中国文史出版社 2012 年版。

35. 习近平：《干在实处，走在前列——推进浙江新发展的思考与实践》，中共中央党校出版社 2006 年版。

36. [美] 熊彼特：《经济发展理论》，商务印书馆 1990 年版。

37. 杨莉：《民族区域自治地方经济发展研究》，经济科学出版社 2009 年版。

38. 杨小柳：《参与式行动：来自凉山彝族地区的发展研究》，民族出版社 2008 年版。

39. 叶慧、吴开松：《西部少数民族贫困地区财政支农效率及结构优化研究》，科学出版社 2011 年版。

40. 叶敬忠、刘金龙、林志斌：《参与·组织·发展：参与式林业的理论、研究与实践》，中国林业出版社 2001 年版。

41. 叶敬忠、刘燕丽、王伊欢：《参与式发展规划》，社会科学文献出版社 2005 年版。

42. 于小千：《公共服务绩效考核理论探索与实践经验》，北京理工大学出版社 2008 年版。

43. 张铭心、徐婉玲、文日焕：《文化遗产保护与区域社会发展研究：以吐鲁番地区故城遗址为例》，民族出版社 2012 年版。

44. 张庆安：《中国民族地区经济发展与差距问题研究》，中国经济出版社 2013 年版。

45. 张序、方茜、张霞：《中国民族地区公共服务能力建设》，民族出版社 2011 年版。

46. 浙江省统计局：《2015 年浙江统计年鉴》，中国统计出版社 2015 年版。

47. 郑长德：《中国西部民族地区的经济发展》，科学出版社 2009

年版。

48. 郑长德：《转型期民族地区产业结构动态优化与就业能力同步提升研究》，经济科学出版社 2013 年版。

三 中文论文

1. 安增军、许剑：《发展“飞地工业”：区域经济协调发展的新思路》，《东南学术》2008 年第 6 期。
2. 保继刚、孙九霞：《社区参与旅游发展的中西差异》，《地理学报》2006 年第 4 期。
3. 蔡荣鑫：《国外贫困理论发展述评》，《经济学家》2000 年第 2 期。
4. 曾艳华：《农民发展能力的问题与对策》，《改革与战略》2006 年第 6 期。
5. 茶洪旺：《发展中的贫困问题研究——基于云南少数民族地区案例分析》，《云南民族大学学报》（哲学社会科学版）2012 年第 1 期。
6. 陈国裕、刘江海：《论党对我国少数民族地区发展问题的探索与实践》，《中共党史研究》2006 年第 6 期。
7. 陈宏：《论新中国成立以来的援疆政策》，《新疆师范大学学报》2012 年第 6 期。
8. 陈文烈：《西部民族地区发展中的政府意志与社会变迁悖论》，《青海民族研究》2011 年第 4 期。
9. 陈作成、龚新蜀：《西部地区自我发展能力的测度与实证分析》，《西北人口》2013 年第 2 期。
10. 成艾华：《财政转移支付提升民族地区基本公共服务的均衡效应评价》，《中南民族大学学报》2010 年第 4 期。
11. 邓成明：《民族地区贫困成因分析及脱贫对策选择》，《民族论坛》1997 年第 2 期。
12. 丁焕峰：《农村贫困社区参与旅游发展与旅游扶贫》，《农村经济》2006 年第 9 期。
13. 丁智才：《论民族地区文化产业发展与经济发展方式的转变》，

《广西社会科学》2012 年第 2 期。

14. 杜伟:《西方国家对欠发达地区进行政府援助的经验和对我国西部大开发的启示》,《国土经济》2000 年第 5 期。

15. 费菊瑛、王裕华:《民工人力资本、可行能力与生活满意度》,《财贸经济》2010 年第 8 期。

16. 冯云廷:《飞地经济模式及其互利共赢机制研究》,《财经问题研究》2013 年第 7 期。

17. 付玉翡:《对口援疆政策的回顾与思考——以 1997—2010 年间政策实践为例》,《兵团党校学报》2012 年第 6 期。

18. 高永久、朱军:《论多民族国家中的民族认同与国家认同》,《民族研究》2010 年第 2 期。

19. 葛忠兴:《少数民族和民族地区经济发展的现状与思路》,《西南民族大学学报》(人文社科版)2006 年第 1 期。

20. 贡保草:《论西部民族地区环境资源型产业扶贫模式的创建》,《西北民族大学学报》2010 年第 3 期。

21. 郭佩霞:《民族地区反贫困目标瞄准机制的建构》,《农村经济》2008 年第 3 期。

22. 郭佩霞:《民族地区扶贫效益评价体系的构建》,《西南民族大学学报》2009 年第 9 期。

23. 韩国民、高颖:《西部地区参与式扶贫与农民专业合作社发展的互动研究》,《农村经济》2009 年第 10 期。

24. 洪伟:《畲族非物质文化遗产法律保护研究》,《浙江社会科学》2009 年第 11 期。

25. 奂平清:《西部民族地区经济社会发展的制约因素》,《甘肃社会科学》2007 年第 6 期。

26. 季菲菲等:《府际关系视角下的跨区域经济合作——以江苏对口支援新疆伊犁哈萨克自治州州直地区为例》,《干旱区地理》2012 年第 3 期。

27. 江依妮:《中国政府公共服务职能的地方化及其后果》,《经济学家》2011 年第 7 期。
28. 来仪：《“参与式”农村扶贫模式在四川民族地区的实施及非经济性因素分析》，《西南民族大学学报》2004 年第 10 期。
29. 雷振扬：《帮助民族地区加快经济社会发展政策述论》，《民族研究》2010 年第 4 期。
30. 李承嘉：《行动者网络理论应用于乡村发展之研究：以九份聚落 1895—1945 年发展为例》，《台湾地理学报》2005 年第 39 期。
31. 李皓：《论生态移民与民族地区现代化》，《黑龙江民族丛刊》2005 年第 1 期。
32. 李怀亮等：《文化产业与经济增长关系的理论研究》，《经济问题》2010 年第 2 期。
33. 李萍：《支持少数民族地区发展 促进基本公共服务均等化》，《中国财政》2009 年第 22 期。
34. 李少惠：《公共文化服务体系建设的主体构成及其功能分析》，《社科纵横》2007 年第 2 期。
35. 李少惠：《民族传统文化与公共文化服务建设的互动机理》，《西南民族大学学报》2013 年第 9 期。
36. 李涛、刘雪焕：《扩大公民有序政治参与，完善权力监督制约机制》，《政治学研究》2008 年第 3 期。
37. 李小平：《国家民族经济政策的波尾效应对边疆多民族地区发展影响研究》，《贵州大学学报》（社会科学版）2012 年第 2 期。
38. 李长春：《正确认识和处理文化建设发展中的若干重大关系 努力探索中国特色社会主义文化发展道路》，《求是》2010 年第 12 期。
39. 李宗植：《民族地区贫困的地缘经济思考》，《中央民族大学学报》2002 年第 6 期。
40. 梁新举：《承接产业转移下的飞地经济建设探索》，《知识经济》2010 年第 3 期。
41. 刘朝明、张衔：《扶贫攻坚与效益衡定分析方法——以四川省阿坝、甘孜、凉山自治州为样本点》,《经济研究》1999 年第 7 期。
42. 刘流:《民族地区农村扶贫瞄准问题研究》,《贵州民族研究》2010 年第 4 期。
43. 刘勇、刘红雨:《少数民族地区实用技术培训展望》,《农村经济》1995 年第 10 期。
44. 柳斌杰:《探索文化产业的理论和实践》,《大学出版》2003 年第 4 期。
45. 柳建文:《“飞地式合作”与民族地区的协调发展》,《贵州民族研究》2014 年第 9 期。
46. 卢世菊:《少数民族地区发展乡村旅游的思考》,《理论月刊》2005 年第 8 期。
47. 罗强强:《宁夏民族地区的扶贫开发——移民扶贫的方法和经验分析》,《西南民族大学学报》2009 年第 9 期。
48. 吕昭河:《发展失衡、预警与超越预警——边疆民族地区发展失衡的思考》,《西南民族大学学报》(人文社会科学版)2011 年第 4 期。
49. 马戎:《新疆对口支援项目实施情况的调查分析》,《中央民族大学学报》2014 年第 1 期。
50. 马晓路、武友德、周智生:《少数民族地区特色经济发展初探——以四川省凉山彝族自治州为例》,《经济问题探索》2006 年第 10 期。
51. 马忠才、郝苏民:《外源式扶贫的局限:对民族地区扶贫实践的反思》,《北方民族大学学报》2012 年第 1 期。
52. 莫代山:《发达地区对口支援欠发达民族地区政策实施绩效及对策研究》,《西南民族大学学报》2010 年第 11 期。
53. 笑笑、王荣成、王文刚:《中国东北沿边少数民族地区发展的障碍因素分析——以延边朝鲜族自治州为例》,《世界地理研究》2010 年第 3 期。
54. 任新民:《“政策催化”:民族地区实现跨越式发展中一个被忽视

的问题》，《云南民族大学学报》（哲学社会科学版）2011 年第 5 期。

55. 任志军、范建荣：《生态移民战略与西部民族地区协调发展研究》，《社会科学家》2014 年第 1 期。

56. 荣跃明：《公共文化的概念、形态和特征》，《毛泽东邓小平理论研究》2011 年第 3 期。

57. 沈红：《中国历史上少数民族人口的边缘化》，《西北民族学院学报》1995 年第 2 期。

58. 沈红：《中国贫困研究的社会学评述》，《社会学研究》2000 年第 2 期。

59. 沈娅莉：《少数民族地区贫困循环的成因及对策研究》，《云南财经大学学报》2012 年第 4 期。

60. 施雪华、黄建洪：《公共理性、公民教育与和谐社会的构建》，《山西大学学报》2006 年第 6 期。

61. 宋煜萍、陈进华：《论改善民生中的公民参与》，《马克思主义与现实》2012 年第 1 期。

62. 唐亚林、朱春：《当代中国公共文化服务均等化的发展之道》，《学术界》2012 年第 5 期。

63. 唐宗焜：《合作社功能和社会主义市场经济》，《经济研究》2007 年第 12 期。

64. 王宝珍、龚新蜀：《边疆少数民族地区扶贫开发绩效评价——以新疆南疆三地州连片特困地区为例》，《广东农业科学》2013 年第 24 期。

65. 王国红：《地方政府的政策规避与政策创新辨析》，《政治学研究》2007 年第 2 期。

66. 王建民：《扶贫开发与少数民族文化——以少数民族主体性讨论为核心》，《民族研究》2012 年第 3 期。

67. 王茂侠：《边疆民族地区发展和稳定的特殊工作机制——以五次中央西藏工作座谈会为中心》，《民族研究》2012 年第 6 期。

68. 王松华、廖嵘：《产业化视角下的非物质文化遗产保护》，《同济大学学报》（社会科学版）2008 年第 1 期。

69. 王向阳：《东部民族自治县财政体制与转移支付研究——来自浙江省丽水市景宁县的调查》，《财会研究》2007 年第 7 期。

70. 王旭辉、包智明：《脱嵌型资源开发与民族地区的跨越式发展困境——基于四个关系性难题的探讨》，《云南民族大学学报》（哲学社会科学版）2013 年第 5 期。

71. 温军：《中国少数民族地区经济发展战略的选择》，《中央民族大学学报》2002 年第 2 期。

72. 吴理财：《公共文化服务的运作逻辑及后果》，《江淮论坛》2011 年第 4 期。

73. 肖立新：《民族贫困地区扶贫开发与人文素质的提高》，《西南民族学院学报》2002 年第 10 期。

74. 谢庆奎：《中国政府的府际关系研究》，《北京大学学报》2000 年第 1 期。

75. 熊文钊、田艳：《对口援疆政策的法治化研究》，《新疆师范大学学报》2010 年第 3 期。

76. 徐丽华、武友德：《西南民族地区发展特色经济与优化产业结构政策设计》，《经济问题探索》2007 年第 1 期。

77. 闫丽娟、张俊明：《少数民族生态移民异地搬迁后的心理适应问题研究——以宁夏中宁县太阳梁移民新村为例》，《中南民族大学学报》2013 年第 5 期。

78. 杨道波：《地区间对口支援和协作的法律制度问题与完善》，《理论探索》2005 年第 6 期。

79. 杨小柳：《参与式扶贫的中国实践和学术反思——基于西南少数民族贫困地区的调查》，《思想战线》2010 年第 3 期。

80. 于新东：《景宁呈现新发展的背后》，《浙江经济》2009 年第 9 期。

81. 俞晓晶：《从对口支援到长效合作：基于两阶段博弈的分析》，

《经济体制改革》2010 年第 5 期。

82. 郁建兴、徐越倩：《从发展型政府到公共服务型政府——以浙江省为个案》,《马克思主义与现实》2004 年第 5 期。

83. 章慧霞：《从西部的地理特征研究其城市建设》,《新西部》2008 年第 4 期。

84. 章立明：《参与式发展的迷思——云南省三个少数民族社区项目的个案研究》,《贵州民族研究》2006 年第 6 期。

85. 郑春勇：《论对口支援任务型府际关系网络及其治理》,《经济社会体制比较》2014 年第 2 期。

86. 郑广怀：《伤残农民工：无法被赋权的群体》,《社会学研究》2005 年第 3 期。

87. 郑长德：《论民族地区的贫困与反贫困》,《西南民族学院学报》1997 年第 3 期。

88. 郑长德：《中国民族地区自我发展能力构建研究》,《民族研究》2011 年第 4 期。

89. 周民良：《论民族地区经济发展方式的转变》,《民族研究》2008 年第 4 期。

90. 周晓丽、毛寿龙：《论我国公共文化服务及其模式选择》,《江苏社会科学》2008 年第 1 期。

91. 周晓丽、马晓东：《协作治理模式：从“对口支援”到“协作发展”》,《南京社会科学》2012 年第 9 期。

92. 朱光磊、张传彬：《系统性完善与培育府际伙伴关系——关于“对口支援”制度的初步研究》,《江苏行政学院学报》2011 年第 2 期。

93. 朱乾宇、姚上海：《民族地区反贫困战略中人力资本投资的经济学分析》,《黑龙江民族丛刊》2005 年第 1 期。

94. 朱玉福：《改革开放 30 年来我国民族地区扶贫开发的成就、措施及经验》,《广西民族研究》2008 年第 4 期。

四 其他文献

1. 邹声文、顾瑞珍：《中共中央国务院召开新疆工作座谈会》，2010年5月21日，新华网（www. xinhuanot. com）。

2. 记者：《科学保护非物质文化遗产——访中国艺术研究院院长、中国非物质文化保护中心主任王文章研究员》，《中国社会科学报》2007年6月12日。

3. 记者：《新和获中央扶贫项目资金420万》，《阿克苏日报》2013年4月11日。

4. 记者：《丽水援助新和发展食用菌“庭院经济”助农民增收》，2013年7月3日，中国新疆网（http：//www. chinaxinjiang. cn）。

5. 国务院：《国务院关于印发国家八七扶贫攻坚计划的通知》，1994年4月25日，中国政府公开信息整合服务平台（http：//govinfo. nlc. gov. cn）。

6. 景宁县财政局：《关于景宁畲族自治县2014年预算执行情况和2015年预算草案的报告》，2015年4月2日，景宁县政府网（http：//xxgk. Jingning. gov. cn）。

7. 蓝伶俐：《2015年景宁畲族自治县政府工作报告》，2015年4月1日，景宁县政府网（http：//xxgk. jingning. gov. cn）。

8. 雷昌洪：《景宁深入实施“四项工程”充分发挥现有人才作用》，2010年8月5日，浙江在线（http：//zjnews. zjol. com. cn）。

9. 刘向晖：《援疆工作十四年回顾与展望》，《新疆地方志》2011年第3期。

10. 李俊清：《民族地区转变经济发展方式刻不容缓》，《中国民族报》2010年3月9日。

11. 罗黎明：《加快民族地区经济社会发展，推动小康社会同步实现》，《经济日报》2014年9月21日。

12. 潘挺：《景宁全面加快重点项目建设步伐》，《丽水日报》2007年8月1日。

13. 丽水市财政局课题组：《欠发达地区财源培植问题的研究及建议》，《丽水参阅》，2014 年 7 月。
14. 王永才：《对口支援民族地区法治化研究》，中央民族大学，博士学位论文，2013 年。
15. 文化部：《关于支持和促进文化产业发展的若干意见》，2003 年 9 月 4 日，中国文化网（http：//www. chinalawedu. com）。
16. 俞可平：《公民参与的几个理论问题》，《学习时报》2006 年 12 月 19 日（6）。
17. 新和县政府：《2015 年新和县政府工作报告》，2015 年 2 月 12 日，中国新和县人民政府网（http：//www. xjxinhe. gov. cn）。
18. 新和县政府：《新和县情简介》，2013 年 8 月 2 日，新和县政府网（http：//www. xjxinhe. gov. cn）。
19. 徐丽雅：《我县“引、育、留、用”抓好人才工作》，2014 年 12 月 10 日，中国景宁新闻网（http：//jnnews. zjol. com. cn）。
20. 许和木：《我国飞地工业的机理与现实发展研究》，博士学位论文，福建师范大学，2013 年。
21. 浙江省统计局：《浙江省 2014 年经济运行简析》，2015 年 2 月 3 日，中国经济信息网（http：//www1. cei. gov. cn）。
22. 中共景宁县委、景宁县人民政府：《加快迈向“全国民族自治县前列”》，中国经济网，2011 年 8 月 17 日（http：//www. ce. cn）。
23. 中共浙江省委、浙江省人民政府：《关于扶持景宁畲族自治县加快发展的若干意见》2008 年。
24. 中共浙江省委、浙江省人民政府：《关于加大力度继续支持景宁加快发展的若干意见》，2012 年 10 月 23 日，浙江省民族宗教事务委员会网站。
25. 中共中央：《中央关于文化体制改革若干重大问题的决定》，2014 年 2 月 4 日，中国网（http：//www. china. com. cn）。
28. 钟昌明：《2008 年景宁政府工作报告》，2010 年 8 月 13 日，中国畲乡景宁（http：//www. jingning. gov. cn）。

后　记

基于发展滞后的客观事实和实现各民族共同繁荣发展的现实需要，民族地区的发展一直以来是学界和政府共同关注的议题，在我国扶贫发展战略中民族地区也历来是扶贫攻坚的重点区域。党的十八大报告明确提出“加大对民族地区扶持力度”的新要求。因此，如何实施有效援助，增强民族地区的自我发展能力，促进民族地区可持续发展，是当前亟待探讨的现实问题。出于该问题的思考和关切，课题组组织申报了2013年国家社会科学基金一般项目《参与式发展视域中外援与民族自治地方自主发展研究》，并获批立项。

经过三年多的调查和写作，本书作为上述项目的最终成果得以完稿。该书稿的写作在项目负责人丽水学院党委副书记郭献进教授主持下予以开展，凝聚了课题组成员的集体智慧，全书渗透着多位课题组成员的心血。具体来说，参与各章写作的主要作者有：郭献进、梁立新、彭兵。

中央民族大学教授、博士生导师，中央民族大学少数民族事业发展协同创新中心主任和首席专家杨圣敏先生对本课题研究和本书的写作给予了悉心指导，提出了极具价值的意见和建议。在此，表示由衷的感谢与敬意！

丽水学院教师何义珠、向云发、陈池等协助调查和查找文献也做了大量的工作。时任景宁畲族自治县人民政府县长蓝伶俐、办公室副主任柳文娟、农办副主任梅根金等对课题组的调查提供了方便和帮助，在此一并表示感谢。同时，衷心感谢中国社会科学出版社副编审宫京蕾女士认真细致的工作，才使本书得以顺利出版！

受编写组知识水平、学术视野所限，该书中的不足和缺陷在所难免，所有问题概由全体编写者负责，恳请各位同仁提出宝贵的意见和批评！